田中角栄
昭和の光と闇

服部龍二

講談社現代新書

2382

はしがき

田中角栄は、日本人が最も愛する政治家である。それとともに最も嫌悪され、最も批判された政治家でもある。第六四、六五代内閣総理大臣の田中とは、どのような人物であったのか。

田中は一九一八（大正七）年、新潟県刈羽《かりわ》郡二田《ふただ》村に生まれた。一五歳で上京した田中は、一九歳で共栄建築事務所を創設する。満州での兵役後には、田中土建工業株式会社を設立し、朝鮮半島で敗戦を迎えた。

占領下で衆議院議員に初当選した田中は、戦後最年少の三九歳で岸信介内閣の郵政大臣に就任する。次の池田勇人内閣では、自民党政務調査会長と大蔵大臣を務めた。佐藤栄作内閣に蔵相として留任すると、最長記録となる自民党幹事長のほか、自民党都市政策調査会長、通産大臣を歴任した。

『日本列島改造論』を掲げ、一九七二（昭和四七）年に五四歳で首相となった田中は、まず日中国交正常化を断行する。国内では超大型予算がインフレを助長し、支持率を下げていく。一九七三年にはソ連を訪れ、領土問題の存在を認めさせたものの、石油危機への対処には手を焼いた。一九七四年に歴訪した東南アジアでは反日暴動に見舞われ、金権政治への批判が渦巻くなかで退陣を余儀なくされる。

三木武夫内閣期の一九七六年にはロッキード事件が発覚し、一九八三年に執行猶予なしの実刑判決が東京地裁で下される。にもかかわらず、最大派閥を率いる田中はキング・メーカーであり続けた。その比類なき影響力から、「闇将軍《やみ》」「田中支配」と称されたのである。竹下登が創政会を発足させた直後の一九八五年に脳梗塞で倒れ、田中は一九九三（平成五）年に死去する。

このような経歴の田中は自民党政治だけでなく、昭和という時代を幾重《いくえ》にも体現している。六点にまとめてみたい。

第一に、焼け跡からの復興と高度成長を経て、石油危機に直面していく日本の軌跡は、田中の足どりと符合する。とりわけインフレ対策については、首相としての田中にも責任があった。

第二に、将来を見据《みす》えた日本のグランド・デザインである。日中国交正常化、資源外交も逸しがたいが、あらためて注目すべきは『日本列島改造論』であろう。列島改造論には地価高騰など負の要素が大きいものの、田中は東京一極集中を抜本的に是正しようとしたほとんど唯一の政治家である。出生率が全国最低の東京に地方の若者が呑《の》み込まれ、人口減少のスパイラルに陥《おちい》った今日、田中の構想力は再検討に値する。

第三に、自民党の長期政権は派閥政治であり、利益誘導や金権政治とも深く結び付いていた。それが当てはまるのは田中だけではないにせよ、最大派閥を率い続けた田中は派閥政治や金権政治を集約している。

第四に、メディアと政治の関係である。郵政相としてテレビ局を大量認可した田中は、NHKの紅白歌合戦で審査員になるなど、テレビやラジオに出演することを好んだ。メディアを通じて大衆的人気を得る戦略であり、タレント候補を擁立したのも田中である。

田中角栄（48歳時）

メディアは田中を「今太閤《いまたいこう》」と持ち上げていたが、金脈問題やロッキード事件が発覚してからは、批判で塗り固められていく。
ロッキード事件でも、メディアの役割は大きかった。しばしばアメリカ陰謀説が論及するのは、ロッキード社の機密文書が誤ってアメリカ上院の委員会に配送されたという説である。この誤配説を広めたのは『朝日新聞』と思われるが、不正確な報道であった。

各紙が田中逮捕後に「田中、五億円受領を認める」と報じたことも、田中が完全否定であったことに鑑《かんが》みれば、誤報といわねばならない。誤報は裁判でも取り上げられている。

第五に、選挙民から官僚に至るまでの人心操縦術である。金権政治の権化のようにいわれながら、越山会《えつざんかい》という個人後援会の解散後も人気は衰えなかった。それは、「人たらし」とも呼ばれた田中の個性が語り継がれているためであろう。

権力や金銭への欲求という人間の本質を田中が操ったともいえるが、金権政治家というだけでは片付けられない磁場のようなカリスマ性が田中にはあった。明るい性格のうえ、叩き上げだけに、民衆との一体感と親近感もある。

第六に、現代保守政治の源流としての田中政治である。旧田中派は首相だけでも、竹下登、細川護熙《もりひろ》、羽田孜《つとむ》、橋本龍太郎、小渕恵三、鳩山由紀夫を輩出している。現役の政治家としては小沢一郎のほか、次期首相候補と目される石破茂も田中に近かった。他方、小泉純一郎が旧田中派の系譜に反発していたこともよく知られている。現在の日本政治を理解するうえでも、田中の足跡をたどることは欠かせない。

本書では田中の生涯を追いながら、首相期に最も多くの紙幅を割いていく。日中国交正常化を除いてあまり論じられてこなかった対外政策については、近年公開された史料から言動を丹念に読み解きたい。具体的には二点ある。

第一に、一九七三年九月下旬から半月ほどの訪欧である。石油危機直前の時期であり、田中はフランス、イギリス、西ドイツ、ソ連を歴訪し、原子力や石油、北方領土問題などについて交渉している。西ヨーロッパの各国では、日本の産業別人口比率、経済成長率なども語っており、田中が描いていた日本の将来像を知る手掛かりになる。ソ連のブレジネフ書記長との会談は、一七年ぶりの日ソ首脳会談となった。ソ連に領土問題の存在を認めさせたことは画期的である。

第二に、一九七四年一月の東南アジア歴訪である。一一日間に及んだ歴訪は、スハルト大統領のインドネシアで反日デモに見舞われた印象が強い。インドネシアは最後の訪問先であった。しかし、最初に訪れたフィリピンは田中を歓迎しており、タイ、シンガポール、マレーシアを含めて公平に検討せねばならない。タイでは、学生とも対話していた。インドネシアの暴動は単純な反日ではなく、スハルト政権内部の反目が暴動の背景にある。

田中の東南アジア歴訪は石油危機後の資源外交という枠にとどまらず、アジア情勢や地域協力について協議する好機であった。田中としては、資源外交のイメージが先行しないように配慮しながら、反日感情を友好関係に軌道修正することで、互恵的な経済発展を構築しようとしたのである。

いままで内政に焦点が絞られるあまり、これらの点を読み解く作業は不十分だったと思われる。

田中の晩年については、先に触れたアメリカ陰謀説のように、評価が分かれるロッキード事件を追うことはもちろんである。あらかじめ要点を述べるなら、田中は五億円を受け取っており、裁判では嘘をつき通そうとして破綻したと解している。田中と弁護団の側からすれば、作戦ミスである。田中側だけでなく、検察や裁判所にも問題点が多かった。

ロッキード裁判では田中だけでなく、秘書の榎本敏夫も有罪になっている。田中と榎本の間では、裁判の戦術以前にコミュニケーションが足りていなかった。榎本以外にも田中事務所には、佐藤昭《あき》や早坂茂三《しげぞう》など著名な秘書が多く、田中と秘書の関係は重要な視点となる。田中の国土再編構想も、秘書によるところが大きい。佐藤は一九七九年に昭から昭子に改名する。

このように田中を論じることは、評伝の域を越えた重要性を帯びている。昭和という時代を最も体現していた人物は、田中をおいてほかにない。田中の足跡を追うことは、昭和の光と闇を探りながら、現代政治の源流をたどることである。

凡例

・田中角栄の表記には角栄と角榮があるものの、書名なども含めて角栄で統一した。同様に、佐藤栄作については榮作ではなく栄作、田中眞紀子については真紀子ではなく眞紀子を用いるなど、適宜、統一した。

・文献の引用に際しては、句読点や改行、ルビを補い、旧字を新字に、平仮名を漢字に、洋数字を漢数字に置き換えるなどしたところがある。

・引用文中の〔 〕は筆者による補足である。

・引用文中の「ママ」は筆者によるものだが、煩雑さを避けるため〔 〕を付さなかった。

・敬称は省略した。

目次

はしがき 3
序章 一五歳の上京――「理研は俺の大学だった」 12
第1章 大陸体験と初当選 24
第2章 保守本流、そして最強の建設族 42
第3章 政界の中枢へ――「二つのハシゴ」 64
第4章 「汚れ役」の天下取り――『日本列島改造論』 100
第5章 首相の八八六日――屈辱の「列島改造論」撤回 144
I 田中構想と日中国交正常化 144

II　ヨーロッパ歴訪――エネルギーと北方領土　163
III　石油危機と資源外交　188
IV　金脈問題　217
第6章　誤算と油断――ロッキード事件　228
第7章　「闇将軍」と「田中支配」　260
終　章　失意の晩年――角栄が夢見た「日本の未来」　312
注記・写真出典一覧　338
あとがき　352

序章　一五歳の上京――「理研は俺の大学だった」

角次とフメ

田中角栄は一九一八（大正七）年五月四日、新潟県刈羽郡二田村に父角次、母フメの二男として生まれた。兄の角一は生後間もなく他界したため、角栄は事実上の長男として育てられた。二田村は現在、柏崎市の一部になっている。

角栄の成長は、貧農の田中家にとって大きな喜びだった。七歳上の姉カズエ、三つ上の姉フジエと女児が続き、ようやく生まれた長男の角一もすぐに亡くなっていたからである。角栄のあとに生まれた四人の子供は、いずれも女児だった。

二人の姉、四人の妹の間で、角栄は七人兄弟のうち唯一の男児であった。四人の妹はユキ江、トシ江、チエ子、幸子だが、ユキ江、トシ江は若くして亡くなる。[1]

角次は稲作をフメに任せきりにして、牛馬商を営んだ。いわゆる馬喰《ばくろう》であり、馬喰とは牛や馬の仲買人を指す。朝鮮やオランダから牛を輸入し、転売や改良を試みたものの、うまくいかなかった。山《やま》っ気《け》の強い角次は、競馬のほかに養鯉《ようり》業、つまり鯉《こい》の養殖にも手を出した。角次は一攫千金を夢見ており、農家らしい堅実さからはほど遠い。角次の夢は北海道の月寒《つきさっぷ》に大牧場を持つことだが、それどころではなく、家計は傾いていく。

留守がちな角次に代わって、家事と稲作を切り盛りしたのがフメである。田んぼの世話は、細腕のフメが一手に引き受けていた。祖父捨吉は宮大工だったし、村の三美人の一人といわれた祖母コメは、喘息《ぜんそく》のため田んぼには入れない。

フメは夜明け前から台所に立つ。その勤勉さは、角栄に影響を与えた。「おれは子供のころ、お袋の寝顔を見たことがなかったよ」、「おれはその血を享《う》けたんだな。だから早寝早起きなんだ。朝は朝星《あさぼし》、夜は夜星《よぼし》というわけだ」というのである。いずれも後年、田中が秘書の早坂茂三に語った言葉である。[2]

二つの原体験

田中の原体験は、二歳時のジフテリアだった。ジフテリアは子供に多い伝染病であり、のどを冒されて呼吸困難になる。高熱を発して生死をさまよった田中は、一命こそ取り留めたものの、体が弱くてどもりになった。両親や祖父母は、「これで育つかな」と心配した。

田中は内気な性格で、家に閉じこもりがちだった。家庭には女が多く、大事に育てられたことがそれに輪をかける。田中は甘えん坊となり、とりわけ祖母コメに甘えた。幼時の田中は、おばあさん子だったのである。

たまに田中が家の外に出ると、近所の子供たちにいじめられた。呂律《ろれつ》が回らない田中は、すぐに我を忘れて握り拳《こぶし》を振り上げる。喧嘩で負けると、悔し紛れに田中は従弟《じゅうてい》の信雄に拳骨《げんこつ》を見舞った。信雄は角次の妹スミの二男だった。「弱いくせに手が早かったことは事実である」と田中は振り返る。

もう一つの原体験は、一九二三年九月一日の関東大震災である。大地が持ち上がるような衝撃もさることながら、越後線で東京から帰ってくる人の波が幼《おさな》心《ごころ》に残った。普段は客のまばらな汽車が、このときばかりは満員に膨《ふく》れ上がっている。

田中の叔父や叔母たちも焼け出されて帰省し、祖父の捨吉が金の工面に奔走した。それでも帰省者たちは、米や味噌を肩に目一杯かつぐと、間もなく東京に戻っていった。彼らの本拠地は東京に移っており、関東大震災があっても新潟に定住しなかったのである。

田中は子供心に「東京の人たちはいやな人たちだ」と思わずにいられなかった。[3]

抱えていた悩み——二田尋常小学校

一九二五年四月、田中は二田尋常小学校に入学した。一年生の担任は加藤政敏《まさとし》先生だが、田中は後年、草間道之輔校長を「私の終生の恩師」と呼ぶ。同じ小学校出身で、まだ三五歳の草間は、寺の和尚《おしょう》よりも話がうまく、人情味に富んでいる。

講堂には、草間校長の筆によって、「至誠の人、真の勇者」という教訓が掲げられていた。田中は草間を慕《した》い、政治家への転身時にも支援を受ける。

田中は体が丈夫でないものの、成績は群を抜いていた。一年生のときこそ二番だったが、二年生から卒業まで首席を通している。一、二年生に級長はなく、三年生になると田中が級長に選ばれた。それでも、どもりには悩まされ続けており、クラスメートには「どもも角《かく》」とからかわれた。

四年生になると、金井満男先生が担任になった。「田中の成績はどの教科も百点である。全教科満点の採点をしてきた自分を疑ってしまった。〔中略〕一高、そして東大と、すらすら歩んでいくに違いない」と金井は感じた。田中の記憶力は際立っている。

五年生では笠原剛《たけし》先生に担任が代わり、習字の時間に事件が起きた。級長の田中が最後列で筆を動かしていると、前の席の生徒が何かの拍子に笑い声を上げた。振り返った笠原はこれを誤認し、「田中かッ」と雷を落とす。

田中は立ち上がり、弁明しようとしたが、真っ赤になるばかりで声が出ない。先生はますます怒る。田中は頭に血が上り、墨の入った硯《すずり》を床に叩きつけてしまった。

田中はどもりを矯正するため、山で大声を出す練習に励《はげ》んだ。学芸会では、主役の弁慶役を買って出る。田中は頭をひねり、台詞《せりふ》に節をつけて、歌うように話すことにした。すると本番では、自分でも驚くぐらいに台詞をこなせた。「弁慶役の成功が、どれほど私にドモリ克服の自信を与えてくれたかわからない」という。
秘書の早坂は、田中の性格をこう論じている。

田中のオヤジは「微風和暖」「不動心」とか「明朗闊達《かったつ》」と色紙に書く。男は明朗闊達でなければならない。ウジウジして、陰気くさいやつはダメだ――というわけなんです。そして彼自身が明朗闊達、豪放磊落《ごうほうらいらく》、竹を割ったような気性、男の中の男の見本のように見られているけれども、これは自分で努力して、後天的に性格を変えていったんだと思う。

明朗闊達は天性ではなく、努力して培《つちか》ったものだというのである。[4]

断念した進学

家のなかで田中の役目は、馬を世話することである。父の角次は、二、三頭の競走馬を持っていた。田中は馬を運動させると坂田川の浅瀬に向かい、たわしで馬を手入れした。

少年にしては体格も立派になり、田中は村の娘たちの憧《あこが》れだった。田中を乗せた馬の足音が近づくと、娘たちは物陰からそっと目で追った。小学校が四年生から男女別になっていた時代である。

そんな田中の苦労をよそに、角次は新潟ばかりでなく、東京や横浜、甲府、軽井沢、京都、大阪、九州の競馬場に赴《おもむ》いた。角次は持馬《もちうま》を出走させるだけでなく、自らも馬券を買った。角次が二、三ヵ月、帰らないこともある。

角次が競馬で散財すると、借金は母フメにのしかかった。しかし、本業の稲作だけでは借金を埋められない。フメは米の積み出しで、わずかな副収入を得た。六〇キロもの米俵を背負い、二田村から西山駅まで一日に四、五回ほど、往復二時間の道のりを行き来したのである。それでも足りなければ、田中が材木屋の親戚に借りに行った。

当時の小学校では、中学に進学するなら五、六年で修了し、進学しないのであれば、同じ小学校の高等科でさらに二年の学習が義務となっていた。

成績抜群の田中は、「おまえは五年修了で柏崎の中学へいけるぞ。どうだ、いかないか」と教師に勧められた。向学心の強い田中だが、フメの苦労を思うと進学する気になれず、一九三一（昭和六）年四月からは小学校高等科で学ぶことにした。親戚が柏崎の中学校や東京の大学に通うなか、角栄は中学の講義録を得て、独学で読み進めたのである。

田中は後年、進学を断念したころを思い出し、「何が、悲しいというわけではないが、ときおりふっと涙ぐむこともあった。少年時代の純情多感というものであろう」と記している。

のちにフメは、田中の心中をこう察した。

小学校高等科時代

成績がよくとも、百姓が中学なんぞにいける時代じゃやござんせん。学校から帰って勉強する子供なんておりません。みんな、家の手伝いだ。〔中略〕成績がよかったで、腹の中じゃ、アニ〔跡とり、つまり田中角栄のこと〕も上の学校へいきたかったかも知れねえな。分家にゃ一町の田畑を手ばなして東大まで進んだ叔父もおりやしたからな。

一九三一年九月には満州事変が起こり、二田村からも兵隊が出征することになった。すると音楽担当の須田先生が、田中に鼓笛隊《こてきたい》を作るようにもちかけた。田中は七人の隊員を集め、夢中で練習に励んだ。そのうちの一人が、「放課後、角栄氏を中心に一生懸命に練習した結果、短時間で、鼓笛隊は仕上がった。角栄氏の統率力は、この頃から顕著であった」と回想している。

田中は指揮棒を振り、太鼓《たいこ》や笛のメンバーを率いて、村の人々とともに出征兵士たちを西山駅まで送り出した。どもりと気弱な性格を克服しようと、田中は必死である。

一九三三年三月の卒業式では、「残雪はなお軒下《のきした》に堆《うずたか》く、いまだ冬の名残りも去りがたけれども、我が二田の里にも、更生《こうせい》の春が訪れようとしています」と答辞を読んだ。雪の克服は、終生の課題となる。

夢の上京

新潟では石油が産出されたため、幼少期の二田村には活気があった。しかし石油ブームは去り、田中が小学校高等科を卒業するころには不景気となっていた。不景気のなか、小学校を出たばかりの少年が応募できる職は少ない。

そこで田中は土方《どかた》となり、五時半から一八時半ごろまでトロッコを押した。だが、安月給に失望してすぐに辞めている。柏崎にあった県の土木派遣所に転職したものの、東京で勉強する夢がどうしても捨てきれない。

すると一九三四年三月のある日、隣村《りんそん》で土木係をしていた土田という老人が吉報を知らせてきた。

「先日、理研の大河内《おおこうち》〔正敏《まさとし》所長〕先生にお会いした。君の向学の希望を話したところ、先生は、よろしい、よこしなさいとその場でいわれた。君は、東京の大河内邸の書生になれる。そして、希望する学校へも通わせてもらえるぞ」

理研とは理化学研究所のことである。大河内が第三代所長となり、理化学興業株式会社を設立するなど、コンツェルンを形成しつつあった。その大河内邸に住み込み、学校で勉強できるというのである。田舎の少年とすれば、天にも昇る思いに違いない。

一五歳の田中は三月二七日、三、四十人に見送られながら上野行きの列車に乗り込むと、群馬県の高崎駅で途中下車した。父の角次が高崎で、二頭の馬を競馬に出走させていたからである。父はさえない表情をしていた。その姿を目にすると、田中は所持金八五円のうち五〇円を角次に渡している。[6]

東京の洗礼

上京した田中は、理研所長の大河内宅を勇んで訪れた。ところが無残にも、大河内と面会すらできないまま、門前払いされている。書生になれるという話は、行き違いで大河内に通っていなかったのである。希望は一瞬にして、大いなる落胆に変わった。

やむなく田中は、それまでの職歴を活かして、土建会社の井上工業東京支店に小僧として住み込むことにした。東京支店といっても小所帯だが、刎頸《ふんけい》の友となる入内島金一《いりうちじまきんいち》と出会ったことは運命的であった。

刎頸の友とは、その人のためなら首を断《き》られても後悔しないほどの親友を指す。入内島は後年に室町産業の代表取締役として、田中金脈の一翼を担うことになる。

昼間は支店や工事現場で働かねばならず、田中は中学校への編入をあきらめ、私立の中央工学校土木科に入学した。夕方五時に仕事を切り上げると自転車に飛び乗り、六時から九時まで学校で勉強する日々が続く。その日課は豪雨でも変わらない。

それでも田中は、苦痛を覚えなかった。「土用のさ中《なか》の田の草取りや、長いふぶきの冬に耐えて、ひと口のぐちさえ言わぬ故郷の母を思えば、この程度のことはなんのことはないのである」という。

田中は、ある小学校の工事でミスを犯すと、井上工業を去って職を転々とした。『保険評論』という雑誌の記者、貿易商の高砂商会などである。

徳冨蘆花《とくとみろか》の小説『不如帰《ほととぎす》』を少年時代に耽読《たんどく》していた田中は、海軍兵学校への入学を夢見たこともあった。『不如帰』は、日清戦争期に海軍少尉の妻が肺結核を患《わずら》い、姑らによって離婚させられて亡くなるという悲恋の物語である。大山巌《いわお》陸軍大将の娘を題材とした明治期最大のベストセラーでもある。[7]

理研の農村工業論

海軍の夢は、母が病気になったことで破れた。その末に、田中が収まった先は中村勇吉建築事務所であった。またも小さな事務所であるが、意外にも、ここから運命が開けてくる。事務所は仕事の多くを理研から請け負っていたのである。

理研の株式会社として、中枢を担うのが理化学興業だった。田中は日比谷にある同社企画設計課を訪れるようになり、かつて門前払いされた大河内に面識を得る。

大河内は田中が新潟出身と知ると、「柏崎は農村工業の発祥地で私のいちばん好きなところである。理研にもこれから全国的に工場が生まれる」と語った。

大河内の言う農村工業とは、各地方に工場建設で若者の雇用を作り、過疎を防ぎながら大都市の過密も解消しようとする構想である。理研はそれを新潟や長野、群馬で実践しており、田中は大河内の農村工業論に感化された。

田中は一九三六年三月に中央工学校土木科を卒業すると、翌年春に共栄建築事務所を東京で立ち上げた。理研との関係を深めて荒川区などの工場建設計画に携わったほか、理研が各地で進めていた工場買収でも、田中は下調べして関与した。

さらに田中は、新潟県の小千谷《おぢや》、宮内、柿崎、白根《しろね》、柏崎などに出張を繰り返す。そこには理研関係の工場がある。それまで田中は新潟出身でありながら、故郷の刈羽郡を除けば新潟をあまり知らなかった。

理研との縁は事務所発展の契機になるとともに、のちの『日本列島改造論』につながる着想をもたらした。田中によると、「理化学研究所の大河内正敏先生が農村工業論をとなえ、その中心地として柏崎を選び、すでにピストンリングや電線・自転車をつくる工場などが建設されていた」という。

大河内の著作『農村の工業と副業』は、農村の若い女性が理研ピストンリング株式会社の柏崎工場で作業する姿を紹介している。

理研の工場は、朝鮮にも進出していた。「私はその朝鮮の会社を除いて山口県宇部の日満マグネシウム工場の仕事まで、あらゆる工場の事業計画と工場設置計画に参画させてもらったので、今でもそれらの工場の中に配置された主要機械の配置まで覚えている」と田中は記す。

高等教育を受けられなかった田中だが、それ以上に足で学んでおり、理研が田中の大学だった。のちに田中は、「俺は理研で、今の自分の知識の土台になっていることを全部、教わったんだ。将来の日本のあるべき姿とは何か、そのためには何が必要か、どんな研究が必要かなどだ。理研は俺の大学だった」と秘書の佐藤昭によく話していた。

田中は首相期に「大河内先生が主唱《しゅしょう》する『農村工業論』。先生は新潟県をこの理想達成の基地と考えておられたのであり、わたくしはいまでもこの考えかたはまちがってはおらず、政策としておし進めなければならないものだと信じている」としたためた。

戦後に多い旧帝大や有名私大卒の首相と異なり、雪のなかを這《は》い回った田中だけに、その言葉には迫力がある。農村工業論にヒントを得た田中のグランド・デザインこそが、のちの『日本列島改造論』にほかならない。それは人口の東京一極集中が止まらず、地方が消滅しかねない今日にも示唆的であろう。

土木派遣所を経て上京し、建築会社を創設した足跡は、やがて最強の建設族となる将来を暗示するかのようである。[8]

第1章　大陸体験と初当選

徴兵と満州体験

田中は一九三八（昭和一三）年春、徴兵検査のため一時的に二田村へ帰った。戦前の日本では二〇歳になると徴兵検査を受け、数ヵ月後には入営せねばならない。

田中は検査に合格すると、「兄ちゃんが居なくなったら姉ちゃんたちと、お母さんを一生懸命に助けるのだゾ」と妹の幸子に告げている。大人びた表情の兄が、幸子には自慢だった。

しばらく仕事を続けた田中だが、一九三九年三月には盛岡騎兵第三旅団第二四連隊第一中隊に召集された。盛岡騎兵第三旅団が満州国在勤のため、広島に集合となり、北満州の富錦《ふきん》という小さな町に赴いた。ソ連との国境に位置する張鼓峰《ちょうこほう》で日ソが軍事衝突したあとのため、富錦には緊張感が漂《ただよ》っている。

兵舎生活が始まった二日目には、ビンタの洗礼を受けた。田中を殴った上官の一人に、のちに越後交通社長となる片岡甚松がいた。越後交通は田中をオーナーとする会社であり、目白の田中邸を訪れる「目白ツアー」でも知られる。

ビンタにもまして苦労したのが、馬の扱いであった。田中には、久秀号という暴れ馬が与えられたのである。少年のころは乗馬を得意としたものの、その暴れ馬を乗りこなすのは一苦労だった。

再び日ソが衝突したノモンハン事件では、実戦ではなく酒保《しゅほ》や糧秣《りょうまつ》を担当した。酒保とは日用品や飲食物の売店であり、糧秣とは兵や馬の食べ物である。この間、すぐ下の妹ユキ江が亡くなった。

田中は一九四〇年一一月末に肺炎で倒れ、翌年には大阪の日赤病院や仙台陸軍病院宮城野原分院で闘病を続けた。田中は半年以上の入院を終えて一九四一年一〇月に帰郷するが、実家では妹トシ江が亡くなっていた。

二年半に及んだ兵隊生活の間に、二人の妹を失ったのである。[9]

北満州に向けて出発前（前列左端）

田中土建工業

久しぶりの郷里で三泊した田中は、上京すると、飯田橋駅付近に建築の個人事務所を新設した。田中が事務所に借りたのは、坂本木平という建築業者の家である。

坂本組を率いる坂本社長には、はなという出戻りの一人娘がいた。小柄で無口ながら、よく気のつく娘である。

ほかに許嫁《いいなずけ》のような存在もいたが、田中は八歳年長のはなを見初《みそ》めて一九四二年三月三日に結婚した。太平洋戦争のさなかであり、結婚式や披露宴は挙げられない。はなは中耳炎を患ったことがあり、右耳が少し遠いこともあって、田中が政治家になってからも表にはあまり出なかった。

のちに娘の眞紀子は、「母は子供の頃に中耳炎を患ったこともあって、どちらかというと引っ込み思案で、宮中行事やその他外交上の公式行事には出席をするが、政治的色彩の強い会合や選挙運動には、いっさい出席せずに今日まで来ている」と記す。

田中は坂本組を引き継ぎ、田中土建工業株式会社に発展させた。事業を拡張できたのは、元警視庁衛生技師で、工事請負業を始めた中西正光の斡旋によるところが大きい。理研との関係も復活させ、田中土建工業は全国上位五〇社に数えられるまでになった。

田中はまだ二〇歳代半ばである。羽振りがよくなり、神楽坂《かぐらざか》の料亭で芸者に囲まれるようになった。家庭では長男正法《まさのり》、長女眞紀子が誕生するも、正法は五歳で夭折《ようせつ》してしまう。[10]

朝鮮体験

敗戦が色濃くなった一九四四年末から、理研は満州や朝鮮に工場を移し始めた。田中は、王子神谷町にあったピストンリング工場を朝鮮の大田《テジョン》に移設する工事を請け負った。理研にとって、ピストンリング工場の移設は最大の仕事だった。田中は、「でけぇ仕事をくれ」と理研幹部の星野一也らに何度も頼み込んでいたのである。

田中は翌年二月、六人の会社幹部とともに朝鮮入りし、新義州《シニジュ》、碧潼《ピョクトン》、満浦鎮《マンポジン》、城津《ソンジン》などで木材を買い集めた。八月九日にはソ連軍が参戦し、満州国に進攻する。

ソウルで終戦を迎えた田中は、「その日現在における私の在鮮全財産と工事材料や現地投資の一覧表を示して」寄付すると現地職員に宣言し、釜山《プサン》から海防艦で引き揚げたと回想する。海防艦とは、主に海岸防衛に当たる軍艦を指す。

女性と子供を優先するはずの海防艦に乗れたのは、乗船名簿の「田中角栄」が崩し字であり、「田中菊栄」と誤読されたためだと田中は記している。だが、ちょび髭《ひげ》をはやした田中が、菊栄という女性に間違われるはずもない。

これには、理研幹部の星野の証言がある。星野によると、「工事費二千四百万円を軍票で三回にわけて払うことにし、二回分、約千五百万を送ったところで終戦となった。田中は京城《けいじょう》〔植民地時代のソウル〕へ走り軍票を現金に換えたハズだ」という。

当時の二四〇〇万円は、現在の一五〇億円に相当する。そのうちの二回分を換金していたとすれば、田中は敗戦に乗じて大金を手に入れたことになる。

しかも星野によると、田中ともう一人だけが、海防艦で先に帰国したという。田中は海防艦に乗り込むため、金の一部を袖《そで》の下に用いた可能性がある。女性に間違われたという田中の回想よりも、星野証言のほうが自然だろう。星野は、田中の政界進出を支えた人物である[11]。

立候補

海防艦の行き先は青森港だった。そこから田中が上京すると、東京は焼け野原である。江戸川付近にあった田中の製材工場も焼けていた。

それでも事務所や自宅、社員寮、倉庫は奇跡的に難を逃れた。「うちへ帰ったら、四十軒もあった不動産はそっくり残ってるし、一万円で買った店も百万円になり、二万円で買った土地も二百万円になってるんです」と田中は語る。

他方、理研の大河内は一九四五年一二月、戦犯容疑者として巣鴨プリズンに収容された。大河内は翌年に出所するも、理研所長を辞任している。

このころ田中は、保守政治家との結び付きを強めている。もともと田中の会社は、東条英機内閣で国務大臣だった大麻唯男《おおあさただお》、元宮内次官で貴族院議員の白根《しらね》松介《まつすけ》らを顧問にしていた。

大麻は一九四五年一一月、日本進歩党の結成に参加している。進歩党は大麻ら旧民政党系の政党であり、町田忠治《ちゅうじ》が初代総裁となる。大麻について田中は「プロモーター的な存在だった」と振り返る。

戦争が終わると、戦前の政友会、民政党の対立がまたぶり返してきて、旧政友会系は、鳩山一郎総裁、河野一郎幹事長、三木武吉《ぶきち》総務会長による自由党を結成した。旧民政党系もこれに対して、一一月一六日に、町田忠治総裁、鶴見祐輔《ゆうすけ》幹事長、犬養健《たける》総務会長といった顔ぶれで進歩党として発足するわけですが、大麻さんは、そのプロモーター的な存在だった。

大麻は田中に政治献金を求め、さらには立候補を促した。大麻が「選挙の神様」という異名を持つだけに、立候補の要請には重みがある。田中は断ったものの、大麻は熱心だった。

根負けした田中が、「いくらくらい金が必要ですか」と聞くと、大麻は「一五万円出して、黙って一ヵ月間おみこしに乗っていなさい。きっと当選するよ」と口説き落としたという。

以上は田中の回想だが、大麻国務相秘書官だった伊藤五郎の証言は異なる。

伊藤によると、政界進出を望んでいたのは田中の側であり、田中は田中土建監査役の塚田十一郎《じゅういちろう》を介して大麻に出馬を相談してきた。大麻はすぐには田中を信用せず、子分の佐藤芳男衆議院議員を田中と面談させ、代議士にふさわしいか「テストした」。そこで及第点と判定されたため、進歩党から立候補させることになったというのである。

伊藤の証言は、田中を「テスト」した人物として佐藤議員の名前を挙げるなど、実に具体的である。おそらく正確なのは、伊藤のほうであろう。どちらにしても、立候補が献金と密接に関係していたのは事実である。田中は、政界における金の威力を実感したのではなかろうか。

大政翼賛会の総務兼議会局議事部長、東条内閣国務相という来歴が示すように、戦時中の大麻は親軍的であった。その大麻に、田中が違和感を示さなかったのも興味深い。同期の中曽根康弘が戦前来の政治家を突き上げて、「青年将校」と呼ばれたのとは対照的である。田中は、思想よりも実利で動くタイプといえよう。[12]

落選——「若き血の叫び」

それにしても田中は、なぜ立候補したのか。田中土建には被害が少なく、経営に専念してもよかったはずである。田中は後年、立候補した動機として、幼いころの体験を挙げている。

のき下で遊んでいたとき、急に大やねの雪の下になり、気違いのようになった祖母が、くわで雪を取り除いたとき、私の頭にくわの先がふれて、雪が血で赤くなった。もう少し私の位置がわからなければ、私は窒息して死んでいたはずだし、くわの先がわずかでも私の頭にめりこめば、まったく助からぬものを、雪の下の私の存在を知らせるため必要な血だけを雪に示した不思議さ。

雪と貧しさの克服は、田中のライフワークとなり、やがて都市計画にもつながっていく。

二七歳の田中は「若き血の叫び」をスローガンに立候補した。『新潟日報』が第一声の全文を発掘している。それによると、「候補者と有権者は若い男女の見合いと同じ」、「政治はお題目や空念仏ではない」、そして実行力のアピールと続く。平易な言葉で述べられており、巧みな比喩《ひゆ》も田中らしい。

とはいえ、田中にはどもりが残っており、演説には慣れていない。手作りのメガホンを片手に、広大な選挙区を回ったものの、一九四六年四月一〇日の衆議院選挙に落選した。「立候補者三十七名中十一位、得票三万四千六十票で次点落選と決まった。全くよい勉強であった」と田中は記すが、このときの当選者は八人である。田中は次点ではなく、落選者のうち三番目であった。

敗因は、進歩党の田中、日本社会党の猪俣浩三、自由党の佐藤三千三郎、無所属の石塚善治の四人が地元の柏崎から出馬したことにある。大選挙区で、二名連記投票だったとはいえ、明らかに乱立である。猪俣が次点で落選し、佐藤、石塚も落選した。

しかも、田中に協力するはずの塚田が自ら立候補し、当選したのは誤算であった。町田や大麻が公職追放されたことも逆風になった。大麻の方針に従っていれば当選するはずが、とんだ見込み違いである。田中は落選の対価として、選挙には自らの戦略で臨まねばならないことを学んだ。

進歩党の大敗によって幣原喜重郎《しではらきじゅうろう》内閣は総辞職し、第一次吉田茂内閣が五月二二日に成立する。吉田は、第一党となった自由党の総裁である。田中の初当選には、一年後の一九四七年四月二五日をまたねばならない[13]。

秘書との出会い――山田泰司

田中は初出馬と前後して、のちの秘書たちと知り合っている。その一人が山田泰司《たいじ》だった。山田との出会いは、終戦直後の一九四五年一〇月である。山田は東京都文京区出身だが、山田の父は田中と仕事の付き合いがあった。そこで山田が田中土建工業に就職を申し入れたところ、田中は「明日からでも来いよ」と受け入れた。

田中の第一印象について、山田は、「あの人は先頭に立って仕事をやる人だった。事務所近くの飯田橋駅に会社の砂利やセメントが着くと、雨の中でも出てきて裸になって荷を運んでいた」と振り返る。

山田は一九五三年から目白の田中邸で経理などを担当するようになり、一九五七年には急逝した曳田照治《ひきたてるじ》を継いで田中郵政相の秘書官となる。その後も山田は毎月十日ほど新潟に足を運び、公共事業の査定を行うまでになった。いわゆる越山会査定である。

田中の没後に山田は、「それ〔利益誘導〕が人間社会というものだ」と述べ、金権政治についても認めている。

田中政治が金権政治だといろいろ批判もあるが、それは認めざるを得ないでしょうな。確かに罪悪とも思う。しかし田中先生には学閥も門閥もなかった。何もない人が裸一貫から総能力を傾注してのし上がり、総理になった。その間に人と対抗していくために、ある程度の金も必要だ。金がなければそう急には伸びられない。

複雑な経理技術を駆使し、田中の金権政治を支えたのが山田にほかならない。山田は田中ファミリー会社の新星企業で代表取締役にもなっている。新星企業は不動産売買などを手掛けた。[14]

「金庫番」佐藤昭

秘書として山田以上に著名なのが、田中の金庫番となる佐藤昭であった。山田が田中邸の経理を担当したのに対して、佐藤は田中事務所の金庫番である。佐藤の生家は現在の新潟県柏崎市にあり、もともとは裕福で、洋品店を営んでいた。

佐藤は二男四女の末娘だが、四歳で父を亡くし、兄、姉も次々と病死した。一五歳のときに母が他界すると、柏崎女学校の学生だった佐藤は天涯《てんがい》孤独の身となる。親兄弟が結核などで病死していたことから、世間からは遠ざけられ、佐藤を引き取ろうという者は現れない。

成績優秀の佐藤は、教師になることを夢見た。のちに東京家政大学となる東京女子専門学校に合格するも、東京大空襲に遭い、進学を思いとどまり帰省した。多感な時期の少女がどれほどの挫折感を味わったかは、想像に難くない。

立候補直前の田中が佐藤の家を訪れたのは、一九四六年二月二三日のことである。一七歳の佐藤は柏崎に戻っており、Yという元中尉と婚約していた。その日は、ちょうど佐藤の母の三回忌でもある。

背広にコートをまとい、長靴をはいた田中は、「田中角栄です。よろしくお願いします」とだみ声で挨拶した。このとき田中は二七歳である。佐藤は田中の選挙を手伝うことになり、佐藤の婚約者も田中の応援演説を引き受けた。婚約者は、かつて県立柏崎商業高校で弁論部の主将だった。

佐藤にとって、田中の第一印象はさえない。「田中の演説はお世辞にもうまいとは言えなかった。どもりながら、とつとつと話し、メリハリというものがない。聴衆からは遠慮のないヤジや罵声《ばせい》が飛ぶ。聞くに聞けなくて、私はマントの襟《えり》に顔をうずめ、じっと下を向いていた。さすがに弁論部の主将をしていただけあって、演説は私の婚約者の方がはるかに上手だった」というのである。

このとき田中は妻帯者となっており、子供もいたにもかかわらず、頭がよくて容姿端麗の佐藤に心を奪われた。のちに田中は、「おまえに一目《ひとめ》惚《ぼ》れしてしまったんだ。あの時、連れて逃げようと思ったんだが、おまえは堅気の娘だったし、もう婚約者もいたからなあ」と佐藤に語っている。

佐藤とYは上京し、田中土建工業の寮に住んだ。田中は、母の命日に当たる一九五二年二月二三日に佐藤を秘書とし、事務所の会計責任者に抜擢《ばってき》した。佐藤は毎朝六時に田中に電話し、田中はその日の指示を出す。その電話は、田中と佐藤だけのホットラインである。田中と二人三脚の佐藤は、「越山会の女王」と呼ばれるまでになる。

この間に佐藤はYと離婚し、Tと再婚するものの、再び別れている。田中は一九五七年に佐藤との間に敦子《あつこ》を授かったのち、「君程の悧口な女は初めてである。〔中略〕僕はお前の才気や美ぼうに惚れたのではない。〔中略〕これが縁であり前世からのものかも知れんとさえ思っておるのである」と恋文をしたためている。

田中は毎年二月二三日になると、二人だけの食事に佐藤を誘った。田中が病気で倒れるまでの数十年間、二人の食事は一度も途切れなかった。[15]

「国家老」本間幸一

最初の出馬では佐藤のほかに、本間幸一が選挙運動に加わった。本間も柏崎市出身であり、小さな古着屋の一人息子だった。田中落選後に田中土建工業の社員となる。

やがて本間は、田中が社長となる長岡鉄道の総務課長に移籍し、越山会会員の冠婚葬祭や就職も担当しながら越山会を統括した。新潟で越山会を差配する「国家老《くにがろう》」であり、「本間なくして越山会なし」といわれるまでになる。

先に触れた「目白ツアー」も、本間の発案であった。「目白ツアー」とは、田中を筆頭株主とする越後交通と越後観光が提携し、支持者をバスで連れてくるパック旅行のことである。

「目白ツアー」では、小佐野賢治《おさのけんじ》がオーナーの国際興業のバスを使った時期もある。国会や浅草などにも立ち寄るが、目白の田中邸が行程に必ず含まれており、田中は記念撮影に応じるのだった。[16]

辻和子

田中邸からほど近い神楽坂には、辻和子という若い芸者がいた。辻は八歳のとき、金満《かねま》津《つ》という芸妓《げいぎ》置屋《おきや》に売られた。わずか五〇円だった。

田中は一九四六年の秋から神楽坂に通うようになり、一九歳の辻和子と縁を深めた。落選から半年後のことであり、田中は、「おれ、選挙に落ちちゃったんだ」と陽気に振る舞った。辻によると、「戦後の土建ブームがはじまっていて景気がよかったせいか、おとうさんの顔からは暗いものがまるで感じられませんでした」という。

しかも田中は、辻を妻や眞紀子に紹介している。それでいながら、ある晩、辻に「一緒になろうか」とささやいた。辻は悩んだものの、田中を「旦那《だんな》さん」とすることを受け入れた。「旦那さん」とは、経済的に援助してくれるパトロンのことである。

一九四七年の夏、代議士になった田中と二〇歳の辻は、神楽坂の待合に芸者衆を集めて、お披露目の儀式を行った。

田中の女性関係は、辻だけではない。このとき田中には、戦前来の別の女性がいた。それも、同じ神楽坂にである。田中はその芸者のために小さな料亭を建てており、芸者は女将《おかみ》になっていた。このことを辻は、のちに知ることになった。

辻は二五歳のときに長男の京《きょう》を生み、花柳界《かりゅうかい》から身を引いた。田中は京と弟の祐《ゆう》を認知し、二人は田中姓を名乗っている。そのことを田中は佐藤に隠さなかった。[17]

2度目の出馬で当選

初当選――伝説の「三国峠演説」

田中の初当選は一九四七年四月二五日、つまり戦後二回目の総選挙であった。二八歳のときである。

田中は前回の反省から、田中土建工業の出張所を柏崎と長岡に設置し、直営で選挙運動を行った。所属政党は、進歩党を改組した民主党である。新潟三区の田中は、五議席のうち三位で当選した。[18]

田中の支持基盤は、星野一也らの理研グループ、恩師の草間道之輔など教育界の人脈、魚沼出身の曳田照治秘書、片岡甚松らの元戦友たち、旧民政党系の組織、父の角次の商売仲間などである。

今回の選挙は中選挙区制となり、塚田と選挙区が分かれたことは有利に作用した。地域でいうなら、田中票が多いのは柏崎、刈羽、南魚沼であった。

大票田の長岡市には食い込めておらず、三万九〇四三票のうち長岡市は二二〇〇票ほどにすぎない。長岡市のほか、革新系の農民層にも手を焼いた。農地解放が進むなかで、日本農民組合、つまり日農が拡大しており、農民の多くは社会党の影響下にあったためである。

それでも田中は選挙を重ねるごとに、新潟三区の周辺から都市部に支持を広げる。土地改良事業など地域の案件は、当初、社会党の三宅正一衆議院議員らに持ち込まれていたが、やがて面倒見のよい田中が引き受けていく。[19]

ならば田中は、政治家として何をしたいのか。選挙演説では、雪の克服と格差是正を訴えていた。「新潟県の人たちは一年のうち三分の一は雪の中、豪雪の中に埋もれている。働く場所もない、出稼ぎに出なきゃいけない。それをまずなくさなければいけない。それでこそ家庭の幸せがあり、皆の幸せがあるんだ」というのである。

太平洋側との格差は、あまりにもひどい。それを是正するには、まず工場誘致などで雇用を増大させ、交通網を整備せねばならない。それが田中の原点だった。[20]

今回は二度目の選挙であり、演説は余裕を感じさせた。ユーモアが出せるようになり、「三国峠演説」は伝説となる。

まァねェ、この新潟と群馬の境にある三国峠を切り崩してしまう。そうすれば日本海の季節風は太平洋側に抜けて、越後に雪は降らなくなる。皆が大雪に苦しむことはなくなるのであります。

ナニ、切り崩した土は日本海へ持って行く。埋め立てて佐渡を陸続きにさせてしまえばええのであります。若い私の生命を賭けた実行力を信じてください。皆さん！

三国峠を切り崩し、日本海に埋めてしまうというのである。荒唐無稽《こうとうむけい》というべき内容だが、大胆な発想は聴衆を魅了した。

なによりも田中の演説は分かりやすく、パンチがある。そこに利益誘導の実績が加わるようになり、縦横無尽の角栄節は磨《みが》き上げられていく。田中が巧みなのは、具体的な数字を織り込んでいくことである。その説法には、単なる大風呂敷ではないと思わせるものがあった。[21]

ただし、田中の演説や談話はユーモアと即興性《そっきょうせい》を重視するため、論理的に飛躍する傾向がある。活字にすると、意味不明のことが少なくない。[22]この点は、地味ながら理路整然と話す大平正芳と対照的である。

もっとも、田中がとつとつと大平のように話していたら、大衆を引き込むカリスマ性は生じなかったに違いない。田中とすれば、論理的であることよりも、大衆を飽きさせずに話題を転じることを重視したのであろう。

どもりを克服した田中は、いつしか話術に自信を深めるあまり、一方的にしゃべることが多くなる。相手の話をしっかり聞くタイプの福田赳夫や三木武夫と正反対であり、戸川猪佐武《いさむ》のように、評論家のなかにも田中に違和感を覚える者はいた。

ともあれ田中は中央政界入りし、与党の一員として議員生活を始める。それは保守本流につながる道筋であった。[23]

第2章　保守本流、そして最強の建設族

初登壇――「中小企業の振興」

田中初当選の総選挙で第一党となったのは、片山哲《てつ》委員長の率いる社会党であった。吉田内閣は退陣し、片山内閣が誕生する。片山が芦田均《あしだひとし》総裁の民主党と連立したため、田中は与党民主党の議員として政治家の第一歩を踏み出したことになる。田中は芦田について、「演説のうまかった人」と記している。

同期の衆議院議員には、中曽根康弘や鈴木善幸がいた。中曽根は同じ民主党で、鈴木は社会党だった。鈴木は、やがて吉田の民主自由党で田中と合流する。中曽根が民主党内で芦田派だったのに対して、田中は元首相の幣原に近く、やがて吉田に接近することについては後述としたい。

田中が衆議院本会議で実質的に初登壇したのは、一九四七（昭和二二）年九月二五日である。田中は民主党を代表して、農村ではなく、もっぱら中小企業の振興を論じた。戦後復興において「都市集中の大企業にはおのずから制限がある」ため、「中小企業の助長育成

こそ焦眉《しょうび》の急《きゅう》」だとして、田中はこう説いた。

中小企業の振興は、沈滞せる国民の生産意欲を向上し、切瑳琢磨、高度製品の生産は、自由貿易を活発ならしめ、やがて国際経済圏の一員として復帰する大きな役割をなすのであり、加えて農村工業の発達により、農山漁村生活の合理化となり、中小工業都市の発達は、大都市人口集中の排除ともなり、わが国再建の意気まさにここに生まるるというのも、過言にあらざる次第であります。

持論の「農村工業の発達」を「大都市人口集中の排除」と関連づけ、均衡ある国家再建を描いたのである。『日本列島改造論』のエッセンスともいうべき内容が、この時点で語られていた。[24]

建設省の設置

田中は衆議院で国土計画委員会に所属した。国土計画委員会は、道路や都市の建設、土地政策を扱っており、一九四八年一一月九日から建設委員会と改称される。建設会社社長の田中らしい選択である。

しかも田中は一九四七年一二月五日の国土計画委員会で、片山首相らを前に建設省の設置を主張した。当時、内務省の解体が決まっており、建設行政を監督する省庁の新設が検討されていた。片山内閣が建設院の創設を提案したのに対して、田中は「建築行政が多岐にわたっておりますため」として、建設省に格上げするよう求めたのである。

田中によると、「私は土木建築業者でございまして、しかも建設省の設置に対しましては、過去十年間を通じまして設置持論者であります」という。戦災のため、住宅は六百万戸も不足しており、このままでは「戦前に復帰するまでに、住宅問題だけでも少くとも三十年間かかる」というのである。

田中は与党ながら、片山を追及した。

「生きるためのまったく必需条件であるところの衣食住、しかもその住宅問題というものは一家の団欒所《だんらんじょ》であり、魂の安息所であり、思想の温床であるその住宅が、三十年間も戦前に帰れない状態であったならば、これはえらいことになる」

食糧の確保を優先する政府に対して、田中の特徴は、「魂の安息所」として住宅を確保しようとしたことにある。

片山が田中の意見を直ちに受け入れたわけではないものの、建設省は一九四八年七月に設置される。[25]田中が見通したように建設省の仕事は膨大であり、国の公共事業のうち約七割が建設省の所管となる。

民主党幣原派と炭鉱国家管理法

片山内閣は、片山の社会党、芦田の民主党、三木武夫の国民協同党による三党連立である。民主党内では幣原元首相や斎藤隆夫らが、吉田茂の自由党を含めた四党連立を模索していた。しかし芦田は、これを受け入れなかったのである。

田中が幣原派に属したのに対して、同期の中曽根は芦田派だった。中曽根は吉田自由党に反発していたものの、田中にそれはなかった。田中自身が「四党連立派」だったと語っている。

ぼくは四党連立派だったが、中曽根君たちは三党連立派だ。坪川信三、橘直治、中曽根康弘、川崎秀二、桜内義雄、園田直《すなお》ら、この諸君は全部三党連立派でしたな。芦田支持であると同時に、その後犬養健を中心にした新進会に所属したのが、今の中曽根君たちですよ。当時は青年将校グループともいわれたもんです。

ぼくや根本龍太郎、佐々木秀世とかね、そういう連中は幣原、斎藤派なんだ。それで民主党が分裂するわけだ。

政策面で大きな争点となったのは、片山内閣が進める炭鉱国家管理法案である。この法案は、炭鉱を国家管理下に置こうという内容であり、社会党の肝煎《きもい》りだった。幣原派は自由主義経済を信奉しており、社会主義的な国家管理に反発する。田中も反対の急先鋒であった。しかも田中は、福岡の炭鉱業者から一〇〇万円の献金を得ていた。あとで論じるように、これが逮捕につながる。

炭鉱国家管理法は、一九四七年一二月八日に参議院を通過して可決される。その前に幣原や田中らは一一月二五日の衆議院で反対票を投じ、一一月二八日には二二人で同志クラブを結成した。「黒い石炭をアカく(共産化)するな」と反対票を投じた田中は、民主党を離党して野に下ったのである。田中が吉田の保守本流に入っていくうえで、この判断は重要な岐路だった。[26]

社会党内でも同法をめぐって対立が高まり、片山内閣は一九四八年二月一〇日に総辞職する。

吉田茂への接近

一九四八年三月一〇日に芦田内閣が成立した直後、田中や幣原は吉田自由党に合流して民主自由党を結成する。民主自由党の総裁は吉田であり、吉田は田中について幣原から聞いていた。田中は幣原を介して、吉田に接近したのである。民自党の総務会長は、幣原や田中に遅れて民主党を離れた斎藤隆夫であった。

田中は党内で選挙部長になった。選挙部長に抜擢された一因は、有力会社社長としての資金力を買われたことであろう。田中は同志クラブで金庫番を務めており、そのことを吉田は幣原から聞いていたはずである。

選挙部長としての田中は、選挙を猛烈に研究した。田中は民自党だけでなく、社会党の議員についても選挙区の事情を綿密に調べ上げ、吉田を感心させたのである。田中は自民党幹事長時代に「選挙の神様」と呼ばれるまでになる。

田中が袂《たもと》をわかった芦田の内閣は、片山内閣と同じく三党連立内閣である。このとき野党の吉田民自党は、前大蔵事務次官の池田勇人、前運輸事務次官の佐藤栄作、大蔵省造幣局長の前尾《まえお》繁三郎《しげさぶろう》などを集めて、政策の勉強会を開いた。いわゆる「吉田学校」である。

しかも吉田は、来たるべき総選挙に備えて池田や佐藤を入党させており、田中は政治家に転身する以前の池田らを知っていた。

野党のときにいかなる政策を練り、人材をリクルートするかで、その後の伸びしろは決まる。吉田の場合、政権奪回の好機は意外にも早く訪れた。芦田内閣が昭和電工事件によって一〇月七日に辞職を決めると、一四日の国会の指名投票で、吉田が二度目の首相に復帰したのである。

昭和電工事件とは化学会社による贈収賄《ぞうしゅうわい》の疑獄事件であり、西尾末広副総理や福田赳夫大蔵省主計局長が逮捕され、内閣退陣後には芦田前首相も捕まった。芦田らは、いずれも無罪となっている。[27]

山崎首班工作――「大将のふところ」

第二次吉田内閣の成立直前には、山崎首班工作が企《くわだ》てられていた。山崎首班工作とは、山崎猛《たけし》民自党幹事長を首相に担ぎ出し、吉田内閣の成立を阻止しようとするものだった。反吉田の立場から山崎首班工作を主導したのは、GHQ、つまり連合国最高司令官総司令部のホイットニー民政局長、ケーディス次長、ウィリアムズ国会課長である。ケーディスらは、民自党の山口喜久一郎、増田甲子七《かねしち》らを呼び出し、山崎首班への協力を求めた。

民自党には、吉田を快く思わない者も少なからずおり、山口らは総裁を辞するよう吉田に迫った。吉田ら幹部が出席する民自党の総務会では、いまにも山崎首班が採択されようとしている。暗い表情の吉田が、「総裁を引退します」と口にしかけた。

その瞬間に末席から、「ちょっと、待った!」とだみ声が勇ましく響いた。吉田や斎藤総務会長らが一斉に振り返ると、立ち上がったのは一年生議員の田中である。

田中は吉田に向けて声を強めた。

「いかに日本が敗戦国であろうと、アメリカに内政干渉をやらしてはいかん。絶対にいかん……。私はまず、吉田さんに質問がある。あんたは外交官としては大長老だ。だからおたずねするんだが、あんたはアメリカが、総理大臣は誰ではいかん、誰がいいなどと、内政干渉をするとお思いになるかどうか」

第２次吉田内閣の政務次官に（３列目左端）

田中の言い分は正論である。首班工作は内政干渉の最たるものであり、ＧＨＱといえども表立って介入はできない。その発言は、総裁辞任に傾きかけていた吉田を覚醒させた。

そこを田中が得意の長広舌で畳み掛ける。いくらＧＨＱが陰で糸を引こうと、総裁の吉田が首相になるべきであり、「吉田首班でいくのが憲政の常道である」と田中は胸を張った。

その熱弁は、山口ら反吉田派の顔から血の気を引かせ、古稀を迎えたばかりの吉田に絶大なる勇気を与えた。

吉田はほおを紅潮させながら、「〔ＧＨＱが〕内政干渉は絶対にしない」と自分に言い聞かせるように口を開いた。

「卑俗ないい方だが、おやじが駄目だから

妻君《さいくん》を出すというような不見識なやり方を、私はとるべきではないと思う。私ではいけないというのなら、いさぎよく、〔民主〕自由党は甘んじて下野すべきだ。世論の批判にあおう」

すかさず老練な斎藤が、「只今の総裁、田中総務他の発言を了承するに異議ありませんか」と場を制した。

田中、吉田発言の余韻が残るなか、異議ありとは言えぬ空気が総務会を支配する。吉田派だけでなく、形勢不利と察した反吉田派からも、「異議なし！」の声が飛んだ。

総務会は吉田首班を決議し、第二次吉田内閣が誕生した。一九五四年一二月まで続く長期政権の始まりである。山崎は混乱の責任をとって議員辞職した。のちに田中は、「幻の山崎首班」工作とこの一件を呼んでいる。

田中は吉田に認められ、一年生議員ながら法務政務次官になる。吉田に田中を推薦したのは、それまで行動をともにしてきた幣原であった。田中は幣原と吉田に接近することで、保守本流の道へ踏み出したのである。それは主義主張が近かったというよりも、政治権力の行方を敏感に察知した結果であった。

田中は後年、「偉くなるには大将のふところに入ることだ」、「頂上をめざすには、敵をできるだけ減らすことだ。自分に好意を持ってくれる広大な中間地帯をつくることだ」と早坂に語っている。[28]

炭管疑獄——獄中からの立候補

田中が法務政務次官に就任したのは、一九四八年一〇月二六日のことである。三〇歳の田中は高揚感を覚えたに違いない。当時は法務省の発足前で、法務庁と呼ばれていた。

だが田中は、わずか一ヵ月後の一一月二九日に政務次官の辞任を余儀なくされる。田中が炭鉱国家管理法案に反対した際、木曾重義という福岡の炭鉱業者から一〇〇万円を得ていたためである。

田中は辞任に際して、佐藤栄作官房長官に会っている。元運輸次官の佐藤は政界に議席を持たないにもかかわらず、官房長官に抜擢された吉田直系である。田中は少し前から佐藤を知っており、のちに「政界の団十郎」と呼ばれるほど大きな目をした佐藤に強く印象づけられただろう。

田中は一二月一三日、検察庁に出頭して収監された。法務遂行機関のナンバー2が収賄容疑で逮捕されたのである。逮捕前の田中は、「心境は悠々《ゆうゆう》たり、天地のごとしだ。容疑の点には反証があり、業者からの小切手、百万円は事業の金だ」と周囲に語り、強気の姿勢を崩さなかった。

このとき検察は、田中の自宅や田中土建だけでなく、神楽坂の金満津を家宅捜査していた。田中が金満津でひいきにしていた芸者は辻和子だけでなく、幸栄、よし栄、ひろ栄、花栄、弥栄《やえ》などもいる。いずれも、角栄から一文字をとって名付けられていた。

検察は、お抱え芸者衆の花代の伝票からスケジュール表まで、あらゆる書類を押収した。検察が金満津を捜索したと聞くと、獄中の田中は、「女、子どもを調べて何がわかるんだ！」と激怒している。

民自党は少数与党であったため、吉田が一二月二三日に衆議院を解散すると、田中は獄中から立候補した。保釈は投票一〇日前の一九四九年一月一三日である。田中は直ちに選挙区に向かい、最南端の南魚沼郡から票を固めようとした。「炭管はヌレ衣だ」と説いて回ったものの、都市部での反応は厳しかった。都市部では、三条の亘《わたり》四郎、長岡の神山栄一など、保守政治家が地盤を築いていた。

最も激しい野次に見舞われたのは、三条市の演説会である。演説会には、亘の支持者が大挙して押し寄せている。田中は亘派に野次り倒され、感情を抑えられなくなった。立ち往生した田中は顔を真っ赤にして、「三条からは一票もいらんから、黙ってオレの話を聞け」とやり返す。

それでも田中は一月二三日の総選挙で、亘に次ぐ二位で当選する。順位を前回の三位から一つ上げたのである。故郷の刈羽や隣接した柏崎では、教員ら良識層の支持が中心であり逮捕で票を減らしたものの、南魚沼郡と北魚沼郡で倍以上に票を伸ばした。

魚沼は新潟でも最貧といわれ、深い雪に埋もれる。このため、候補者が訪れることは少なかった。そこを重点地区として攻略し、日農に飽き足らない選挙民を取り込む戦略が当たった。田中を救った魚沼は第二の故郷であり、いわば聖地となる。厳しい戦局を支えたのが、理研の星野や田中土建常務の入内島だった。金満津も金を工面した。

収賄罪については一九五〇年四月の一審で懲役六ヵ月、執行猶予二年となるも、一九五一年六月には東京高裁で無罪判決が下された。収賄罪では金が渡されたことに加えて、田中が業者から請託を受けたと検察は立証せねばならない。高裁はその請託を認定せず、工事の前渡し金だったという田中の主張を受け入れたのである。田中は顔をクシャクシャにして喜んだ。

小菅拘置所の塀《へい》から外に出たものの、代償は大きかった。田中土建は傾き、会社整理を終えた。ある支持者によると、「炭管で田中は、ゼニがない政治家のみじめさを味わったんだ。それからはカネの集め方、ゼニの切り方まで変わったこて《ママ》。土建やめて長岡鉄道に手を出すんだ」という。

田中は土建会社をあきらめ、一九五〇年一一月に長岡鉄道の社長に就任することで、公共交通機関の経営に乗り出していく。その転身は、時代の趨勢を読んだ経営者の判断であるとともに、強力な資金源となって田中の政治活動を加速させる。田中は元運輸次官でもある佐藤栄作を長岡鉄道の顧問に招いており、のちに自民党佐藤派に入っている[29]。

池田蔵相と大平秘書官

吉田の民自党は、一九四九年一月二三日の総選挙で二六四人を当選させ、衆議院の過半数を制した。「吉田学校」の佐藤、池田、前尾が議員となり、吉田は党内に地歩を固める。吉田が「ワンマン」と呼ばれるようになるのは、このころからである。

財政演説する池田蔵相

第三次吉田内閣は二月一六日に成立した。その目玉は、初当選の池田を蔵相として入閣させたことである。このとき田中は一役買っていた。

蔵相人事について、吉田の念頭にあったのは浜口雄彦《かつひこ》である。日銀から東京銀行頭取となった浜口は、浜口雄幸《おさち》元首相の長男でもあるが、財政全般を任せられるかは未知数だった。

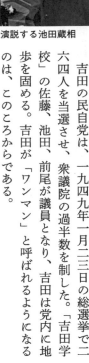

このため吉田は、娘婿《むすめむこ》で衆議院議員の麻生太賀吉《たかきち》に相談した。麻生が田中、佐藤、根本龍太郎の衆議院議員三人に意見を求めると、田中は「この時期をやれるのは池田勇人だけだ」と主張した。占領期で財政が逼迫《ひっぱく》しているだけに、税の専門家がふさわしいという理由である。

池田は前大蔵次官だった。エリートではあるが、天疱瘡《てんぽうそう》という難病に冒されて療養生活を送り、看病に疲れた妻が病死するなど、池田の半生は決して順風満帆《まんぱん》ではない。困難を克服してきた池田には人間としての幅があり、田中は人情味のある池田に惹《ひ》かれていた。

そこで田中は麻生を介し、吉田に池田を推した。さらに田中は、麻生、根本とともに信濃町の池田邸を訪れ、蔵相就任をもちかけた。一年生議員の池田からすれば、大蔵政務次官でも上出来なところ、いきなり蔵相になれるかは半信半疑である。

だが池田は、蔵相に就任できた。池田は、「大蔵大臣になれるとは思わなかった。おまえのいうことは何でも聞くよ」と田中に語った。そこで田中は、妻はなの連れ子だった娘の見合い話を働き掛け、池田の甥《おい》と結婚させている。池田と遠戚になったのである。

田中は池田と近しくなっただけでなく、蔵相秘書官の黒金泰美《くろがねやすみ》、大平正芳、宮澤喜一とも接するようになった。やがて黒金らは池田派の中枢を占める。とりわけ大平は理知的で、田中にない透徹した哲学を秘めており、二人は盟友になる。

田中によると、「前尾の学問は本をうんと読んだ。税法を読んだ。これは主税局的な学問です。大平はそうじゃない。文学性があった。自然科学に対しても、物理でも何でも話せばわかるんです。そういう意味では、大平は文人だった」という。

あるとき田中は、池田蔵相と大平秘書官の間柄《あいだがら》について、「似た者夫婦だなあ」と池田に述べた。池田が、「バカなことというな。おれは大平より美男子だ」と怒ると、田中は「第三者から見ればおんなじだよ」と思いつつ、「性格は反対だ」と言った。

田中によると、「酒飲みでズボラなところがある池田に比べて、大平というのは緻密ですよ。これは緻密すぎるほど緻密」だという。田中は長岡鉄道顧問の佐藤に加えて、池田、大平という系譜にも関係を築いたのである。

学歴のない田中が、官僚出身の多い保守本流の吉田派に立脚地を得ようとしていた。吉田の民自党は一九五〇年三月一日に民主党の連立派と合同し、自由党が発足する。[30]

議員立法とガソリン税

田中が初期の政治活動で自負するのは、三三本といわれる議員立法の多さである。『官報』などによると、田中が筆頭となる主な議員立法だけでも、次のようなものがある。

建築士法　一九五〇年五月二四日公布
公営住宅法　一九五一年六月四日公布
住宅金融公庫法改正法　同年六月九日公布
道路法　一九五二年六月一〇日公布
道路整備費の財源等に関する臨時措置法　一九五三年七月二三日公布
建築士法改正法　同年八月一四日公布
積雪寒冷特別地域における道路交通の確保に関する特別措置法　一九五六年四月一四日公布

北陸地方開発促進法　一九六〇年一二月二七日公布

議員立法の多くは一九五〇年から一九五三年に集中している。国際的には朝鮮戦争やサンフランシスコ講和条約の時代であったが、ほとんどの法案は建設関連である。田中の関心は国内に向いており、一九五二年五月二一日には、その二年前に自ら制定した建築士法で一級建築士の資格を取得している。登録番号は、一六九八九だった。

田中は公営住宅について、池田蔵相に増額を説得しており、やがて日本住宅公団が設立される。田中にとって、住宅は国民の生活そのものである。

住宅とともに、田中が重視したのは道路である。議員立法のうち、道路整備費の財源等に関する臨時措置法とは、ガソリンに税金をかけて道路の舗装や補修に充てる目的税であった。このため、ガソリン税法とも称される。

田中は一九五二年一二月二日、ガソリン税法の制定に際して、衆議院建設委員会で佐藤栄作建設相に「表日本集中」の是正を訴えた。

「明治初年からの長い官僚政治で特に都市集中、表日本集中の政治が行われましたので、裏日本、北海道等は国費の恩典に浴さないことは私が言うまでもない事実であります。十三万五千キロのうち改良済み一万八千、未改良地点が十一万七千キロも残っている」

これに佐藤は、「ただいまの御発言しごくごもっともでございます。別に表日本偏重の道路政策をとる考え方は毛頭ございません」と答えるしかなかった。表日本と裏日本、都市と農村の格差是正は、田中のライフワークである。

田中はガソリン税法について、「五次を重ねた吉田内閣幾多の施策の中で、最も大きい実のもられた法律」と雑誌『道路』で論じた。さらに田中は、道路整備特別措置法、いわゆる有料道路法にもかかわった。道路法、ガソリン税法、有料道路法は新道路三法と呼ばれ、田中の道路政策を象徴する。[31]

三位一体と越山会――「道路は文化」

田中は格差是正と公共事業を推進すべく、建設官僚や大蔵官僚からレクチャーを受けて人脈を築いた。

とりわけ、ガソリン税法は特定財源であり、莫大な道路財源を建設省にもたらした。田中は建設省の佐藤寛政《ひろまさ》道路局企画課長からガソリン税について提案され、「そりゃあいい。よし、俺がやってやる」と言い切っていたのである。使途が道路に特定される目的税だけに、大蔵官僚からは反発を招いた。

旧内務省の一角にすぎなかった建設省は、ガソリン税法によって独自の財源を得ることで、一流官庁にのし上がった。田中は、国土総合開発法や電源開発促進法の制定などにも携わっている。多くの議員立法は建設省の所管であり、建設省を設置から後押ししてきたという自負が田中にはある。田中の突出した働きぶりは、道路族、建設省、土建業者の三位一体と呼ばれる構造を生んだ。

そこに後援会の組織化が加わり、一九五三年六月には田中後援会が越山会と称するようになる。田中のもとには、地方の県議会議員も陳情に訪れ始めた。

田中は全国の地図を買い集め、道路や鉄道を書き入れながら構想を練り、「道路は文化、文化は道路だ」と口癖のように語った。道路の拡張とともに、田中の政治力は巨大な雪だるまのように膨《ふく》れ上がっていく[32]。

初の外遊も道路関連だった。同年一〇月に西ドイツやオランダを訪れ、道路、橋、堤防などを視察したのである。田中は衆議院建設委員会の一員として、久野忠治委員長や佐藤虎次郎議員に同行した。

最も印象的だったのが、アウトバーンと呼ばれるドイツの高速道路である。ドイツの高速道路は、極めてよく整備されていた。

田中は帰国すると、「アウトバーンはすごい。とにかく飛行機が離着陸できる。いくら車がスピードを出しても、ダッシュボードにおいたコップの水が一滴もこぼれないんだ。日本の道路とは大違いだったぞ」と佐藤秘書に熱弁した。この視察は、道路への思いを一段と強くさせた[33]。

「抜き打ち解散」と長岡鉄道

この間の一九五一年八月六日には、鳩山一郎が公職追放を解除されていた。鳩山はまだ議席を持たないが、三木武吉や河野一郎などと自由党内に鳩山派を築いており、日ソ交渉や憲法改正を主張するなど吉田との対決姿勢を打ち出す。

すると吉田は一九五二年八月二八日に「抜き打ち解散」を断行した。鳩山派の選挙準備が整う前に総選挙を実施することで、反吉田勢力に打撃を与えようというのである。

一〇月一日の総選挙は自由党にとって分裂選挙であり、過半数は保ったものの、四三議席減の二四二議席に落ち込んだ。鳩山は当選したが、吉田派一〇五人に対して、鳩山派は六九人にとどまった。大平や福田赳夫の初当選はこの第二五回総選挙であり、田中は大平の応援演説で香川に駆け付けている。

田中は初のトップ当選を飾り、以後は一九五五年の第二七回で二位だったのを除いて、一九八六年の第三八回までに一三回トップとなる。

田中が票を伸ばしたのは、長岡鉄道の電化が一九五一年一二月に完成していたためである。もともと長岡鉄道は蒸気機関車であり、日本海沿いの三島郡《さんとう》と西長岡などを往来していたものの、雪に弱くて運休しがちだった。

田中は長岡鉄道の経営陣に要請されて一九五〇年一一月に社長になると、臨時株主総会では「社長になったからには三島郡悲願の電化に力を尽くしたい。もし失敗したら男として二度と故郷の土は踏まないつもりだ」と大見得を切っていた。電化後初の総選挙で、田中は三島郡の票を前回の三・八倍に伸ばしたのである。

従来、三島郡の保守勢力は、同じ自由党の亘に投票していた。田中が亘の票を奪ったため、前回トップの亘は五位の最下位でかろうじて当選した。田中は一九六〇年一〇月に長岡鉄道と中越自動車、栃尾《とちお》電鉄を合併し、越後交通を誕生させることで、新潟三区の公共交通網を手中に収めていく。[34]

最強の建設族へ――「フロー」の行方

当選を重ねる田中は道路など建設行政に注力し、最初で最強の建設族となる。のみならず、錬金術ともいうべき集金能力を備えるようになった。

秘書の早坂茂三は、「出来高払いで平均二パーセント」という数字を挙げている。

ゼネコンからは黙っていても献金がくる。公共事業でどんどん口をきいて、出来高払いで平均二パーセントの口銭《こうせん》が入ってくるんです。あるいはインサイダー情報で田中株といわれる相場を張る。あるいは土地も動かす。

口銭とは、口利きの見返りとなる手数料である。田中は贈収賄罪となることを避けるため、自分の土建会社を下請け業者に加え、資材の売買という形をとった。

早坂によると、「オヤジは自分自身で後ろめたいことをしている、という意識はほとんどなかったと思う。〔中略〕オヤジにとってカネというのはいつでもフローであって、決してストックではなかった」という。「フロー」とは、勢力拡大のために気前よく金を配ったことを指すのであろう。

田中の資産は死亡時に一一九億円となっており、「決してストックではなかった」という早坂の指摘には誇張を感じる。それでも、田中の金は「フロー」が多く、いわば明るい金というイメージが強かった。

田中は秘書から金を配るとき、秘書のほうから頭を下げて、納めてもらうべく丁重にお願いするように指示した。

「いいか、きみが候補者にカネをくれてやるなんて気持ちが露かけらでもあれば必ず顔色に出る。そうすれば相手は百倍、千倍にも感じる。百万、二百万を届けたところで一銭の値打ちもなくなるんだ」

田中が金権政治の権化のようにいわれながらも、憎めないキャラクターと見なされるゆえんであろう。

この点で想起されるのが、金の延べ棒を隠し資産にしていた金丸信である。象徴的なのは、田中と金丸は別の時期に小菅の拘置所に収容されていながら、出所したときの周囲の反応が正反対だったことである。

　ロッキード事件で一九七六年に保釈された田中の場合、百人ほどの田中派議員が目白邸に集結した。一方、ドンと呼ばれた金丸を一九九三（平成五）年に元麻布で迎えたのは、竹下登だけである。このとき竹下は、「選挙に当選したい奴は来るな。落選したい人は来なさい。おれは行くけどね」と小渕恵三らに伝えていたという[35]。

　とはいえ、田中を政界の中枢に押し上げたのは、金の力だけではもちろんない。その鍵は、派閥と官僚操縦術、国土計画、そしてメディアにある。そのことを次に探りたい。

第３章　政界の中枢へ――「二つのハシゴ」

保守合同と「吉田一三人衆」――鳩山内閣

田中は一九五三（昭和二八）年六月に母校の中央工学校校長に就任すると、一九五四年八月には自由党の副幹事長となった。副幹事長は田中を含めて七人おり、まだ幹部といえるほどの地位ではない。

一二月一〇日には自由党の吉田内閣が退陣し、日本民主党の鳩山内閣が誕生した。鳩山は反吉田勢力を結集し、日本民主党を結成していたのである。とはいえ、日本民主党は第二党の少数与党にすぎない。田中とすれば短い野党時代になるが、一九五五年三月二三日に第二次鳩山内閣で衆議院商工委員長に就任する。まだ三六歳であった。

一九五五年は、いわゆる五五年体制が成立した年として知られる。左右の社会党が一〇月一三日に統一すると、田中の属する自由党は日本民主党と一一月一五日に合併し、自由民主党となったのである。田中も自民党に加わった。

保守合同二日前の一一月一三日、田中を含む吉田派の一三人は、新宿諏訪《すわ》町の林譲治邸で新党への参加を検討していた。元衆議院議長の林邸に集まったのは、田中、池田勇人、佐藤栄作、益谷秀次《ますたにしゅうじ》、橋本龍伍《りょうご》、小金義照《こがね》、保利《ほり》茂、周東《すとう》英雄、愛知揆一《きいち》、小坂善太郎《ぜんたろう》、大橋武夫、福永健司であり、「吉田一三人衆」と呼ばれた。丙申会《へいしんかい》という吉田派の面々である。

新党への合流は、吉田の政敵たる鳩山内閣で与党となり、三木武吉、河野一郎、岸信介らにすり寄ることを意味する。このため吉田は新党に加わらず、無所属となることを決めていた。その吉田に殉じ、無所属を選んだのは佐藤だけである。

田中からすると、もはや吉田は過去の政治家であり、保守合同に乗り遅れればじり貧となる。そこで田中は、池田らとともに自民党に参加する。この点はドライだった。「吉田一三人衆」以外では、佐藤の子分、橋本登美三郎《とみさぶろう》が佐藤にならって無所属を選ぶ。保守合同は、吉田派が池田派と佐藤派に二分される前兆となった。

佐藤は無所属になるが、実兄の岸が自民党幹事長に内定しており、近い将来に自民党入りできると読んでいた節がある。もともと岸は佐藤姓であったが、岸家の養子となって改名していた。佐藤は吉田とともに、岸内閣成立直前の一九五七年二月に自民党入りする。

それにしても、池田と佐藤の関係は因縁《いんねん》めいている。二人は一九一八（大正七）年、熊本旧制第五高等学校の入試以来の友人である。池田は京都帝大から大蔵省に入り、佐藤は東京帝大から鉄道省に入った。

自由党時代の佐藤栄作

二人はそれぞれ大蔵次官、運輸次官を経て自由党吉田派の衆議院議員になっており、池田を吉田に紹介したのが佐藤である。直情径行《ちょくじょうけいこう》で失言しがちな池田に対し、ポーカー・フェイスの佐藤は本心を内に秘める。

田中と性格的に合ったのは池田である。しかし田中が選んだのは、池田派ではなく、佐藤派であった。その理由は、次に述べる自民党総裁選にある。[36]

佐藤派という選択――石橋内閣

鳩山首相は一九五六（昭和三一）年一〇月一九日にモスクワで日ソ共同宣言に署名すると、国連加盟を花道に退陣する。

一二月一四日の自民党総裁選は、池田派と佐藤派が分かれる契機となった。この総裁選では、石橋湛山《たんざん》が石井光次郎と連合を組み、岸信介を破って当選する。池田は石井に投票し、佐藤、田中、福田は岸を推していた。田中は、佐藤の判断に従ったのである。三木武夫は石橋に投じ、自民党幹事長になる。

このとき佐藤は形式的には無所属ながら、総裁選で岸の参謀役を務めた。そのことが池田には気に入らない。岸は吉田の政敵、鳩山民主党の幹事長だった経緯から、実兄とはいえ、佐藤が岸を支援するのは無節操と思えたのである。

大平は、「この二人〔池田と佐藤〕は、旧制五高入試以来の親友で、相互に抱いている愛憎の念の強さは、第三者には容易に理解できるものではなかった。その二人が、いよいよ公的な立場で袂をわかつことになったことは、その後の政界地図を塗りかえる機縁になってしまった」と記す。田中も同感であろう。

吉田派の分裂が不可避となったとき、田中が選んだのは佐藤派だった。遠戚でもある池田とともに自民党に加わったことからして、田中は池田派に入りそうなものだが、そうはならない。その理由を田中は、「個人的なつながり」だと振り返る。

佐藤派と池田派が分かれるときに、ぼくは佐藤派へ行った。〔中略〕
池田のほうは、田中が佐藤に引き抜かれた、と思っているが、そうじゃないんだ。池田が出てくる前から佐藤は官房長官だったんだから。佐藤とぼくは個人的なつながりがあるんです。〔中略〕
佐藤はその後総理大臣になるまで、昭和二五年からずーっと長岡鉄道の顧問をやっていたんですよ。〔中略〕
岸と佐藤は兄弟だから、弟が兄を推すのはしょうがない。

佐藤派を選んだのは、池田よりも前から佐藤を知っており、佐藤が長岡鉄道の顧問だったからだというのである。「岸と佐藤は兄弟だから、弟が兄を推すのはしょうがない」というのも、理屈よりも情に動かされやすい田中らしい。

岸に投票して佐藤派となることは、吉田との関係からして筋が通らないはずだが、田中がそのことを憂慮した形跡はない。佐藤の将来性を見越しての判断であり、相性のよい池田よりも、実利のある佐藤を選んだといえよう。

佐藤は木曜会という会合を設けるようになり、周山会《しゅうざんかい》という佐藤派を結成する。その中心は田中のほか、橋本登美三郎、瀬戸山三男、久野忠治、二階堂進らである。一方の池田派は、宏池会《こうちかい》を名乗った。田中に特徴的なのは、佐藤派に属しながらも、佐藤のライバルの池田、大平と良好な関係を維持したことである。[37]

「芸術的」金権政治

石橋を選出した一九五六年一二月一四日の自民党総裁選をもう少しみておきたい。自民党初の総裁選では現金が乱舞し、露骨な買収合戦になっていた。その中心は岸である。

岸は元A級戦犯容疑者でありながら、初代自民党幹事長として台頭が著しい。岸が使った金は三億円といわれており、石橋の一億五〇〇〇万円、石井の八〇〇〇万円をはるかに上回る。総裁を目前に敗退した岸ではあるが、金権政治の原型はこのときの岸である。

それを目の当たりにし、やがて最大限に金権政治を拡張していくのが田中にほかならない。「日本は議会制民主主義というが、本当のところマネークラシーである。このシステムを戦後、芸術的にまで完成させたのが田中角栄であった。〔中略〕角栄は拝金主義者ではなく、守銭奴でもなかった。ストックではなくフローに専念した」とは、早坂の弁である。

早坂がいうように、後年の田中政治は金権政治の完成形となる。先にも触れたが、気前よく金を配る田中には「ストックではなくフロー」というイメージがあり、どこか憎めないところがある。金権政治の体現者でありながら、田中の人気が衰えない一因だろう。田中は「カネなんてオレの目の前を通り過ぎていくだけだ」と早坂にうそぶいた。[38]

田中の回想によると、石橋内閣で田中は「自民党佐藤（栄作）派から入閣することにほぼ決まっていた」。しかし、鳩山内閣国務大臣の大麻唯男が宮沢胤勇《たねお》に譲るように求めたため、田中は引き下がり、宮沢が石橋内閣の運輸大臣になったという。

石橋は病気のため、一九五七年二月二五日に退陣する。わずか六五日間の在任であった。[39]

官僚操縦術——岸内閣郵政相

満を持して成立した岸内閣は、石橋内閣の閣僚を留任させた。一九五七年七月一〇日の内閣改造で、田中は郵政相に就任する。このとき田中は三九歳であり、三〇代での入閣は

岸改造内閣（２列目右端）

第一次大隈重信内閣の尾崎行雄文部大臣以来だった。

以前に炭管疑獄で政務次官を辞めていただけに、田中は格別の思いであろう。田中は佐藤秘書に「一回目は運動するもんだよ」と語っており、三〇〇万円を岸に献金したともいわれる。

「田中は変わった。一回りも二回りも大きくなった。大臣のイスに座ると大臣の貫禄が出てくる。しかるべき地位につくと男は変わるものなのだ」と佐藤は記す。

田中は初日に「郵政・電信電話・電波等の事業を、皆さんの協力を得て、ますます盛《ママ》り立てていきたい。〔中略〕最終責任はむろん私が取るから、皆さんはそれぞれ自分の仕事を責任をもって進めてほしい」と幹部らを前に訓示した。

官僚は優秀だが、出世に響くような失敗を恐れるために、本来の能力を発揮できないことが多い。それでは時代の変革に対応できない。田中は失敗しても官僚をとがめず、自らが責任を負うというのである。田中流の官僚操縦術であり、「責任は自分が負う」は得意の台詞になっていく。

他方で田中は、全逓による労働条件の改善闘争には、「厳重に責任を追及して断固処分する」という方針で臨んだ。全逓とは全逓信労働組合の略であり、いまは日本郵政グループ労働組合になっている。

全逓の闘争には断固処分という田中の方針について、『毎日新聞』は、「〔田中は〕鼻柱《はなばしら》は無類に強いから、これくらいは朝飯前だろう」と評した。全逓副委員長の宝樹《たからぎ》文彦は、「〔田中は〕全逓処分もこれまでにない厳しいものを打ち出した。まぁ交渉のやりがいがある相手だった」と述べている。

田中は官僚との関係を強めつつ、特定郵便局の拡大によって郵政を支配しようとする。特定郵便局とは小規模の郵便局であり、局長は選考任用制とされる。田中は特定郵便局を二万局にまで増やすと気炎を吐いた。

郵便窓口の増設は全国でサービスを向上させるものであり、地域格差の是正という田中の理念と合致する。のみならず、財政投融資の財源となり、自民党の支持基盤にもなる。田中は建設族の筆頭であるとともに、郵政族のボスとなる。

元朝日新聞記者の早野透は、「『道路』そして『郵政』。角栄がつくったのは、官につながる事業をめぐるカネと票のコングロマリットだった。それが自民党長期政権を支えるエキスだった」と論じる。[40]

テレビと政治

郵政相として、最大の課題はテレビ放送の推進である。大臣就任から二、三日後、田中は郵政省の屋上に出た。当時の郵政省は港区麻布台にあり、屋上からは芝公園が見える。芝公園では電波塔となるはずの東京タワーが着工していたものの、建築基準法に反するとの理由から、建設は中断されていた。

田中は、すぐに建設事務次官の石破二朗を呼び出した。

「君は建設次官だが、とにかくしろうとだ。どうして芝のテレビ塔を許可しないんだ。建築基準法の立案者はご承知の通り自分である」

かつて衆議院建設委員会理事として、一九五〇年五月制定の建築基準法を立案したという自負が田中にはある。

石破は、「私も困っているんです。あれは高さ制限にひっかかっているんです」と答えた。

そこで田中が、「広告塔の類は軒高《のきだか》制限以外である。ちなみにあれは『東京タワー』と言っているではないか」、「特に審議会の委員各位には立法者としての法解釈であることを付言して欲しい」と説得した。

石破は審議会の意見をまとめ、建設許可を出した。やがて鳥取県知事となる石破は、田中内閣期に田中から口説かれ、参議院議員に転じる。

田中のもとには、テレビ局開設の申請が相次いだ。田中は申請が乱立しがちなため、各地区でまとめてテレビ局を開設するように調整力を発揮した。例えば仙台では、東北放送を中心として東日本テレビを加える。

田中はある対談で、こう述べている。

「百何十局の申請があるんですから、まず、これをさばくわけだ。テレビが四十社ぐらいできるでしょう。それでもなお全国あまねくはいかないが、そういうものには、カラー・テレビとか、UHF（極超短波）とか、もっと波長の長いものをやるようにすればいい」

田中はその言葉通りに一九五七年一〇月二二日、民放やNHKなど全国四三局に予備免許を出した。郵政省では電波監理局が、電波行政を混乱させかねないと消極的だったところ、田中が郵政事務次官の小野吉郎《きちろう》を味方にして押し切ったのである。大量の許可はテレビ時代の幕開けとなる。

田中は官僚の使い方が抜群にうまく、小野は田中との関係を「感激を覚えるほど仕事のやりやすい間柄」と評した。のちに小野がNHK会長になるのは、田中の力によるところが大きい。それだけに小野は、ロッキード事件で保釈された田中を自宅に見舞って非難され、会長職を退任している。政界との癒着で、NHK会長が辞職するのは初めてだった。

田中はテレビ放送を推進しただけでなく、テレビやラジオに出演することを好んだ。年末にはNHKの紅白歌合戦で審査員になっている。メディアを活用し、大衆的な人気を博していくことは、田中の戦略にほかならない。

田中はテレビの効用を佐藤秘書に語った。

「考え方や政策を広く国民に訴えるために、マスコミは大いに利用した方がいい。毎日毎日、日本中を辻説法《つじせっぽう》して歩いても、テレビにははるかに及ばない」

すると佐藤は、「あなた、テレビもいいけど、クイズ番組などに出るのはよしなさいよ」と釘《くぎ》をさした。

田中とメディアの関係を考えるうえで、いわゆるタレント議員の存在がある。田中は首相時代にNHKアナウンサーの宮田輝、女優の山口淑子《よしこ》と山東昭子《さんとうあきこ》を参議院全国区で当選させ、田中派に入れている。政治家の候補として芸能人に注目したのは、田中が最初であろう。山東が二〇一五（平成二七）年四月、女性議員として初めて自民党の派閥領袖《りょうしゅう》に就いたことは記憶に新しい[41]。

一一回連続トップ当選へ——誠心会

郵政相として迎えた一九五八（昭和三三）年五月二二日の第二八回総選挙で、田中は八万六一三一票を得てトップ当選した。二位を三万票以上も離した圧勝である。これまで新潟三区で、七万票以上を獲得した議員はなかった。田中は自民党の新潟県連会長に就任する。

ここから一九八六年七月六日の第三八回総選挙まで、田中は三〇年近くも一一回連続でトップ当選を続ける。第三〇、三二、三五、三八回はダブルスコアであり、第三三、三四回はトリプルスコアだった。第三七回総選挙では、ロッキード判決後にもかかわらず二二万票を得て、二位の約四・六倍となった。

なぜ田中は、かくも選挙に強いのか。その一因として、誠心会《せいしんかい》が挙げられる。誠心会とは、田中が就職を世話した者たちの集まりである。田中のもとには、毎年百人ほど就職の斡旋依頼があった。各地にある越山会からの依頼は越山会本部に集められ、目白邸の遠藤昭司秘書が引き継ぐ。

要望があると、田中は例外なく全員の身元引受人になった。「私の出身地のなんとかの息子で人格円満高潔、健康優良につきご採用願いたく、なお本人についての責任は小生がすべて負います」と記し、判子を押す。

それが三〇年以上も続いたため、斡旋の累計は三千五百人にもなった。最も多い一九八〇年が一八六人である。そのうち七割を選挙区の者たちが占めた。

秘書だった朝賀昭によると、「最後の誠心会は『三三期』で終わっていますが、オヤジさんとの絆は格段で、『我こそは田中の直系』という思いが強かった。それが選挙になると、一斉に故郷に帰ってオルグをする。したがって、二位から五位までが四万台で、田中角栄二二万票などという結果になるわけです」という。[42]

第二次岸内閣――自民党副幹事長

一九五八年六月一二日に第二次岸内閣が発足すると、田中は閣外に去って自民党の党紀委員になる。

翌年六月一八日には内閣改造に伴い、田中は川島正次郎幹事長のもとで副幹事長に就任した。副幹事長は各派閥を代表する数名から成っており、田中は佐藤派を代表している。かつて田中は、自由党の副幹事長を務めたものの、自民党の副幹事長は初めてだった。

岸内閣で蔵相の佐藤は田中を信頼し、予算をめぐる大臣折衝《せっしょう》に田中を同席させることもあった。特に田中の影響力が強かったのは、得意の建設関係である。まだ四一歳の田中だが、佐藤派を資金面から支えており、愛知揆一、保利茂、松野頼三、橋本登美三郎とともに、「佐藤派五奉行」と呼ばれるようになった。

しかも田中は、他派閥の議員にまで「餅代《もちだい》」を配り始めていた。餅代とは文字通りには正月の餅の代金であり、年越しに要する金を婉曲に意味する。この餅代には総裁への布石として、幹事長を見据えていた節がある。餅代を受け取った議員のうち、藤山愛一郎派の江《え》﨑《さき》真《ま》澄《すみ》、大野伴睦派の田村元《はじめ》らは、のちに田中派に入会して重きをなす。

岸内閣の日米安保改定は学生らの反対闘争を招いたものの、一九六〇年六月一九日に自然承認された。田中は、「何としても安保条約を通さなければいけない、軍備費用を復興に費さなければならない、日本の経済的な繁栄のためにも必要なんだ」と考えた。

経済的繁栄のために軽武装でいたいという発想は、第5章Iで論じるように、のちの日中国交正常化で「日中裏安保」というビジョンにつながる。

デモへの教訓から議員会館と国会議事堂が地下道で結ばれるようになるのは、田中のアイデアといわれる。[43]

池田擁立と「オールド・パー」

佐藤派で頭角を現した田中は、池田との関係も良好に保った。田中は池田側近の大平とともに、意外にもポスト岸で池田の擁立に動く。田中の追想によると、田中が池田支持に回ったのは吉田の意向を受けたものであり、「池田のほうが吉田さんとしては使いやすいんだ」という。

しかし田中の行動からみて、その眼目は吉田の方針に応じることではなく、保守本流の二人にしこりを残さず、池田、佐藤の順でスムーズに政権を回すことにあったというべきだろう。

そこで田中は池田、佐藤と会ったが、問題は佐藤をどう説得するかであった。田中が

「佐藤さん、おまえさんは必ず〔総理総裁に〕なれる。なれるけど兄弟がすぐあとになるのはいけないよ。誰か間に入れないといかんよ」と述べたところ、「佐藤はムッとしたけど、さすがにノーとはいわなかった」という。

田中はそう振り返るのだが、田中は佐藤から一七歳も年少であり、佐藤に対して「おまえさん」などという口の利き方はできなかっただろう。「兄弟がすぐあとになるのはいけない」というのは、岸と佐藤が兄弟であったことを指している。

田中と池田の間で、パイプ役になったのが大平である。

大平によると、「前回の総裁選当時、佐藤派の参謀として岸陣営の一角を担った田中角栄君に相談をもちかけたところ、二、三日のうちに、田中君から数ページに及ぶメモが届けられた。それには総裁選挙に関する政策の大綱はもとより、具体的な運動のやり方や予算までが青インクで、重要なところはわざわざ赤インクでしたためてあった」という。

大平は「田中君の親切を多とし」、池田を訪ねて田中のメモについて説明した。

すると池田が、「ビタ一文、金を使うようなことは相ならん」と極めて不機嫌になった。

大平は、「わかりました。どこまでご期待に沿えるかわかりませんが、できるだけご意向をくんでやってみます。ただこの選挙は、われわれ同志の責任でやらして頂きたいと思います。できましたら貴方《あなた》は、一切介入されないようにして頂きたい」と語った。

以上は大平の『私の履歴書』に出てくる一節である。興味深いことに、池田が田中のメモについて大平から説明を受けると、「金を使うようなことは相ならん」と顔を曇《くも》らせている。田中のメモには、金の配り方が詳細に指示されていたのであろう。

しかも大平は、「われわれ同志の責任でやらして頂きたい」と述べたと記している。金に関する田中メモは、有益だったと思われる。

当時の自民党総裁選では、「ニッカ、サントリー、オールド・パー」という言葉があった。「ニッカ」は二人の候補者から、「サントリー」は三人から金を受け取るという意味であり、「オールド・パー」は全候補者から遠慮なく金をいただくことである。

金権政治は田中だけの体質ではない。だとしても、ボスのライバルに金の配り方を教えるのは田中ぐらいだろう。田中が金権政治の風潮を助長したことは間違いない。

もともと「オールド・パー」とは、田中も愛したスコッチ・ウィスキーである。田中が「オールド・パー」を愛飲したのは尊敬する吉田の影響であり、金権政治の象徴としてではもちろんない。晩年の田中が「オールド・パー」を飲み過ぎて倒れるのは、なんとも笑えない話である。[44]

「二つのハシゴ」――池田内閣

一九六〇年七月一四日の総裁選では、池田が石井光次郎、藤山愛一郎を破って当選した。田中は副幹事長に留任する。佐藤は当初、無役だが、翌年七月に通産相となる。池田と佐藤は、やがて次の総裁を争うことになる。池田と佐藤の確執が強まるほど、池田と姻《いん》戚《せき》であり、大平というパイプもある田中の役割は増していく。

要領のいい田中は、池田、佐藤、岸という主流派のいずれとも関係を保った。「大将は権力そのものだ。だから、そのふところに入れれば、あらゆる動きがすべて見える」、「それがわかればムダな手間がはぶかれ、ボタンのかけ違いもなくなる」と田中は考えた。

田中は単に要領がよかったのではなく、保守政治の行方を的確に読んだ。官僚派のなかでも池田派、佐藤派を保守本流と見定め、党人派の河野派、大野派、石橋派、三木・松村派と距離を置いたのである。

党人派には批判的な田中だが、悪口を厳《げん》に慎み、秘書にも「人の悪口は絶対にいうな」と説いていた。派閥対立に明け暮れる自民党のなかで、それは異例のことだろう。

早坂によると、「〝頂上をきわめるための行動哲学〟を身につけ、若いときから目的意識的に実践してきた。少年時代からの苦労、体験から学んだ人生の知恵である」という。もっとも、後年には福田への辛辣《しんらつ》な批判を口にするようになる。

田中と対照的なのが中曽根である。河野派の中曽根は、池田、佐藤と関係が悪く、しかもそれを公言していた。

中曽根によると、田中は「池田勇人、佐藤栄作と二つのハシゴをうまく使っ」たという。

田中さんがメキメキと頭角を現すのは郵政大臣をやった後、日米安保（昭和三十五年）以後ですね。池田勇人、佐藤栄作と二つのハシゴをうまく使って、両方に足をかけて上に上がっていった。池田さんと佐藤さんは最初仲がよかったけれど、激烈に対立したからね。その二人に気に入られる器用なところがあった。愛嬌と人懐こさに独特なものがあったし、非常に実用的。役に立つ、用を弁ずるという面があった。

その中曽根との対談で、田中は自民党政治を語ったことがある。中曽根が、「佐藤派はだれが何といったって田中角栄くんですよ」と持ち上げると、田中は派閥について論じた。

「いいとか悪いとかじゃなくて、現存するもんですよ。それはなぜかというと、投票制度がある以上、各個人に後援会を持たなければ選挙の票が読めないと同じように、これはやはり派閥による」

田中は派閥を現存する事実として受け入れており、それでいながら、「派閥が全然異なっても、一晩で話をつけてみせるという自信がある」と自負した。

比較的に自由な身だった田中は一〇月一九日、中越自動車、栃尾電鉄を長岡鉄道と合併し、鉄道とバスの経営から成る越後交通を発足させている。田中は越後交通の会長に就任し、国際興業社主の小佐野賢治が取締役となった。

越山会本部は長岡の越後交通秘書課に置かれるようになり、田中は支持基盤を農村から都市部に広げた。しかも秘書課は、新潟三区の市町村ごとに田中の得票率を一覧表にして、各越山会間の競争を煽《あお》っている。

合併直後に田中は一一月二〇日の総選挙で、八万九八九二票を得て二位に二万四〇〇〇票近い差をつけた。この選挙で、公共交通機関の整備を強調したことは当然である。

これらのことは、バスの運営に必要な道路の設備や除雪制度が整えば、田中の利益に結び付くというシステムを意味する。越後交通は一九七五年三月に電車を廃止し、コストが低いバスに切り替えた。現在、越後交通の代表は眞紀子の夫、田中直紀になっている。[45]

議員団としての初訪韓

一方、外交や防衛政策について、田中の関心はそれほど高くなかったと思われる。

この時期の対外関係で目に付くのは、一九六一年五月六日から一二日の訪韓ぐらいだろう。野田卯《う》一《いち》など、田中を含めて八人の自民党議員による訪韓だった。その目的は、韓国情勢の視察と人的交流にある。

田中らは張勉《チャンミョン》国務総理やソウル特別市長と会談し、ソウルや釜山の市内、工場、港湾などを視察した。日韓国交正常化に直結するものではないが、張宛ての池田親書を携行していた。田中ら一行は、日本の議員団として初の訪韓であった。

だとしても、質の高い視察ではなかったようである。帰国直後に韓国ではクーデターが起こり、実権は朴正熙《パクチョンヒ》に移るのだが、議員団はまったく察知できなかった。田中らは帰国報告に「政変の徴候を感じなかった」と率直に記している。

韓国の反日感情に配慮し、田中ら一行は警官や警備車で厳重に守られていた。それだけに、深いところには入り込めなかったのだろう。田中が一九六五年に幹事長として、日韓基本条約の批准を国会で推進することについては、後述としたい[46]。

日本医師会との妥協——自民党政調会長

池田が一九六一年七月一八日に内閣を改造すると、田中は自民党政務調査会長に就任した。政調会は政策の調査研究や立案を行うところであり、各省に対応する部会が置かれている。それまで田中は、党七役と称される国対委員長や組織委員長への就任要請を受けていたが、天下取りを目指すには役不足と見なし、断り続けていたのである。

党三役は田中政調会長のほか、前尾繁三郎幹事長、赤城《あかぎ》宗徳《むねのり》総務会長である。田中が四三歳と若かったことから「軽量執行部」と揶揄《やゆ》されたが、池田とすれば右腕の前尾を幹事長に据えることで、苦手の党務に力を得ていた。

田中は、「前尾（幹事長）、赤城（総務会長）というのは、すばらしい頭脳の持ち主だが、

執行部の３人（左から赤城、田中、前尾）

ロべたでね。僕がエンジンをかけたり、ホースを引っ張り、筒口《つつぐち》を持って火の中へ飛び込むことになりそうだ」と目白邸で記者に語っている。前尾のように総裁候補となる政治家と並ぶことで、田中は政治の主導権争いに加わり、「中原《ちゆうげん》に駒を進める」思いだった。

田中が福田赳夫から政調会長を引き継いだとき、最大の課題は日本医師会が要求する医療費の値上げだった。田中は七月下旬、武見太郎会長を医師会館に訪ねた。

武見は同じ新潟出身で、理研のつながりで以前から田中を知っている。だが武見は、値上げが認められないなら、健康保険の医者はすべて辞めさせると強硬であった。保険医総辞退になれば、患者は健康保険で受診しえなくなる。

田中はひとまず引き下がり、八田《はつた》貞義《さだよし》衆議院議員を呼び出すと、「武見さんの要望を聞いて来てくれ」と述べた。八田は医師出身であり、医師会側の立場である。

八田の証言によれば、八田が「要望を聞いたら全部のんでくれますか」と念を押すと、田中は「のみましょう」と答えた。八田は、「きちんと約束してほしい。委任状をくれ」

と求めた。

　すると田中は、「委任状なんて。あなたを信用して頼むんだもの、白紙をあげます。これに武見さんに要求を書いてもらって下さい」と述べ、「〔医師会は〕右により総辞退は行わない」とペンを走らせた。条件は空白になっており、文字通りの白紙委任状である。

　八田が武見に白紙委任状を渡すと、武見は診療報酬制度の改正など四条件を書き入れた。田中は八田から紙を受け取り、直ちに灘尾《なだお》弘吉《ひろきち》厚生相を強引に説得することで、医師会との妥協を成立させている。

　田中とすれば保険医総辞退を避けるためであり、武見と八田を信頼してのことだろう。だとしても、白紙委任は無節操ではなかろうか。田中らしく大胆ともいえるが、道路や鉄道、トンネル、橋などで細部にこだわった建設行政とは、あまりにも対照的である。

　国民の福祉という観点からも、疑問を覚えざるをえない。「これだと経済変動に応じて診療報酬を上げなきゃならない」と田中に抵抗した灘尾に共感を覚える。[47]

「愛の政治」と全国総合開発計画

　ならば政調会長としての田中は、どのような政策を描いていたのか。田中は自民党を代表して一九六二年一月二三日、衆議院本会議で池田の施政方針演説に質問している。政治、外交、経済、文教、労働など包括的質問のなかで、「地域格差の是正と低開発地の開発」を訴えたことは田中らしかった。

さらに田中は、「小さな産業都市がたくさんできて、夫は家庭から通勤し、勤労の余暇に妻とともに農漁にいそしむ、そんな理想的な姿こそ農山漁村の所得倍増政策でもあり、愛の政治だと存じます」と主張した。

池田内閣の看板たる所得倍増計画について、農山漁村の振興という持論に引き付けて解したのである。それを田中は「愛の政治」と称した。「小さな産業都市」は、のちの『日本列島改造論』につながるアイデアでもある。

かつて国土総合開発法の制定にかかわった田中は、一〇月五日に閣議決定される全国総合開発計画にも携わる。一全総と呼ばれるこの計画は、都市の過密を緩和し、地域格差を是正しながら工業基盤を拡充するものであった。

田中の構想を裏書きするかのように、三国峠を貫き、東京と新潟を結ぶ国道一七号線が一九六四年に開通した。高速道路としては、関越自動車道が一九七〇年代に開通していく。鉄道では上越線が一九六七年に複線化を完了させ、一九七一年には上越新幹線に着工する。

佐藤内閣期の一九六九年五月三〇日には新全国総合開発計画、いわゆる新全総ないし二全総が閣議決定される。幹事長となっていた田中は、新全総の一環として、本州四国連絡橋の予算を盛り込んでいる。これらの発展形が、全国に二五万人都市を作り、新幹線や道路で結ぶという『日本列島改造論』であった。

田中は地元の演説で、「東京の大企業は、どんどんやってくるようになる。出稼ぎもなくなる。それが国道一七号線であり、高速鉄道であり、上越新幹線なのであります」と強調するのが常だった。田中が交通網の整備に果たした役割は明らかに大きい。

だとしても、一時的なリゾートブームやスキーブームを除けば、東京に向かう人の流れを逆転させたとまではいえないだろう。[48]

ロバート・ケネディへの失言

代表質問の二週間後、田中は「愛の政治」演説を帳消しにするような失言騒動を起こしている。失言は一九六二年二月六日、来日中のロバート・ケネディ米司法長官と会談したときである。ロバートは、ケネディ大統領の実弟である。

二月七日の『読売新聞』によると、「アメリカが日本に沖縄を返すにあたっては憲法改正、再軍備をアメリカが日本に提起し、日本がそれを受け入れることが必要だ」と田中は発言した。

社会党の小松幹《かん》議員は同日、衆議院予算委員会で田中発言について池田を追及した。田中は委員会に出席していなかったため、休憩時間に池田から呼び出された。

田中は、「アメリカがこの返還を実現する前提条件として、かりに日本の憲法改正、再軍備等の問題の解決を日本に求められると大変である。そうなると日本側の受け入れも困難になる」という意味だったと池田に釈明している。

池田がその旨を答弁しても、小松は納得せず、「私はここに読売新聞、東京新聞、毎日新聞を持っておりますが、そういうような発言は一つもありません」と批判を強めた。

小松が主張するように、田中発言は『読売新聞』『東京新聞』『毎日新聞』に掲載されている。内容も大同小異であり、三紙がそろって誤報したとは考えにくい。

田中発言は単なる失言というよりも、沖縄返還や憲法、安全保障という国家の根幹について、熟慮を欠いたことに起因するといわねばならない。田中の関心は、建設や予算に偏っていた。

同時にこの一件は、憲法がアメリカ主導で制定されたものであり、憲法論議をタブー視すべきでないと田中が認識していたことを示す。もっとも、ロバート・ケネディへの発言が批判されたため、田中は憲法問題に慎重となる。

かつて『東京タイムズ』記者だった早坂は田中の失言について、「私のスクープで政治問題となり、その後、二三年間にわたって私が田中に仕えるきっかけとなった」としている。この件で早坂が目白邸に出向いたところ、田中と親しくなり、一二月には請われて秘書になったというのである。

たしかに、二月七日の『東京タイムズ』は田中発言を載せているのだが、早坂の回想には誇張がある。田中発言は同日の『読売新聞』『東京新聞』『毎日新聞』にも掲載されており、『東京タイムズ』の「スクープ」とはいえない。

しかも、小松議員が予算委員会で参照したのは、『東京タイムズ』を除く三紙である。したがって、「私のスクープで政治問題となり」という表現にはなりえない。早坂は当然、そのことを知っていただろう。なお、『東京タイムズ』は一九九二年七月に休刊となる。[49]

限定的改憲論

それにしても、憲法に関する田中の真意とは、いかなるものだったのか。田中は一九六三年三月に作家の大江健三郎と対談し、改憲論をにおわせている。

「日本は再軍備するか否、《ママ》かというのは、もう、タブーになっちゃっているんですなあ。これじゃいかんですよ。その点、いまの中途半ぱな憲法を改正して再軍備すべし、といっていた芦田均さんは偉い人だったなあ。国民にテーマを与えて、国民世論を喚起してその大勢に従おう――これは政治家として一つの考え方を示していますよ」

この発言が興味深いのは、改憲、再軍備に意欲的だった芦田が「偉い人」と評されている点である。かつて田中は芦田の民主党を離れ、どちらかといえば護憲派の系譜と行動をともにしてきた。しかし、それは主義主張というよりも、権力の趨勢に従ったところが大きい。この発言だけをみると、吉田らに批判的だった中曽根に近い。

さらに田中は、一九六四年八月に雑誌のインタビューで、「もっと日本的な憲法」について論じている。

「もっと日本的な憲法が欲しいという機運は起きている。九条の問題は日本は現に自衛力を持っているんだし、持つとか持たぬとか議論する余地はないと思うけれど、極端に言えば全く相反する方向に解釈できるような条文は良くない、直さなければいかんでしょう。やっぱり国会に憲法調査会みたいなものを作ってやるべきだと思います」

一九六八年には、「もし将来、国民全体が静かに憲法をみて改正が必要だとする世論が自然に湧き上がってくるようだったら、その時、考えればよいことだ」とトーンダウンするものの、田中の本心は改憲にあったようである。といっても、全面的な改憲論ではなく、再軍備を明確にする限定的な改憲論であろう。[50]

四四歳の蔵相

この間の一九六二年七月一四日、池田は自民党総裁選で再選された。対立候補はなく、池田への信任投票であった。通産相の佐藤が出馬しなかった一因は、田中が思いとどまらせたことにある。

田中の戦略は、池田と佐藤を対立させず、時機をみて禅譲させるというものだった。佐藤派では保利茂が主戦論の急先鋒であり、田中と保利の間には溝ができた。のちに保利は田中派の結成に加わらず、福田派に入っている。田中の禅譲論は少数派であったが、田中は佐藤派の資金を多く負担しており、佐藤としても田中の意見を度外視できなかった。

七月一八日の池田内閣改造で、田中は蔵相に就任する。ここから田中の蔵相期は第一次佐藤内閣まで、四期、三年近くに及ぶ。四四歳の蔵相は史上最年少であった。

田中を池田に推したのは、大平である。大平は池田の内閣改造が進まないことを知ると、目白の田中邸を訪れ、大平外相、田中蔵相という案に了承を得ていた。

大平が箱根滞在中の池田に電話し、田中蔵相案を伝えると、池田は「あれは車夫馬丁《しゃふばてい》の徒《やから》じゃないか」と消極的である。車夫とは人力車を引く人、馬丁は馬の世話をする人を意味する。

田中に対して池田には、かつて田中が池田蔵相案を吉田に勧めてくれたという恩がある。しかし、自らの内閣で田中蔵相となると、ためらいが大きかった。

そこで田中と大平は七月一六日、信濃町の池田邸で池田を待った。池田が箱根から戻り、前尾も加わったところで、田中蔵相、大平外相、前尾幹事長留任に決まった。池田が田中蔵相案を呑んだのは、佐藤派を不出馬で収めた論功行賞であろう。池田首相秘書官だった伊藤昌哉は、「大平と田中が組んで歴史のページを無理やり開いた」と論じる。

田中とすれば論功行賞に加えて、大平との盟友関係を活かした結果である。このときの大平は、いつになく大胆であった。田中蔵相案を池田に推したのは、大平が田中の将来性を見込んだからであろう。田中と大平は盟友であるが、互いに利用し合う関係でもある。

この組閣には党人派の大野伴睦や河野一郎から批判が寄せられたものの、田中は党人派と距離を置いており、池田の次は佐藤と考えていた[51]。

田中と大蔵官僚

蔵相に就任した田中は、早速、大蔵省に赴いた。すでに郵政相を経験しているとはいえ、蔵相は別格である。

田中が大蔵省の大講堂に着くと、課長以上が勢ぞろいして訓示を待っている。田中は、「われと思わん者は誰でも遠慮なく大臣室にきてほしい」、「すべての責任はこの田中角栄が背負う」と述べた。郵政相就任時と同じく、官僚を奮起させる得意の挨拶である。

他方で田中は、局長らによる「ご進講」を嫌い、「〝あれはだめ〟〝これは断われ〟ということばかりじゃないか。この政策をやりましょうという話なら別だが、そうでない限り各局説明は不要だ」と反発した。

当初、小学校高等科卒の新大臣に懐疑的だった大蔵官僚は、勉強熱心で寛大な田中に心を開いていく。

田中に魅了された官僚の一人に、主税局税制第一課長の山下元利《がんり》がいる。山下は所得税法改正案の責任者であった。改正案が閣議決定を経て国会に提出されてから、肝心の税率表の数字が間違っていると発覚した。田中の責任問題にもなりかねない失態である。

山下が辞職も覚悟して謝罪すると、田中は「なあに、日本のソロバンが、電子計算機のミスを発見した、ということにしておけばいいじゃないか」と意に介さなかった。結局、所得税法改正案は無事に成立した。山下は一九六七年の総選挙に当選し、田中派の議員となり、田中内閣では内閣官房副長官を務める。

田中は大蔵官僚について、「官僚というのは実にすばらしきものですよ。頭が良くて学校で勉強して、うまく使えばこんな良きものはない」と雑誌インタビューで答えている。官僚を使いこなせているとの自負であろう。

のみならず、政党政治家でありつつも、官僚出身の佐藤や池田と近いことから、「僕は官僚〔派〕と党人〔派〕の間だね」と自らを位置づけた。

他方、田中は年末などに、大蔵省の局長クラスらに金を配ったといわれる。のちに石原慎太郎が『文藝春秋』に発表した論考によると、「ある大蔵省の高官がわたくしに話したことだが、田中角栄氏が大蔵大臣に就任するまで、大蔵大臣から大蔵官僚に対する中元や歳暮は、せいぜい官僚夫人用のゆかた地かハムの詰め合わせ程度だった。それが、彼が大臣に就任して、一挙に、当時の金で数十万円の現金となった」という。[52]

アメリカとの経済関係

素人大臣と目された田中だが、ガソリン税など、財源にかかわる議員立法を手掛けてきた矜持《きょうじ》はある。かつて佐藤蔵相のもとでは、頻繁に大蔵省と連絡をとったこともあった。自ら蔵相となったとき、対外関係で重要なのはアメリカである。田中がまず取り組んだのは、ガリオア・エロアの対米債務返済だった。ガリオア・エロアとは占領期にアメリカから受けた経済援助であり、ガリオアは占領地行政救済（Government and Relief in Occupied Areas）、エロアは占領地経済復興（Economic Rehabilitation in Occupied Areas）を意味する。

田中は、「ガリオア・エロア援助は日本民族のためにプラスだった。だから相手が返済を要求してきた場合、払える力があれば払わなくてはならない。ただし、払うときには、国の財政の余力を十分に考えて、日本の財政ペースに近づけるような方向で支払う」と考えた。

返済の財源を規定した産業投資特別会計法の改正法案について、田中は一九六二年九月一日の臨時国会で承認を得た。債務返済の日米協定は九月一一日に発効し、翌年から一〇年間かけて支払われる。

田中は九月一七日から、ワシントンのＩＭＦ総会に出席した。ＩＭＦとは、国際通貨基金のことである。田中は慣れない英語でスピーチし、日本の輸出に対する差別的輸入制限の撤廃を訴えた。

帰国後に田中は、「諸外国でも池田〔総理〕の経済政策が高く評価されている、ことにケネディの政策は日本を大きな参考にしている」と池田に報告した。田中によると、アメリカの減税政策は池田の所得倍増計画にヒントを得たというのである。[53]

先進国入りを目指して

田中がIMF総会に出席した背景には、IMF一四条国から八条国への移行という課題がある。

田中の言葉を借りれば、一四条国は「ドル不足ならば輸入制限も認める」という一四条の適用を受ける国であり、八条国は「国際収支の赤字、ドル不足を口実にしての輸入制限をしない国」を意味する。欧米の先進国は八条国となっており、対日貿易での差別待遇を撤廃させるためにも、日本は八条国への移行を目指していた。

田中は一九六二年一二月三日から五日、ワシントンで第二回日米貿易経済合同委員会に出席している。この委員会では、日米の主要経済閣僚が一堂に会する。日本からは、田中、大平外相、福田一通産相、重政誠之《しげまさせいし》農相、大橋武夫労相、宮澤喜一経企庁長官が参加した。

田中のカウンターパートはディロン財務長官であり、ケネディ政権はバイ・アメリカンを進めていた。バイ・アメリカンとは、自国製品を優先して買い付けることである。

田中は、「経済性を逸脱した措置をとることは自由世界経済全体の見地から云えば、望ましからざるものではないかと考えます」とバイ・アメリカンの緩和を求めたものの、物別れに終わっている。

田中は一九六四年一月二七、二八日に東京で開催された第三回日米貿易経済合同委員会にも出席し、貿易と資本の自由化を妨げないようブリット財務次官に求めた。日本が八条国となるのは、四月一日のことである。

田中は蔵相在任期を「鎖国経済、温室経済から開放経済体制への移行」期と見なし、「ＩＭＦ（国際通貨基金）の一四条国から八条国への移行、ＯＥＣＤ（経済協力開発機構）への加盟、ガット（関税と貿易に関する一般協定）一一条国への移行、関税一括引き下げ交渉、いわゆる『ケネディ・ラウンド』に対する基本的賛成態度の決定など、日本が国際的一人前になるための国際義務ともいうべき事件につぎつぎと対処すべき時期」だったと論じる。田中の方策は、所得倍増計画と高度成長の環境を整えるものとなった[54]。

徹夜の復活折衝

蔵相にとって、最重要の仕事は予算編成である。田中の一九六三年度予算案が閣議決定されたのは、一九六二年一二月三〇日のことだった。

一般会計が一七・四％増の二兆八五〇〇億円、財政投融資が二二・五九％増の一兆一〇九七億円という積極財政であり、道路などの公共投資や社会保障が伸びていた。財政投融資を活用できたのは、郵政相時代に特定郵便局を拡大した成果でもある。

田中は一二月二八日から、各大臣との復活折衝に徹夜で臨んでいた。復活折衝とは、大蔵省が各省庁の要求を削減するのに対して、各省庁が大蔵省に予算の復活を求めて交渉することをいう。

田中の回想で特徴的なのは、河野建設相との復活折衝である。河野は大蔵大臣室に入ると、「道路二一〇億円、治山治水四五億円、下水道一〇億円。これだけを復活してもらいたい。これだけやったら文句はいわない」と主張した。これに田中は、「思い切りよく出しましょう」と即答している。河野との折衝は五分で終わった。

本来、蔵相の手腕として期待されるのは、過大になりがちな各省庁の要求を抑えていくことである。だが、田中にその発想は弱かった。田中によると、「私の考えは主計局の次長から、あらかじめ党建設部会の代表や建設次官へも通しておいたので、この復活額はノメないものでもなかった」という。

田中はこの一件を「五分間で一六〇《ママ》億円を決める」と題し、地元の『新潟日報』で公表した。田中の方針は積極財政であり、建設族のボスらしく、自ら道路予算にてこ入れしていたのである。

それは高度成長期のように、右肩上がりの時代だけに通用する手法であり、田中は時代に恵まれていた。予算案は一九六三年一月から国会で審議され、三月に可決される。[55]

雪害と土建王国

一九六三年一月は記録的な豪雪の時期であり、北陸では交通の途絶や雪崩《なだれ》が深刻になっていた。そこで田中は池田に直訴して、総理府に北陸地方豪雪非常災害対策本部を設置し、災害救助法と激甚災害法を発動させている。本部長には、河野建設相が就任した。

これらの法が雪害に適用されたのは初めてであり、神奈川選出の河野を押し切ってのことだった。河野は当初、雪は災害に当てはまらないと考えていたが、田中は「金で迷惑はかけぬ」と説得した。蔵相として、予算は惜しまないというのである。

被災地の除雪に対して、特別の助成措置がとられたことは画期的であった。それまで雪は、雪上車で踏み付けるのが一般的だった。そこに田中は除雪という概念を定着させ、実行したのである。

除雪は被災地を救うだけではない。越山会系土建業者を含む建設業者や田中系の交通会社にとって、冬が金になることを意味する。助成金は増えていき、越山会査定にはますます磨きがかかる。

土建業者と田中は利権と票で結び付き、新潟三区は土建王国と呼ばれるようになる。他方で田中は、川が氾濫すればいち早く駆け付けるような、人情味にあふれるパフォーマンスも得意とした。田中は、塚田十一郎知事の県政にも影響力を強め、新潟では次第に神格化されていく。
田中は一九六三年七月一八日の内閣改造、一二月九日の第三次池田内閣、一九六四年七月一八日の改造で留任し、一一月九日成立の佐藤内閣でも蔵相にとどまる。「田中は大蔵省を主軸にして右に建設省、左に郵政省という最も票に直結する現業官庁をしっかりと握った」とは早坂秘書の弁である。
あるとき田中は、大蔵大臣室で佐藤秘書と二人だけになり、「お前と二人三脚でとうとうここまで来たな」、「天下をとれるかも知れないぞ」と初めて口にした。多忙の田中は、「心の旅路」などロマンティックな洋画を佐藤と見るのが楽しみだった。佐藤は田中との日々を日記に綴《つづ》っている。[56]
その田中は、さらなるステップ・アップを視野に入れていた。ポストとしては幹事長、政策としては『日本列島改造論』である。

第4章 「汚れ役」の天下取り――『日本列島改造論』

池田から佐藤へ

池田内閣は成立から、四年近くになろうとしていた。一九六四（昭和三九）年七月一〇日には、総裁選が予定されている。今回、田中が描くシナリオは池田続投ではなく、池田から佐藤への禅譲である。

そこで田中は、五月一八日夜に池田邸を訪れた。田中は池田に対して、佐藤が翌日の閣議後に池田と話したがっていると伝えた。

池田は、佐藤が次期総裁について切り出すに違いないと感づいた。「時期が早い、そんなことをすべきでない」と池田が断ると、田中は、「佐藤に電話をかけてくれ」と頼んだ。

池田が妻の満枝に電話させると、佐藤は風呂に入っていて出られない。満枝は池田の再婚相手である。

折り返し佐藤が池田に電話すると、「話合いでゆずってくれないか、〔池田が禅譲しないなら〕自分はこんど立つつもりだ」と述べた。佐藤は有力候補に違いないが、「待ちの佐藤」にしては、あまりにも直截《ちょくせつ》な物言いである。

池田は不機嫌になり、「政権を私議するようなことはできない」と強く拒否した。

電話の一部始終を聞いていた田中は、「これで私の肚《はら》もきまりました。あなたがはっきり言われたのはよかった」と池田邸を去っている。

佐藤は池田と決別した以上、次の総裁選に打って出る。佐藤派の大番頭となっていた田中は票を読んだ。総裁選の三日前、田中は派閥表に赤鉛筆で印をつけながら、「大体勝負の見通しはついた。たぶん〔二位、三位の合計に対して〕十票以下の僅差で池田の勝ちになるのではないか」と『産経新聞』記者に語っている。

田中の予測には、一票の狂いもなかった。七月一〇日の総裁選には、池田、佐藤、藤山が立候補し、池田の二四二票に対して、佐藤は一六〇票、藤山が七二票となったのである。二位の佐藤、三位の藤山を足すと二三二票になり、池田に一〇票及ばない。

池田は三選を果たすものの、過半数をわずか五票上回るにとどまった。佐藤は藤山と二位、三位連合を組んでおり、決選投票になれば接戦を演じていただろう。

総裁選に辛勝した池田だが、九月九日に喉頭《こうとう》がんで入院する。もう復帰は不可能である。池田は東京オリンピック後の一一月九日、やむなく佐藤への禅譲を約束する。

池田から佐藤への移譲を導いた一人が大平であり、その大平と田中はつながっていた。かつて池田政権が誕生する際、田中が貢献してくれたことを大平は覚えていた。田中と大平は、保守本流の佐藤に交代すべきとの考えを共有した。

一〇月二一日の佐藤日記によると、田中が「〔池田〕首相の病を巡り政局急変の様子あり。よってその指名を得べく大平、前尾を説得するの要あり」と進言した。

これに佐藤は、「〔池田に〕退陣を決意さし、その指名をかちとる様努力の事、併《あわ》せて前尾、大平の団結によりこの方途を講ずべし」と述べていた。

佐藤は田中と大平の盟友関係を「田中―大平ライン」と称し、一一月三日には「田中君は大平君とも連絡があり、病院の様子など伝へ来りて、絶対ゆるぎないと断言する」と日記に書き入れた。田中は大平を介して池田を佐藤禅譲へと誘導し、その模様を細かく佐藤に報告していたのである。池田は一九六五年八月一三日に死去する。[57]

山一証券の救済

田中待望の佐藤政権が一九六四年一一月九日に発足すると、田中はまたも蔵相に留任した。

東京オリンピック後の日本経済は、深刻な不景気に見舞われようとしていた。翌一九六五年、つまり昭和四〇年の停滞は「四〇年不況」と呼ばれ、倒産が相次いでいる。

株価暴落は証券会社の根底を揺さぶり、山一証券が経営不振に陥った。そこで田中は五月下旬、山一証券を救うため、日銀法第二五条を適用して無担保の日銀特別融資に踏み切った。高橋俊英《としひで》大蔵省銀行局長らの進言を受けての決断である。恐慌を回避するためとはいえ、特融は大胆な措置だった。

山一証券への融資は二四〇億円を限度としていたが、田中は「無制限に特別融資を行う」と融資を誇張して発表する。あえて無制限と発表したのは、投資家の解約に歯止めを掛けるためであった。メディアが「無制限に日銀融資 蔵相表明 山一証券の救済」と大きく報じたこともあり、解約騒ぎは収まっていく。

当時、大蔵省主計局長だった谷村裕《ひろし》は、「さまざまな利害得失を計算して、何が大事かというポイントを捕えることの早さ、確かさ。そしてこうと決めたらそれを断行する大胆さ。それはわが国の金融証券史に特筆さるべき大きな出来事だった」と記している。田中の蔵相在任は三年近くに及び、戦後では池田に次ぐ二番目の長さとなった。[58]

自民党幹事長

佐藤が一九六五年六月三日に内閣を改造すると、田中は自民党幹事長に抜擢された。後任の蔵相には、ライバルの福田赳夫が就任する。

佐藤とすれば、山一の騒動があっただけに、その後始末を大蔵省出身の福田に託したのであろう。田中の積極財政は好景気には適するが、調整期に入ったときの手腕はさして期待できない。福田は早速、証券業界の再建案を検討した。

田中としても、幹事長ポストは蔵相以上に魅力的であった。幹事長は党の方針から大小の選挙、そして資金を任され、地方議員からも陳情を受ける。田中が全国に人脈を広げたのはこのときである。

田中は党務に向いており、後年、「政治の醍醐《だいご》味《み》は総理になることではない。政権政党の幹事長になることだ」と小沢一郎に語っている。

ほかの党三役は、前尾総務会長、赤城政調会長である。顔ぶれは四年前と同じだが、蔵相を経た田中らに軽量三役という声はない。

筆頭副幹事長は、同じ佐藤派の二階堂進である。二階堂は衆議院商工委員長のとき、日本貿易振興会の予算をめぐって田中蔵相に助けられたことがあり、田中に傾倒していた。のちに田中派が結成されると、二階堂はその幹部になっていく。[59]

自民党役員会（右端）

日韓国会の「タイムリミット」

田中が幹事長としての手腕を発揮したのは、一九六五年秋のいわゆる日韓国会である。

佐藤内閣は同年六月二二日に日韓基本条約を締結し、韓国と国交を樹立していた。田中の役割は、一〇月五日からの臨時国会で野党を説得し、条約を批准させることにある。

だが社会党は、北朝鮮寄りの立場から条約に反対し、一一月一一日には国会の演壇を占拠する挙《きょ》に出た。田中は、社会党、民社党の幹部と三党で会談したものの、物別れに終わる。

そこで田中は、佐藤や中野四郎国対委員長らと協議し、強行突破を決意して船田中《ふなだなか》衆議院議長に採決を働き掛けた。社会党の引き延ばし策を封じ込めるためである。

しかもそれは、野党が提出していた石井法相不信任案を後回しにして、日韓条約と関連国内法案を一気に可決するという強引なものである。田中は控え室で、「いつまでも待つつもりはない。われに秘策あり」と自民党議員に耳打ちした。

衆議院本会議は徹夜となり、船田が一一月一二日午前零時一六分、休憩明けの抜き打ち発議で日韓条約の批准を可決した。自民党議員が議長席をスクラムで取り囲み、虚を衝《つ》かれて殺到する社会党議員を阻止し、怒号が飛び交うなかでの採決である。一年生議員の小渕恵三らがスクラムの先兵となった。

わずか二分間の出来事であり、田中とすれば作戦勝ちだった。田中は直前に社会党、民社党と会談していたが、それは社会党をあざむくカモフラージュに近い。

シナリオを描いた田中は、「いままでの各国との条約と異なり、わが国にとり特殊な案件である。この条約が発効することにより、はじめて日韓両国の礎《いしずえ》が確立される。〔中略〕可決は、一部に混乱はあったが、全国民の注視の中で堂々と行なわれた。国民各位は、この点をよく理解してくれると信じる」と談話を発表した。

国民からすれば賛否はともかく、山一証券の救済に続いて、田中の豪腕ぶりを見せつけられたことになる。

さらに田中は成田知巳《ともみ》社会党書記長に宛てて、「あなたたちは、与党を〝強行採決〟に追い込むことによって、議会制民主主義に対する国民の不信を増大させるとお考えになりませんか。日韓友好《ママ》条約については、国民の多くが賛成しており、それは多くの世論調査の結果をみても明らかです」と書状で訴えている。

しかも田中は、その書簡を新聞紙上で公開した。田中が強行突破に出たのは、七〇日の会期のもとで、自然承認が可能な三〇日以上の審議日数を参議院に残すためである。

条約は一二月一一日の参議院で、社会党や公明党が欠席するなか議決された。田中には朝鮮半島で敗戦を迎え、国会議員団として初めて訪韓したという思いがあり、蔵相期にも対韓経済協力に前向きだった。

田中は、「いたずらな議論で時間を空費せずに、ズバズバ決めていくことが必要だ。タイムリミットを待つまでもなく、解決策を提案し、決断し、実行する、そういう政治家が必要なんだよ」と秘書に語っていた。

田中にとって「タイムリミット」が重要であり、期限のない仕事はナンセンスである。この点を田中は、のちの沖縄返還や大学紛争に際しても強調している[60]。

談合政治

野党との対決姿勢を見せた田中だが、それは田中の一面にすぎない。裏面では、社会党との談合を操っていた。社会党との橋渡し役は、同党の支持母体だった総評の岩井章《あきら》事務局長であり、田中は岩井と会期末前に衆議院の幹事長室で会っていた。

田中は岩井から譲れない法案を聞き出すと、内閣法案の交通整理を始めるのが常だった。法案の一覧表を片手に、上機嫌で赤鉛筆と青鉛筆で「○」「×」「△」と印を付け、大蔵省や労働省の幹部に電話を掛けまくる。目白邸の陳情でも、脈ありなら赤鉛筆、脈なしなら青鉛筆と使い分けた。田中の判断は一瞬である。

小一時間で談合は終わり、岩井が「ありがとう。角サン」と述べると、田中は「ご苦労さん。うまく頼むよ」と送り出す。すると、社会党の抵抗を受けていた案件が、スラスラと片付いていく。

それだけではない。早坂によると、田中は「お国を動かすための必要経費なんだ」と称し、紙袋に金を入れては野党に配っていたという。自社を軸とする五五年体制下では、談合政治がまれではない。だとしても、田中ほどに汚れ役に徹した政治家はいないだろう。

田中は選挙になると、自民党内で他派閥の親田中議員にも密かに資金を届けた。田中の手法は硬軟織り交ぜて、五五年体制を安定させた面がある。田中は黒子《くろこ》を買って出ることで、佐藤の長期政権を裏から支え、自民党政治に不可欠の存在となる。

その離《はな》れ業《わざ》は、学歴も閨閥《けいばつ》もない田中が頂点に向かう道である半面、金権政治の泥沼に身を沈めかねないリスクとも背中合わせだった[61]。

「黒い霧事件」

田中は佐藤の長期政権下で、意識的に汚れ役を演じていた。頂点を目指す政治家は、そのようなときこそガードを固めねばならない。しかし、せっかちな性格であり、世間離れした金銭感覚の田中は、警戒を怠りがちであった。

暗転の予兆は、一九六六年八月に虎ノ門公園跡地の払い下げ問題として表れる。この跡地は、田中蔵相期に国際興業社主の小佐野賢治へ払い下げられた。五年間は譲渡禁止だったにもかかわらず、小佐野が短期間で転売していたのである。

そこに自民党衆議院議員の田中彰治《しょうじ》が目を付けた。彰治は新潟四区選出で、同じ自民党ながらあくの強いタイプであり、田中とは反りが合わない。彰治が小佐野から一億円を脅し取った容疑で八月五日に逮捕されると、疑惑の目は、小佐野に便宜を図った田中にも向けられた。彰治は一審で有罪となり、控訴中に他界する。

ジャーナリストの立花隆によると、小佐野は転売で一七億七〇〇〇万円の利益を得る代わりに、日本電建の株を額面の三倍以上の一八億円で買い取ったという。日本電建とは住宅会社で、田中は蔵相就任時に社長を退いたが、腹心の入内島が代表取締役に就いていた。

田中は日本電建株の売却で、八億五〇〇〇万円近くの利益を手にし、佐藤内閣の台所を支えていた。日本電建は、新潟大学建設予定地の買い占めでも巨利を得ている。

一〇月二〇日には、共産党の加藤進議員が衆議院予算委員会で、室町産業という田中のファミリー企業による信濃川河川敷買い占めを追及した。

田中は記者会見で、「室町産業は私が社長をしている越後交通の関係者が中心になっているのは事実だ。しかし、堤防や橋の計画を事前に知って、地価の値上がりを見越して買占めたのではない」と釈明している。

ほかにも、室町産業が柏崎刈羽原発用地を買い占めたことや、埋め立て計画のある鳥屋《とや》野潟《のがた》が田中系企業の新星企業に買収されたことも表面化する。新潟市の鳥屋野潟は底の浅い湖であり、これらは田中金脈と呼ばれる。

企業献金が問題視されたのも、このころであった。田中は、「政治献金は反対給付を求めるものであってはならぬ。そのため議員個人への献金でなく、党一本にまとめるのが望ましい。党会計も最近ではすべて伝票システムをとり、合理化された」と取材で答えている。だが新聞は、自民党の経理を前近代的でずさんと見なしていた。

一連の疑惑は「黒い霧事件」と称され、佐藤は一二月一日に幹事長を田中から福田に代えた。金権腐敗の批判は田中個人にも及んでいたが、佐藤政権全体の汚れ役として責任を負わされた感がある。

田中はあえて損な役回りを買って出ており、「佐藤政権の泥は俺が全部かぶるんだよ」と佐藤秘書に語っていた。久しぶりに無役となったことから、田中がゴルフを始めるのはこのときである。

信濃川河川敷の買い占めについては、元地主の二人が共産党の支援を得て、一九七五年に室町産業を提訴している。田中が蔵相の地位を利用して買収したものであり、契約は無効のため土地を返還するようにという訴えだった。この訴訟は田中没後の一九九七(平成九)年、最高裁によって請求を最終的に棄却されている。[62]

麓邦明と榎本敏夫——田中事務所の秘書たち

蔵相、幹事長という権力の中枢を担っていた田中にとって、「黒い霧事件」で無役となることは挫折を意味した。並の政治家であれば、ここで終わっていたかもしれない。

だが田中は、落ち込むどころか、「やっと暇ができた。これから『列島改造』に打ち込むぞ」と番記者に語っている。

田中の列島改造論の原型は自民党の都市政策大綱であり、都市政策大綱は田中の秘書たちに負うところが大きい。そこで、都市政策大綱の前に、田中事務所の秘書たちをみておきたい。

要職を離れた田中は、砂防会館の田中事務所で多くの時間を過ごした。田中は事務所の秘書に麓邦明《ふもとくにあき》を加えていた。

共同通信社の政治部記者だった麓は以前、本業のかたわら佐藤首相のインナー・グループとして政策立案に協力していた。その麓を田中が引き抜いたのは、麓が佐藤のほか、福田、保利茂にも信頼されており、ポスト佐藤を見据えたパイプ役となりうるためである。

学究肌の麓は温厚であった。麓の性格は、早坂が熱っぽくて激しやすく、アンチ佐藤、反福田を隠さないのと正反対だった。麓は一九二八（昭和三）年生まれで、早坂よりも二歳年長でもある。早坂は、日本電建の東京ニューハウス常務に転出したのち、事務所に戻っていた。

このほか秘書には、ロッキード事件で逮捕される榎本敏夫が加わっていた。榎本は以前、自民党職員から北区の議員となり、日本電建総務課長を務めていたこともある。公設の第一秘書は、従兄弟の田中利男だった。事務所を統括していたのは、以前から佐藤昭である。[63]

都市政策大綱

田中が共同通信記者の麓と出会ったのは、蔵相就任直後の一九六二年夏だった。田中は麓との酒席で、「オレは新しい国家改造論を作りたい」と語っていた。麓は、「田中は佐渡出身の北一輝の『日本改造法案大綱』みたいなスケールの大きなものを書きたがっている」と直感し、田中の幹事長時代に秘書に転じた。

田中の列島改造論が具体化するのは、一九六七年三月一六日に自民党都市政策調査会が発足し、その会長に就任してからである。田中を引っ張り出したのは、近しい衆議院議員の坂田道太と原田憲である。

麓によると、「坂田らは、田中が大蔵省を抑え、建設族のボスとして力を振るっていることに着目、新しい政策作りは田中以外にないと読んでいた」という。坂田と原田は、副会長になる。

田中は衆参一一一人の国会議員を調査会に集め、下河辺淳《しもこうべあつし》経済企画庁総合開発局総合開発課長らの協力も得て、都市政策大綱を一九六八年五月二二日に決定した。都市政策調査会は田中調査会と称され、総会だけでも二五回、正副会長会議は九回を数えている。

都市政策大綱の前文は、「日本列島全体を改造して、高能率で均衡のとれた、ひとつの広域都市圏に発展させることをめざす」として、国土総合開発法の改定、鉄道建設、近郊市街地の造成、二次、三次産業の地方配置などをうたっている。本論は「都市政策の基本方向」、「土地政策」、「大都市対策」、「地方開発の方向」、「財政・金融政策」と多岐に及ぶ。

これらは田中のライフワークたる国土再編の構想を示すものであり、麓や早坂が取りまとめ役になった。最も多くを執筆した麓によると、「調査会は高度成長のひずみ是正が狙いだった。大綱発表で、全国に通用する日本の田中になった」という。

都市の膨張は太平洋地域に集中しており、帯状の都市群は太平洋メガロポリスと称される。大綱は、そのエネルギーを列島全体に波及させようとした。この大綱は、農村党ともいわれた自民党による初の体系的な都市政策であり、各紙に取り上げられて大きな反響を呼んでいる。

そのアイデアは、一九六九年に佐藤内閣が決定する新全総を経て、一九七二年には『日本列島改造論』として刊行される。一連の構想について、田中はエッセンスをこう語る。

「新しい国土利用のカギは交通網の整備。とりわけ先行投資だ。新幹線網を全国に広げ、高速道路のネットワークをさらに細かくすべきだ」

「退職金で百坪の宅地を買えるようにしなければならない。働いてきた者は誰でも持ち家が建てられるとなれば、団地やマンションに住んでいらいらしている国民の気持ちもガラリと変わる。それは全国に十の基幹都市をつくり、百の二十五万都市をつくればできることなんだ」

田中は「黒い霧事件」の悪印象を払拭し、時代の寵児になっていく。[64]

麓の予見、田中の拒絶

国土再編の構想は壮大だが、問題も含まれていた。最大の難点は、それが地価高騰とバブルにつながり、極端なインフレになりかねないことであろう。田中や麓は、そのことを十分に認識していなかった。

のちに麓は「大綱の問題点は、インフレ対策とエネルギー問題に言及できなかったこと」と分析するが、『日本列島改造論』を作成する前に秘書を辞めてしまう。

麓が田中事務所を去ったのは、都市政策大綱のような政策とは無関係である。ではなぜ秘書を辞めたかといえば、麓が早坂とともに、小佐野賢治や佐藤昭と距離を置いてほしいと田中に進言したのに対して、田中はこれを拒否したためである。

小佐野は政商として悪名高く、田中と佐藤の間には一人娘の敦子もいた。総理総裁を目指すうえで、小佐野や佐藤との関係が致命傷になると麓は危ぶんだ。しかし、田中は麓の助言を受け入れない。田中には、身内を切るという発想はなかった。

麓は、「オレの切腹でおやじが考え直してくれたらいいんだけど、君まで短気を起こして辞めるなよ」と早坂に言い残し、田中事務所を去った。麓は、宮澤喜一を中心とする政策グループの平河会で事務局長となった。

朝賀秘書は、「麓さんはオヤジに諫言《かんげん》して辞めました。彼は侍《さむらい》だから、建白書をしためてそれが聞き入れられないときは自ら去るという覚悟をしていたのでしょうね」と振り返る。麓の悪い予感は、数年後に的中する。[65]

「成功のネメシス」――高坂正堯の警鐘

このころの田中は、学界にどう映っていただろうか。都市政策調査会長時代の田中は、保守的な国際政治学者の高坂正堯《こうさかまさたか》京大助教授と対談したことがある。五〇歳の田中に対して、高坂は三三歳の若さである。

田中は調査会の課題として、新幹線や道路の計画、産業の地方分散を説いている。だが高坂は、「黒い霧の事件がありましたね」、「何もしないんだから、自民党というのは……」と納得しない。会談後、高坂は疑問を記している。

大工場の地方都市への移動は、その地方都市の社会的、経済的様相を著しく変化させる。そして社会を変化させる上で、人間的、社会的要因の方が、技術的な要因や純粋に経済的な要因よりも、はるかに動かし難いのである。

しかし、自民党は余りにも経済中心主義的になってしまったので、こうした多方面な考慮を払う能力を持っていないのではないだろうか。

高坂によると、自民党は政治を安定させ、経済政策に注力することで高度成長をもたらした。それだけに、「政治を他の視角から見る能力を失ってしまった」という。

このことを高坂は「成功のネメシス」と呼んだ。ネメシスとはギリシャ神話の女神であり、バブルのような繁栄に天罰を下すとされる。「政治の営みにおいても、人間の営みにおいても、成功のネメシスほど恐ろしいものはない」と高坂は警鐘《けいしょう》を鳴らす。

国際政治を専門とする高坂からすれば、安全保障や世界情勢への見識が田中から伝わってこないことに違和感を覚えたのかもしれない。高度成長が石油危機によって転換期を迎えるのは、のちの田中内閣期にほかならない[66]。

幹事長への復帰

佐藤は一九六八年一一月二七日の総裁選で三選を果たした。三木武夫は一〇七票、前尾繁三郎は九五票であり、二四九票の佐藤は一回戦で過半数を制した。

佐藤派大番頭の田中は、三選推進本部の責任者だった。佐藤の代理として、新聞取材に対応したのも田中である。このとき田中は、佐藤の票数をピタリと読んでいる。

しかも田中は、「佐藤に入れなくてもいいんだよ、こういうときじゃないとお金はもらえないもんだから受け取ってくださいよ」と金を配っていたという。田中の金銭感覚からして、後ろめたさはほとんど感じなかったであろう。

田中は一二月一日に自民党幹事長に復帰する。佐藤は当初、田中官房長官、保利幹事長という構想だったものの、保利が佐藤派でありながら福田に近いため、田中は保利幹事長では福田政権への準備と見なされかねないと反発した。しかも田中は、前尾や大平、川島正次郎と連絡をとっていた。

佐藤としても、実力者の田中の意向を無視できず、田中幹事長、保利官房長官に収まった。保利は「角さん、ひどいじゃないか」と田中に怒ったといわれる。ある田中番記者によると、「佐藤・福田・保利のラインと川島・田中・大平のラインが食い違いをことごとに示しはじめる前兆だった」という。福田や岸は、田中の台頭に目を奪われた。[67]

ここから田中は一九七一年六月の参議院選挙敗北まで、二年七ヵ月も幹事長を務める。

「政治はベストよりもベター」

佐藤の政権運営は、沖縄返還、大学紛争、日米安全保障条約の延長などで、問題山積となっていた。要の立場にある田中は一九六八年一二月上旬、江田三郎社会党書記長、春日一幸民社党書記長、矢野絢也《じゅんや》公明党書記長、宮本顕治共産党書記長との座談会で、「タイム・リミット」を強調した。

「タイム・リミットは好むと好まざるとにかかわらず、やってくる。沖縄返還について佐藤―ジョンソン会談で『両三年にメド』をつけることを約束したが、国民は三年内に返ってくるものと受けとっている。これにどう答《ママ》えるか。また、安保条約の期限も二年内に切れる、大学問題は一週間がリミットだ」

時間を強く意識し、機敏に動くのが田中流であり、「政治はベストよりもベター。つねにタイム・リミットがある」という。日韓国会を強行突破したときと、同じ発想である。

自民党は一九六九年八月三日、参議院で大学運営臨時措置法を通過させた。紛争を収めるため、学長の責務や文相の勧告などを定めた内容である。田中は重宗《しげむね》雄三《ゆうぞう》参議院議長を説得し、強行採決に踏み切らせていた。

このとき田中は『毎日新聞』に寄稿し、大学運営について「タイム・リミット」を説いている。

「大学では少数の暴力によって、学問の自由と学園の自治が破壊される寸前にある。〔中略〕国民に直結する国会が、国民全体の立場に立ち、国民のために必要な法律をみずから作成し、政策と国民生活のあいだに時間のズレを生じさせないために、タイム・リミットをもっと成《ママ》立させることが必要である」

自民党は一〇月一四日になると、日米安保条約の自動継続を決めた。その趣旨について田中は、『読売新聞』の政治部長にこう語る。

田中「〔日米安保条約の〕廃案があるとすれば、安保に代わるもの、自主防衛か、国連による集団安全保障体制の確立か――のどちらかができた時だ。無防備中立論はとらない。この点、精神的には自主防衛だが、だからといって、憲法第九条を改正して自分で日本を守ることは、いまの自民党は考えていない」

部長「自主防衛よりも安保の戦争抑止力にたよるということか」

田中「完全にそうだ。日本への大量の原材料輸入は米第七艦隊に守ってもらうのだ」

部長「野党が政権をとったら『安保自動継続』はどうなる」

田中「絶対にとりませんな」

部長「沖縄が返還されると、これまでの日米安保体制は何らかの形で変わってこないか」

田中「沖縄には安保条約が適用されるから何ら変わらない。沖縄が返るのは日米間に共通の利益、共通の立場があるからだ」

田中の考えは、極東情勢が緊張している限り、安保条約を長期にわたって維持するというものである。沖縄が返還されても、自主防衛に傾斜すべきでないと田中は主張した。その発想はやがて、中国との関係正常化によって軍事費を抑える「日中裏安保」論につながっていく。[68]

一九六九年総選挙――田中派の起源

田中は名幹事長ぶりを発揮していた。その象徴が、「コンピューター付きブルドーザー」というニックネームだろう。田中が「コンピューター付きブルドーザー」と呼ばれ始めるのは、一九六九年三月ごろからである。

一般に二階堂筆頭副幹事長の命名とされるが、実際には、朝日記者の小田原敦《あつし》が田中側に求められて発案したものである。当時は、政治家と番記者の関係が密であった。

小田原によると、もう一つの案として「なにわ節をうなるコンピューター」を提案したところ、田中は「なにわ節は勘弁してくれ」と述べたという。田中は「コンピューター付きブルドーザー」を気に入った。[69]

「コンピューター付きブルドーザー」の真価が遺憾なく発揮されたのは、同年一二月二七日の総選挙である。田中は選挙前の『毎日新聞』インタビューで、日米安保条約の延長や「米作からの転換」による総合農政などを争点に挙げ、「自民党が現状を下回る要素はまったくない」と断言していた。

自民党は二八八に議席を伸ばし、無所属の当選者を入党させて三〇〇議席に躍進する。前回の二八〇議席から二〇議席増の圧勝である。

一九六九年の初当選組には、田中直系となる者が多い。小沢一郎、羽田孜、梶山静六、渡部恒三《わたなべこうぞう》、奥田敬和、高鳥修、石井一、林義郎、綿貫民輔らは、のちに田中派で中枢を担っていく。橋本龍太郎、小渕は三回目、竹下、金丸は五回目の当選を果たした。二階堂は八回目、田中は一〇回目の当選である。

幹事長の職責の一つに、公認の調整がある。選挙区によっては乱立を防ぐため、保守系の新人に自民党の公認を与えられないこともある。

田中から公認を得られず、無所属で当選した一人に渡部がいた。渡部は福島の自民党県連に逆らって出馬したため、自民党への入党には時間を要すると考えていた。

ところが田中は渡部らの入党を即決し、自民党の議席を三〇〇の大台に乗せた。渡部は、「あの決断力の凄《すご》さには、まず脱帽しましたね」と振り返っている。

この選挙で田中は、ポスト佐藤を意識して全力を傾けた。田中は初当選組のなかで、実直で口の堅い小沢に最も魅力を感じた。小沢は、亡くなった長男の正法と同じ一九四二年生まれである。田中は「あの子の顔を見ていたら正法にだぶったよ」、「どうもねえ、他人とは思えないんだ」と周囲に漏らしていた[70]。

公明党とのパイプ——出版妨害

選挙で野党と対峙した田中は、水面下で公明党とパイプを築く。公明党が国有地払い下げや女性問題を国会で追及しかけたとき、田中は公明党委員長の竹入義勝《たけいりよしかつ》と密会し、質問を取り下げてもらっていた。一九六八年六月のことである。

その見返りに田中は、竹入から依頼を受け、『創価学会を斬る』という批判本の出版を妨害した。この本の著者は明治大学教授で、政治評論家の藤原弘達《ひろたつ》だった。田中は藤原と面識があったものの、近しくはなかった。

藤原によると、田中は一九六九年一〇月四日に「あの本、なんとかならんかなあ」と電話し、「竹入委員長から泣きつかれたんだよ」と語ったという。

藤原が断ると、田中は面会を申し入れた。田中は一〇月一一日、赤坂の千代新という料亭に藤原を招いた。

「あんたがこうして出てきていることを、竹入以外では、どのへんまでが知っているのかね」と藤原は聞いた。

「池田〔大作〕会長は知ってる。それから、矢野（絢也、公明党書記長）も知ってる。その線までだ」と田中は答えた。

「池田大作とも親しいの？」

「ああ、あれとはツーカーだよ。彼の家にも行ったことがある」

「竹入なんかともつき合ってるのかね」

「そりゃもう、ずいぶんとつき合ってる」

「どうして公明党と……」

「公明党に恩を売っておくと、将来、俺の政治生活のうえでメリットがあると考えているんだ。俺のような党人派は、野党の中に味方をつくっておかなければ、なかなかやっていけないからな」

「あんたに口説かれて、ここでおりたら、弘達は金で買収されて落ちたといわれて、言論人としては、もうおしまいだ」

「公明党も、君にいい条件でものを書いてもらうとか、ほかのほうで儲けさせるともいっている」

「とんでもない話だ！」

「これをきいてくれれば、君が今度、俺になにをいってきてもなんでも無条件できく。どんな無理でもいいぞ」

「どんな無理といっても、俺からあんたに頼むことなんかないではないか」

密談は物別れに終わった。

田中は再び会合を申し入れ、一〇月二三日にも別の料亭で藤原と会う。しかも今回は、竹入と矢野が隣室で待機する周到さだった。藤原が田中に妥協を示唆すれば、竹入と矢野が合流して手打ちする段取りである。

しかし、藤原の態度は硬かった。藤原が、「そんなことしてちゃ総理になれませんぞ」

とたしなめると、田中は真っ青になった。田中は慎重さを欠いたことに気づいたのだが、気づくのが遅すぎだろう。行動力がある分、田中には警戒心が弱い。

田中以外の政治家であれば、まず出版妨害には関与しなかっただろう。関与するとしても、秘書を使うなどして直接の面会は避けるだろう。直接に会ってしまっては、言い逃れできない。しかも幹事長といえば、総理総裁に次ぐ権力者である。

藤原は内心、「なんでも率直にいう性格の田中」に驚いていた。藤原は田中を嫌っていなかったが、出版広告も出ており、言論人として屈することはできない。

このとき藤原は、「隠しマイクを使って会談の模様を録音しておこうかとも思ったが、この問題で彼と会うのははじめてだから、それはフェアではないと考えて、やめることにした」という。藤原の対応によっては、命取りになっていた[71]。

野党からの好意的評価

田中の圧力にもかかわらず、藤原の『創価学会を斬る』は一九六九年一一月一〇日に日新報道から刊行された。しかも藤原は本の冒頭で、「政府与党の最要職になる有名な政治家」から圧力があったとほのめかす。

そこに『赤旗』が目を付け、藤原に取材した。『赤旗』は一二月一七日の一面で、「公明党 言論・出版に悪質な圧力 田中（自民）幹事長を仲介に」と田中の介入を暴露する。竹入は一九七〇年一月五日の記者会見で「事実無根」と釈明した。

一方の田中は、公明党に責任転嫁しようと思えば、できたはずである。だが田中は、そうしなかった。それどころか田中は、「つぶやきが聞こえたから余計なお世話を焼いた」ということにして、竹入からの依頼であったことを隠している。

目白邸が新聞記者に囲まれると、田中は竹入に電話した。

「新聞記者でいっぱいで出られないぞ」

「すまんなあ」

「いいよ、幹事長やめりゃあいいんだから」

「それじゃあ、こっちも委員長やめなくっちゃあ」

「いやあ、まあまあ、成り行きだ。こんな泥沼、いくつでもあるんだから」

それでも田中は、引責辞任を免れた。共産党や社会党が公明党に矛先を向け、争点は、民社党の塚本三郎衆議院議員による池田大作の証人喚問要求に移ったからである。

なおも田中は、証人喚問を全会一致とすることで公明党と示し合わせ、池田の証人喚問を阻止する。佐藤も、のらりくらりと証人喚問要求をかわした。しかし佐藤は、田中がそこまで公明党に肩入れすることに不快だったであろう。

のちに竹入は、「佐藤栄作首相と自民党幹事長をしていた田中さんには、助けられ、感謝している。終生忘れない。国会では罵詈雑言《ばりぞうごん》を浴びせられ、ほかにだれも助けてくれる人はいなかった」と語っている。

一連の騒動から浮かび上がるのは、義理堅いゆえに脇が甘く、守りに弱い田中像であろう。思慮深い行動とは到底いえないが、窮地にあっても田中は明るく、楽観的である。田中とすれば失点である半面、竹入とは同志のような間柄になる。

竹入は、「国会対策でも田中幹事長時代に、よく協力を頼まれ、党の基本政策に抵触しない限り、対応した。〔中略〕選挙になると、よく、全国の候補者リストに、ところどころ赤いアンダーラインを付けたのが送られてきた。『よろしく頼む。越山角栄』と書いてある。応援してくれないかというわけだ」と証言する。

竹入と田中

さらに竹入は、一九七二年七月に周恩来総理と会見し、首相になっていた田中に詳細な「竹入メモ」を渡した。田中訪中への地ならしであり、日中国交正常化は、公明党とのパイプが最も活かされた事例である。ただし、終章で論じるように竹入は、中曽根内閣期に二階堂擁立工作で田中派の分裂を試みている[72]。
社会党委員長の石橋政嗣《まさし》、共産党委員長の不破哲三など、公明党以外の野党幹部にも田中への好意的な評価はみられる。

石橋によると、「合意した相手のメンツは必ず守るという彼のやり方は常に一貫していた。角さんがもたらした弊害も多かったが、少なくとも角さんと一緒に仕事をして裏切られたことだけはなかった」という。

一方の不破は、「質問していて一番面白かったのは、田中角栄氏です。官僚を通さず、自分で仕切る実力を感じさせました」と述べている。[73]

田中と福田

佐藤は一九七〇年一〇月二九日、自民党総裁選で三木を破って四選を果たした。幹事長留任の田中とすれば、佐藤の五選は考えにくく、総裁任期が切れる二年後には福田蔵相との決選になる公算が高い。その福田を田中はどう評していたか。

田中は福田への評価を『朝日新聞』記者に問われ、「党を代表していくヒトでしょうな。一高、東大、エリート官僚、政治家のコースをたどってきて……やがて頭領になるヒトでしょうね」、「〔福田は〕上州人だからね、長脇差《ながわきざし》みたいなところもあるし、わしはガラガラしとるけど、案外気の小さいところもあるしね」と語っている。

奥歯に衣着せるような物言いは田中に珍しく、それほどに福田をライバルとして意識していたのであろう。

福田と田中（1970年8月）

二人の特徴をよく示す対談がある。同年七月一五日の『東京新聞』に掲載された対談である。ここで二人は、それぞれの政策論を展開している。

福田は、「〝昭和元禄〟ということばは、ぼくがいいだしたんだよ。池田内閣が月給二倍論、のちの所得倍増論をいいだしたときにね。これを批判して、経済には倫理というものが必要だといったわけだ。〔中略〕一億〝総成り金〟になっては困る」と述べた。

福田は池田の所得倍増論を批判するのだが、池田内閣を蔵相として支えたのが田中にほかならない。

田中は、「私は自動車新税構想を打ち出し、さらに昭和六〇年までに全国九千キロの新幹線網を建設しようというんだ。北海道から鹿児島まで、第二次産業の平準化を行なうべきだ」と得意の都市政策論で応じている。経済に倫理を求める福田に対し、田中の発想は国土再編である。

これに福田は、「経済成長も、このままの勢いでむやみに伸びていったら、天井に頭をぶつけて、脳天を打ち割ってしまう。鼻血を出す程度ではすみません」と水をさしている。

二人の反目は次の総裁選にとどまらず、田中内閣期の石油危機でも表面化し、「角福怨念の対決」と呼ばれる。両者のライバル関係は一九七〇年代から一九八〇年代半ばまで、政界の対抗軸そのものとなる。[74]

自動車重量税

福田との対談でも語られたように、この時期の田中は、都市政策大綱に掲げた交通網の整備を進めようとしていた。最重視したのは、新たな自動車税として、自動車重量税を導入することである。

田中の描く自動車重量税とは、重量に応じて課税して道路整備を進めるだけでなく、新幹線の建設や在来線の複線化にも収入の二割を充てようというものである。道路が八割、鉄道が二割だった。

大蔵省理財局長、主計局長から次官になる相沢英之によると、「雪深き新潟に育った田中氏にとって、上野から新潟に至る新幹線の布設に並々ならぬ情熱を燃やしていた。〔中略〕道路と国鉄で八対二にするということは、法律上は何らの規定がなく、約束事に過ぎないので、後年、それが無視されたとか、されていないとかの論争があったが、田中幹事長と大蔵省や関係各省の間でそういう了解があったことは事実であった」という。

田中の発想は、受益者負担により財源を作ろうというものであり、相沢は、「ただ金を使うことしか考えない普通の政治家と大きく違うところであった」と記す。

自動車重量税は、一九七一年五月下旬に国会で成立した。しかし、自動車にはすでに八種類の税金が課せられている。自動車重量税が鉄道にも使われることは、赤字ローカル線の整理を遅らせる面もある。このため、新聞の論調には疑問の声も上がっていた。[75]

通産相就任——佐藤との駆け引き

自民党が一九七一年四月一一日の統一地方選挙、六月二七日の参議院選挙に敗れると、田中は幹事長の辞任を佐藤に申し出た。

その場にいた共同通信の記者によると、田中は総裁室のドアをノックするとき、極度におびえていた。敗戦の責任もさることながら、佐藤から「次は福田にしたい」と告げられることを最も警戒した。

ギョロ目の佐藤には貫禄がみなぎっており、威圧感が半端ではない。田中は佐藤を怒らせないように、細心の注意を払った。田中だけでなく、福田や保利でさえも、佐藤と二人だけで会うときは直立不動といわれる。

田中にとって幸いなことに、佐藤が「次は福田に」と言い出すことはなかった。佐藤は後任の幹事長に保利を充てた。五期四九ヵ月という田中の幹事長在任は最長記録であり、二位は森喜朗《よしろう》の四四ヵ月である。

佐藤は口外こそしないが、自分の次は福田と決めている。台頭の著しい田中を野放しにすれば、福田への禅譲というシナリオが狂いかねない。

そこで佐藤は、最も距離の近い官房長官のポストに田中を押し込めようとした。田中としては、まさに正念場である。官房長官として入閣するか、自由な身になるべきか、あるいは別のポストを求めるのか。佐藤との駆け引きは、腹を探り合う心理戦となっていた。

悩む田中は、二階堂と金丸を目白邸に集めた。二人は佐藤派のなかでも、田中系の有力者である。二階堂らは自由になって、総裁選への準備に専念すべきと田中に説いた。入閣すれば、福田禅譲を佐藤に呑まされてしまうという理由だった。

これに田中は納得せず、「おれは第二の広川弘禅《ひろかわこうぜん》になりたくない」と真顔で口にした。広川は吉田茂の側近だったものの、吉田が緒方竹虎《おがたたけとら》を重用したことから鳩山一郎に接近し、吉田に失脚させられた政治家である。

佐藤派議員には田中系もいるにせよ、多くは佐藤の影響下にある。佐藤の入閣要請を断れば、それだけで緊張が走り、佐藤につぶされかねない。そう田中は考えた。田中は佐藤の怖さを知り尽くしている。

かといって、官房長官は佐藤に近すぎる。政権末期にかけて佐藤はますます不人気になると予想され、女房役の官房長官では、総裁選への悪影響が懸念される。佐藤が田中に官房長官を何度も打診したのは、そのことを見越してのことである。

そこで田中は、官房長官以外で入閣するという第三の道を終始希望した。押し返された佐藤が用意したのは、通産相のポストである。通産相には、日米繊維摩擦という難問が待ち構えている。

佐藤とすれば、腕力のある田中は通産相に適任である。のみならず、田中が対米交渉を自主規制でまとめれば、繊維業界の批判は田中に向かう。他方で、田中が業績を上げれば総裁候補に浮上させかねないのだが、佐藤は福田に禅譲できると信じていた感がある。福田は外相だが、繊維交渉の主管ではないため、傷は付かない。

田中の戦略は、野心を内に秘めつつ佐藤に全面協力し、佐藤の退陣声明までに実力をつけて一気に出馬表明することである。一年後、この作戦は見事に的中し、禅譲という佐藤と福田のシナリオを打ち砕いていく。

この経緯を中曽根は、「佐藤さんは、角さんを官房長官に閉じ込めておきたかったのに、通産大臣にせざるを得なかったのが決定的だった。官房長官だったら、官邸ごと閉じ込められた」と振り返る[76]。

アメリカとの政治決着

田中と福田は一九七一年七月五日、それぞれ通産相と外相に就く。二階堂らは、「オヤジ、泥をかぶることはないじゃないですか」と通産相就任に反対した。しかし田中は、「佐藤政権の最後の責任は俺が全部とる、あえて火中の栗を拾うよ」と佐藤のオファーを受け入れた。

「火中の栗」とは、日米繊維交渉を意味する。佐藤内閣は沖縄返還交渉を終えており、繊維問題を最重要課題としていた。宮澤前通産相はある程度の自主規制に応じていたが、アメリカのニクソン政権は不十分と見なしたのである。

田中は就任時のインタビューで、「米国市場は日本にとって欠かすことができない。アメリカは、おとくいなんだよ」と語り、繊維交渉の早期妥結を目指す。

その根底にあるのは、「戦後の日本経済は、なんといってもアメリカの力がもとになって築きあげられた。賠償の免除や復興援助、それに復興後も国債や政府保障費、基幹産業の転換社債をニューヨーク市場で起債したりね」という対米観である。[77]

アメリカの経済は悪化していた。ニクソン政権は八月一五日、ドルと金の交換を一時的に停止し、一〇％の輸入課徴金を課すと発表した。この新経済政策は「ニクソン・ショック」と呼ばれる。[78]

田中は九月九、一〇日、ワシントンで第八回日米貿易経済合同委員会に出席した。かつて田中は委員会に蔵相として参加しており、今回は通産相として会議に臨んだ。交渉相手はスタンズ商務長官である。

スタンズが日米協定による繊維輸出の規制を求めると、田中は大きな身振りで、「政府間協定は不可能である」と拒んだ。スタンズは、田中の激しさに仰天している。ワシントンには福田も同行したが、二人は顔を合わさないようにした。

一度は通産官僚の方針通りに動いた田中だが、別ルートでは通産相就任直後から、特使のケネディ前財務長官やジューリック特別顧問と接触していた。いわば二面戦術である。そのなかで田中は、一〇月一五日までに政府間協定が成立しなければ、一方的な輸入規制も辞さないという米側の方針を聞かされた。

そこで田中は、「いままでのいきがかりはすべて捨てて、どうすれば局面打開ができるかを真剣に考えろ」と通産省の幹部に指示した。大きな方針を示し、責任は負うのが田中流である。

前例と継続を重んじる官僚からは、方向転換という発想は出てきにくい。指示を受けた事務当局は損害を最小限にするため、規制枠を設けつつも枠の伸び率をアメリカに認めさせ、国内向けには織機《しよつき》を買い上げるなどの対策を立案した。織機とは、布を織る機械を指す。

田中は一〇月一五日、九億九七五〇万平方ヤードの規制枠を毎年五％増とすることでケネディと合意し、「米国の保護主義への傾斜を防ぎ、日米相互の長期に亘《わた》る友好親善関係を維持する」と談話を発した。

繊維業界の反発を一身に浴びた田中は、業界への救済策を水田三喜男《みずたみきお》蔵相と折衝し、国庫負担による織機の買い上げなど一二七八億円の追加救済策を決めた。執行済みの救済費と合わせれば、約二〇〇〇億円もの巨大予算である。[79]

ばらまき予算

アメリカとの妥協は従来の方針からの転換であったが、「原則論に固執せず、譲歩しながら、業界の被害を最小限にする方向で政治決着を図るしかない」と田中は決断した。輸出規制には応じつつも、適正な伸び率を確保しようとしたのである。

通産省から首相秘書官となっていた小長啓一《こながけいいち》は、「泥をかぶってもやるべきことはやりぬく政治家の迫力に感銘した」と記している。

田中は野党からの反発を予期し、手を打っていた。交渉妥結前のある日、田中は石橋政嗣社会党書記長、矢野絢也公明党書記長、佐々木良作民社党書記長に電話し、ホテルの一室に呼び出した。野党の三人が顔をそろえると、田中は滔々《とうとう》と繊維問題を語り始めた。

石橋らは、田中の話をほとんど理解できなかったものの、「政府間協定の締結に取り組まざるをえない」という結論だけは伝わった。石橋は田中の「面目躍如」だったと記している。それでも野党は、一〇月二七日に田中の不信任案を国会に提出して、否決される。[80]

たしかに田中は決断し、泥をかぶったのだが、それを可能にしたのは巨額の業界救済策である。政府による損失補塡《ほてん》は業界からの批判を緩和する半面で、ばらまき予算という悪しき慣行の前例となる。「金で解決する角さんらしいやり方」という冷ややかな声は、自民党繊維対策特別委員会にもあった。

田中方式は高度成長期にはありえても、石油危機後の赤字財政下では、損失補塡がさらなる財政難を招いていく。その一例として、一九八〇年代後半、竹下内閣期の牛肉・オレンジ交渉をみておきたい。

竹下内閣は牛肉・オレンジ輸入自由化で、約一五〇〇億円を国内の農業対策費につぎ込んだ。これについて竹下は、「国内の沈みゆく企業に対しての問題を、歳出でカバーして、国際化に対応していくというのを、角さんに習ったような気がするんだね」と回想している。

また、一九八六（昭和六一）年から開始され、一九九四（平成六）年に妥結する多角的貿易交渉のウルグアイ・ラウンドでは、コメの部分的市場開放もあって、対策費は六兆円にも達する。

いずれも、ばらまき予算の典型であり、そこでは族議員が跋扈《ばっこ》していた。これらの原型が、田中方式にほかならない。

竹下は佐藤内閣末期に官房長官として、田中の通商政策を政権の内側から眺めていた。その竹下は田中の二大業績として、日米繊維交渉と日中国交正常化を挙げる。

繊維問題で田中は、「世界の流れは流れとして受け入れ、あとは徹底した国内生産者対策を練り上げる」ことを方針としており、竹下は「私が政権を担っていたときに決断した牛肉・オレンジ交渉の際も範とさせていただいた」というのである。[81]

柏崎刈羽原発の用地売却

一九七一（昭和四六）年一〇月中旬に繊維交渉を妥結させた田中は、同月下旬に柏崎刈羽原子力発電所の用地売却で三億九〇〇〇万円を得る。田中は近しい県議会議員の木村博保を介して、東京電力に用地を売却したのである。この土地は一九六六年八月に木村が北越製紙から取得したもので、九月には田中ファミリー企業の室町産業に転売していた。

そのころ幹事長だった田中は、別件の信濃川河川敷買い占め疑惑を衆議院予算委員会で追及された。このため田中は、柏崎刈羽の土地について一九六七年一月に登記上の所有権を木村に戻すことで、さらなる疑惑追及をかわした。しかし、実質的な所有者は室町産業、つまり田中である。

田中は一九七一年一〇月上旬に木村から東電に用地売却後、下旬には木村と「国家老」の本間幸一秘書に三億九〇〇〇万円を目白邸に現金で運ばせた。約一億円を木村にキックバックしたのち、金は田中派結成から総裁選に至る過程で使われたようである。

田中が闇金《やみがね》を砂防会館の田中事務所ではなく、自宅に入れていたことは、のちのロッキード事件でも変わらない。[82]

田中派結成

派閥結成の資金を得た田中は一九七二年一月上旬、佐藤と福田に同行してカリフォルニア州のサンクレメンテを訪れる。佐藤・ニクソン会談で沖縄返還は五月一五日と決まり、ポスト佐藤をめぐる動きは一気に加速する。

福田はサンクレメンテで、佐藤から田中に禅譲の話があるものと期待した。しかし田中は、早朝からゴルフに出掛けるなどして、佐藤と二人になるのを徹底的に避けた。それでいながら田中は、昼食会で佐藤とニクソンのテーブルに割り込んでいる。

帰国した田中は、「佐藤のオヤジが引いたらやるぞ」と早坂に語った。五月一五日の沖縄返還協定調印に照準を合わせながら、佐藤派を割って田中派を旗揚げする決意である。「人は草木に似て春栄を争う　歳は流水の如く去りて帰らず」と田中は事務所の色紙に書いた。

ポスト佐藤をめぐっては、佐藤派内で対立が生じていた。田中を擁立しようとする田中系と、福田を担ごうとする保利系である。田中は二階堂を送り込み、愛知揆一、橋本登美三郎、西村英一など佐藤派の重鎮を説いて回らせた。

特に愛知は、佐藤内閣で内閣官房長官や外相を務めた政策通であり、大蔵省時代には銀行局長として、福田主計局長のライバル的な存在だった。中曽根は、「佐藤派に属していたいわゆるインテリ議員の大半が田中派に移ったことは、当時の私にとっては大きな驚きだった」と記している。

五月九日には、いな垣という柳橋《やなぎばし》の料亭に二階堂、橋本龍太郎、小渕恵三、羽田孜、小沢一郎、石井一らが続々と集まり、八一人で田中派を旗揚げした。佐藤派一〇二人のうち、八割が結集したことになる。

幹事役は木村武雄であり、木村は地元の山形大学医学部設置で田中の世話になっていた。陸軍軍人の石原莞爾《いしわらかんじ》に親炙《しんしゃ》したことから、木村は「元帥」と呼ばれる。

保利は「国会開会中に不謹慎である」と田中に批判的であり、同じく福田支持の松野頼三、大橋武夫、増田甲子七らと周山クラブを結成する。古稀を迎えた保利からすれば、五四歳の田中は若輩である。七月五日の総裁選で田中が勝利すると、周山クラブは福田派の八日会に合流していく。これによって福田派が最大派閥になる。[83]

『日本列島改造論』

田中は一九七二年六月二日、総裁選に向けて大平派と「大角連合」を結成していた。田中が福田との決選投票になった場合、大平は田中に投票するという含みである。大平派に加えて、三木派、中曽根派とも反福田で四派体制を確立しつつ、田中は六月二〇日に『日本列島改造論』を刊行する。

九〇万部以上のベストセラーとなった『日本列島改造論』は、田中が「この機会に自分の国土開発、都市問題に関する考えをまとめてみたい」として、大臣室で数時間ずつ四回、口述したものである。

これまで田中は通産相として、農村地域への工業再配置構想を温めていた。その構想は都市政策大綱の理念を拡充し、減反を余儀なくされた農村の事情も考え合わせたものである。新全総の繰り上げ実施を求める大平の田園都市構想とも通じる。

『日本列島改造論』の基本方針は、工業再配置と交通網の整備にある。なかでも新幹線は重要である。田中は全国地図を手に取ると、新幹線の案として、稚内から鹿児島にかけてグイグイと赤鉛筆を引いていく。

しかも田中は愛媛県西端の佐田岬《さだみさき》から、豊予《ほうよ》海峡を突き抜けて大分県の佐賀関《さがのせき》半島へと、上機嫌で赤鉛筆を走らせる。その赤線は海をまたいでいる。豊予海峡は四国と九州の最短ルートであるが、紛れもなく海である。

官僚や秘書が顔を見合わせると、田中は、「ここはあまり海が深くないんだよ」と言い放つ。豊予海峡の地底に新幹線を通そうという発想だが、いまだにフェリーでしか結ばれていない。

小長と早坂がこれらを練り上げ、通産省企業局立地指導課長の濱岡平一も熱心に協力した。ブレーンに学者や財界人を入れないのが田中式であり、この点は学者を好んで活用した吉田、佐藤、大平、中曽根と異なる。
田中は都市政策大綱のときと異なり、ゲラを真っ赤にするほど手を入れた。序文では、「過密と過疎の弊害の同時解消」を説いている。

明治百年をひとつのフシ目にして、都市集中のメリットは、いま明らかにデメリットへ変わった。国民がいまなによりも求めているのは、過密と過疎の弊害の同時解消であり、美しく、住みよい国土で将来に不安なく、豊かに暮していけることである。そのためには都市集中の奔流《ほんりゅう》を大胆に転換して、民族の活力と日本経済のたくましい余力を日本列島の全域に向けて展開することである。工業の全国的な再配置と知識集約化、全国新幹線と高速自動車道の建設、情報通信網のネットワークの形成などをテコにして、都市と農村、表日本と裏日本の格差は必ずなくすことができる。

同書によると、「国土面積のわずか一％にすぎない地域に日本の総人口の三二％が集中している勘定だ」、「東京の過密化現象はとくにいちじるしい。東京は国土総面積の〇・六％のところに全人口の一一％、約一千百四十一万人が集中している」という。
地方都市の規模は二五万人ほどが適当であるとして、岡山県の津山、秋田県の横手、山

全国新幹線鉄道網理想図

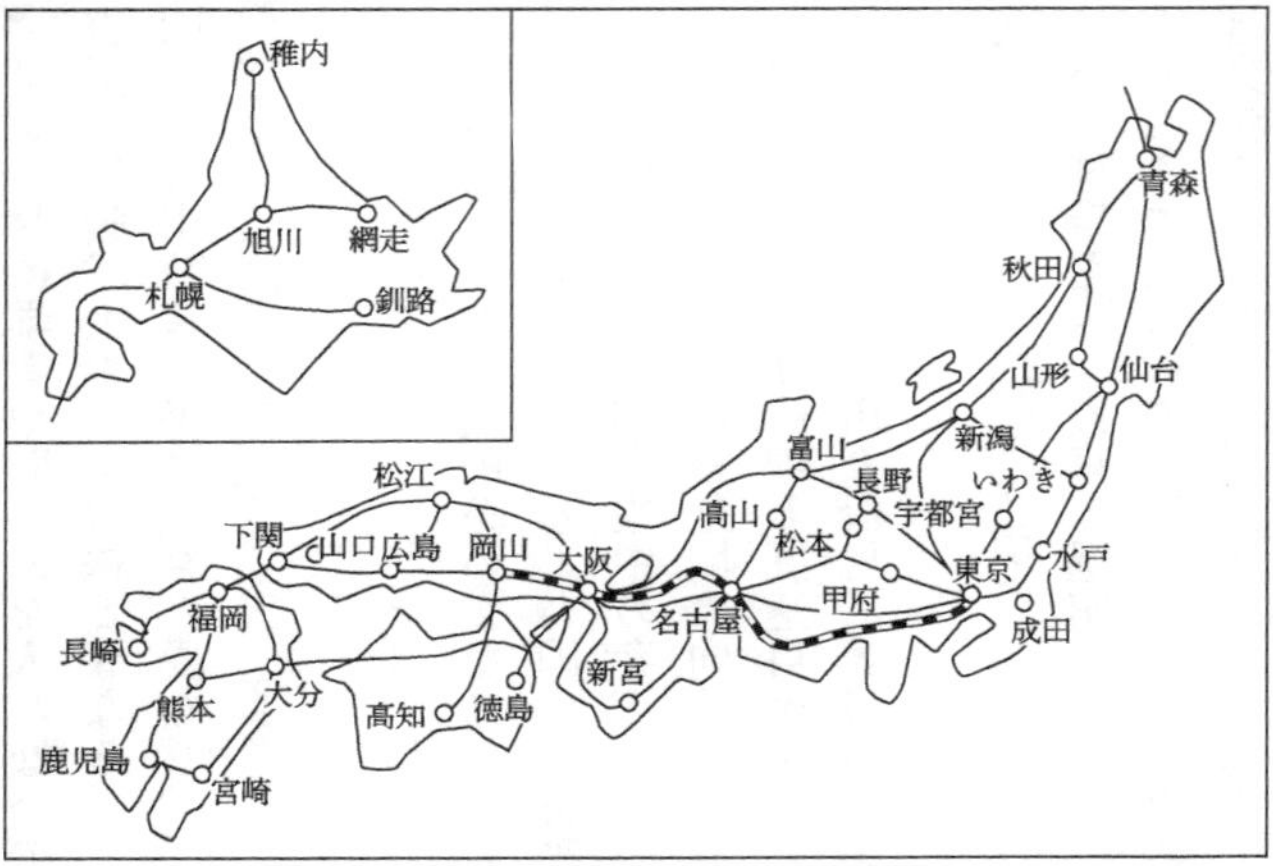

出典：田中角栄『日本列島改造論』（日刊工業新聞社、1972 年）121 頁

形県の酒田と鶴岡、新潟県の三条と長岡などを内陸型工業都市に育て上げるとされた。

これらの「新二十五万都市」では、市街地から離れたところに工業団地を建設し、市街地と連携しながらブロックを形成して人口の吸収を図る。そのモデルが、のちの長岡ニュータウンである。

工業再配置のためには、過密地域の工場に「工場追出し税」を課して財源に充てるという。

工業再配置を支えるのが交通網と情報網の整備であり、「日本列島の主要地域を一日行動圏にすることが第一の目標である」。

そのためには、新幹線九〇〇〇キロ以上、高速道路一万キロ、石油パイプライン七五〇〇キロ、本州四国連絡橋三本、ダム一一〇〇ヵ所以上を建設し、リニアモーターの開発に取り組む。

情報化については、「データ通信と有線テレビなどが組合わされて新しい情報のシステムが生まれるだろう」、「新しい情報ネットワークとシステムは産業や人口の地方分散を容易にする」と述べられており、先見性を感じさせる。

とはいえ次章Ⅲでみるように、『日本列島改造論』は政権半ばで頓挫し、東京一極集中が改善されることはなかった。新幹線や高速道路の整備が、さらなる東京集中を招いた面もある。「日本列島の主要地域を一日行動圏に」といっても、その中心はどうしても東京になってしまう。

より根本的な問題として、知恵やデータを官僚から得て土建的発想に肉付けするため、中央集権にメスは入らない。また、『日本列島改造論』には具体的な地名が挙げられており、地価高騰につながったこともよく知られている。[84]

これらのことを田中の限界とするのは簡単だろう。しかし、地方から東京に向かおうとするメンタリティは、政策や理屈を超えた日本人の本能である。田中といえども、それは容易に是正できなかったのである。

第5章　首相の八八六日——屈辱の「列島改造論」撤回

Ⅰ　田中構想と日中国交正常化

自民党総裁選

一九七二（昭和四七）年七月五日のことである。日比谷公会堂は、昼前から異様な熱気に包まれていた。ここで開かれる自民党臨時党大会には、田中や福田などの国会議員だけでなく、地方議員を含めて約六百人が足を運んでいた。

君が代を斉唱し、保利幹事長が党の情勢を報告すると、佐藤が総裁退任の挨拶に立つ。佐藤は「角福調整」に失敗し、党内の影響力を急速に低下させていた。

続いて大会は、ポスト佐藤を決する総裁選に入った。候補者は、田中、福田、大平、三木である。一回目の投票では田中一五六票、福田一五〇票、大平一〇一票、三木六九票となり、どの候補者も過半数を取れない。

三木が惨敗したのに対して、大平が三桁《けた》に乗せたのは善戦といってよい。

自民党総裁選を制した田中

田中は前から二列目に座り、そわそわと扇子《せんす》をあおいでいる。最前列では、福田支持の佐藤、岸、船田衆議院議長らが無言で目を伏せていた。

佐藤や岸の表情からは、第一回投票で福田が一位になれず、気落ちした様子がありありとうかがえる。

決選投票は、文字通りの「角福戦争」である。田中は二八二票を得て、一九〇票の福田を振り切った。佐藤のもとで汚れ役に徹した田中が、福田を九二票差で下し、政界の頂点に達したのである。

どよめきが渦巻くなか、田中は席から立ち上がり、右手を突き出す得意のポーズで拍手に応えた。その顔は、真っ赤に上気している。

すぐ前の席に座っていた佐藤は、ぎこ

ちない笑顔で田中と握手した。

壇上に上がり、「自民党万歳」を叫ぶ新総裁のほおからは、涙か汗か、大粒の水玉がしたたり落ちる。青ざめた福田は壇上をにらみつけ、にこりともしない。大平はいつものように無表情であるものの、盟友が勝利したことで、かすかに口元に笑みを浮かべた。

五四歳の自民党総裁は歴代最年少であり、佐藤から一七歳も若返った。『朝日新聞』は、「岸―佐藤支配体制」下での自民党右派勢力が衰退し、田中、大平、中曽根を軸とする「保守中道路線」の新体制が登場したと報じている。「佐藤亜流」の福田は、田中、大平、中曽根の結束で政権を阻止された[85]。

二つの問題

前途洋々にみえるが、田中の内心は複雑であろう。人事や政権構想を除いても、二つの問題がある。

第一に、福田との関係である。決選投票はともかく、第一回投票で福田とは六票の僅差にすぎない。田中の読みは、第一回で田中一七〇票、福田一五〇票だった。実際には、第一回で一五六票しか取れていない。

産経記者だった中村啓治によると、第一回で田中票が一四も減った原因は、田中が大平陣営の切り崩しを察知しながら黙認したことにある。田中は勝利を確信していただけに、盟友の大平を百票の大台に乗せてやりたかった。

ここで手を緩めずに完勝していれば、福田との確執はあれほどに激化しなかったかもしれない。だが、田中は情に動かされやすい。政治のプロとしては、弱点といってよいだろう。

しかも福田は総裁選のあと、田中が協力を求めてくると考え、事務所で夕方まで待っていたという。だが田中は、福田事務所を訪れなかった。強力なライバルがいなかった佐藤の時代は終わり、「角福戦争」が幕を開けたのである。

第二に、金の問題である。この総裁選で大金が動いたことは確実であり、その額は最大で百億円ともいわれた。もっとも、秘書の佐藤昭は、「戦争のための軍資金はいる。けれど、それは巷間《こうかん》いわれているものの十分の一か、何十分の一の単位である。資金の流れは〝金庫番〟と言われた私が全部みていたわけだから、これは断言できる」と記している。

たしかに百億円は誇大であろうが、田中は、柏崎刈羽原発の用地売却益を目白邸に運ばせていた。佐藤ですら、すべての金を把握できなかったはずである。

より本質的な問題は、佐藤内閣における田中のような汚れ役が見当たらないことだった。

かつて佐藤昭が、「あなたが総理になった時、佐藤政権における田中の役目は誰がするの」と聞いたとき、田中は、「誰もいないんだよなー、俺が自分でやる以外にないんだよ」と答えている。総理自ら金集めする危うさを十分に自覚していなかった節がある。[86]

閣僚人事

初めて総裁選に出た大平は、どんな思いだったのか。この総裁選で大平は、田中、福田に次ぐ三位となり、健闘したつもりでいた。得票を三桁に乗せたことは、総裁候補として生き残ったことを意味する。

大平は中間派の議員たちに愛飲するウィスキーを持参するなどして、「ぜひ私に投票してくれ。将来必ず悪いようにはしない」と説得工作を続けていたのである。

ところが、大平の動きは田中に筒抜けだった。田中は総裁選後、「君は、誰々のところへ行っただろう。あのとき、こういっただろう。ああいっただろう」と大平に告げた。田中は、大平の行動をすべて言い当てた。

田中は先回りして巨額の資金を提供しながら、「君のところに工作にきた議員は、直ちにおれのところへ電話連絡しろ」と伝えていたのである。田中は、大平の行動を単純に黙認したわけではない。

大平は地雷原を踏んでいたと知り、震え上がった。このとき大平は、池田時代の倍の手当てを打っていた。にもかかわらず、田中には完全にやられている。田中の実弾は大平をはるかに上回り、桁外れだったに違いない。大平は愕然《がくぜん》となり、田中に兜《かぶと》を脱いだ。

五四歳で第六四代内閣総理大臣となった田中は、その大平を外相に据えた。「おれは内を固める、君は外交をやってくれ。君が外相をやらねば三木がやるだろう。対中国外交のような重要な問題を三木にやらせてよいのか」というのである。

大平を体《てい》よく外相に棚上げし、田中は国内で権力基盤を固める。中曽根は通産相、三木は無任所国務相、のちに副総理とすることで、反福田の四派体制を維持した。そのうえで列島改造の要職は、二階堂官房長官、植木《うえき》庚子《こうし》郎《ろう》蔵相、木村武雄建設相という田中派で占めたのである。

福田派は当初、入閣を拒否したが、三池《みいけ》信《まこと》と有田喜一が郵政相、経済企画庁長官として閣僚に名を連ねている。[87]

「十大基本政策」

田中は内閣を発足させるとき、いかなる構想を温めていただろうか。

田中は総裁選前、「国民への提言——私の十大基本政策」という二四頁の小冊子を発表していた。主な内容は、「決断と実行の政治」、日中国交正常化、老人医療の無料化、公害の防除、地価の抑制と住宅拡充、教育への投資、工業再配置と「新二五万都市」の建設、農工一体の地域開発、週休二日制の定着、積極的な財政金融政策である。

キャップとして構想を取りまとめたのは愛知揆一であり、サブは同じく衆議院議員の山下元利、大村襄治《じょうじ》だった。

田中は愛知らに作業を任せたが、教育だけには注文を付けた。こだわったのは小中学校教員の待遇改善であり、田中内閣は教員の給与を大幅に増やしている。「公立幼稚園を増設するとともに、私立幼稚園の助成を強化し、父兄の負担を軽減する」という一節もある。

他方、「十大基本政策」に盛り込まれた地価政策には、『日本列島改造論』との関連で矛盾を感じさせるところもあった。それは、「全国的な土地利用の混乱をなくし、土地の値上りによる社会的な不公平をあらためる」というくだりである。

これがなぜ矛盾かといえば、『日本列島改造論』には釧路から九州南部の志布志湾《しぶしわん》まで具体的な地名が開発候補地として記されており、地価高騰を招いたからである。[88]

田中は一〇月二八日の臨時国会で、「私が日中国交正常化に取り組み、また、日本列島改造を提唱したのも、時の流れ、時代の要請を痛切に感じたからにほかなりません」と演説している。さらに田中内閣は一二月二二日からの特別国会で、列島改造の関連法案として国土総合開発法案や国土総合開発庁設置法案を提出する。

これには野党が公害や環境の点から反対し、国土総合開発庁設置法案は修正を経て国土庁発足に結実するものの、国土総合開発法案は廃案となった。交通網の整備は進んだにせよ、田中の描いた国土再編は実現しなかったといわねばならない。

交通網のうち、三本の本州四国連絡橋は建設されるが、大きな赤字を生む。田中が石油危機後に列島改造論を取り下げることについては、のちほど論じたい[89]。

国土行政を総合的に推進する国土庁には、かつて田中が郵政相として通い、霞が関に移転したあとの郵政省の旧庁舎が充てられた。現在、そこは麻布郵便局となっており、外務省外交史料館の東に隣接している。

日中国交正常化

一九七二年九月中旬の時点で、田中内閣の支持率は未曾有の六二%であり、滑り出しは上々だった[90]。高い支持率を背景として、田中が中国と国交を樹立したことはよく知られている。田中は九月二五日、大平外相、二階堂官房長官とともに訪中し、周恩来総理と四回の会談を経て、二九日には日中共同声明に調印した。

田中は共同声明に関する作業を大平に任せたが、中国側が求める「軍国主義」という表現だけは回避させている。

「自分は軍国主義者も共産主義者も含めて日本国民全体を代表して来ているのであるから共同声明に『軍国主義』を云々して国民の一部を非難することは出来ない」と田中は大平に伝え、「『軍国主義』という言葉を入れる位ならば帰る」と注文を付けた。

田中は「軍国主義」という言葉で、日本国内の保守派を刺激したくなかったのであろ

田中と周恩来。お別れパーティにて

う。

交渉の末に、共同声明には、「日本国が戦争を通じて中国国民に重大な損害を与えたことについての責任を痛感し、深く反省する」と盛り込まれた。

また、田中は大平、二階堂とともに九月二七日、毛沢東と中南海《ちゅうなんかい》の書斎で会見している。このとき田中は、毛から本を受け取っていた。

大平は帰国後、「毛沢東はたまたま田中首相が指した本（楚辞《そじ》）を取り上げ田中首相に謹呈し」たと述べている。献本に特別な意味はなかったというのである。[91]

田中は訪中に際して、眞紀子を連れて行かなかった。国内では右翼に脅され、中国でも戦争の記憶が生々しい時代であり、「命を失う可能性が高い」という理由である。それでも田中は帰国後に、「眞紀子を連れて行くべきだった。中国は想像していたより、ずっと大人の国だった」と語っている。

日中国交正常化は、田中の生涯で最大の功績といってよい。田中ではなく福田が首相になっていたら、対中関係の打開には慎重な姿勢を示したであろう。「田中氏が組閣後わずか二ヵ月くらいで北京に出向くとは夢にも考えなかった」と福田は回想する。

周恩来は、総裁選前の四月に三木と会談した際、「〔佐藤内閣の後継として〕福田内閣の場合を警戒・準備しなければならぬ」と述べていた。その三木が首相であれば、田中―大平のラインよりも中国寄りとなり、日米安保体制との関係を損ねていた可能性がある。決断の田中、知恵の大平というコンビが最適であった。[92]

「日中裏安保」と四次防

それにしても、田中にとって日中国交正常化とは、何を意味したのか。後年、『新潟日報』の小田敏三記者に「印象に残る世界の指導者」を問われ、田中は「周恩来だ」と即答している。「官僚を束ねられる政治家だ」というのである。

さらに田中は「裏安保なんだ、日中（国交正常化）は」と述べ、日中関係を経済的繁栄の文脈に位置づけた。


日米安保によって日本は、国防を米国に任せ、自分たちは経済繁栄を享受できた。これからは分からん。米ソ関係が悪いと日本に軍備を要求してくる。米とソ、日本とソ連の間にいる中国の数億の民が壁になったんだ。中国と組んだから軍事費はいまも一％以内なんだ。そうでなけりゃ三％ぐらいだ。米国が要求するからな。米国は二等

1972年8月23日	田中が椎名悦三郎自民党副総裁を訪台特使に命ずる
1972年8月31日	橋本ら外務省員が先遣隊として訪中。田中と大平がハワイでニクソン、キッシンジャー大統領補佐官、ロジャーズ国務長官と会談
1972年9月1日	日米共同発表
1972年9月4日	玉置和郎参議院議員が訪台、椎名特使の受け入れを要請
1972年9月8日	日中国交正常化協議会総会で日中国交正常化基本方針を策定
1972年9月9日	自民党議員の古井喜実、田川誠一、松本俊一が直航便で北京入り
1972年9月12日	水野清衆議院議員、松本彧彦自民党本部職員が張群と面会、椎名特使の受け入れを要請
1972年9月13日	蔣介石宛て田中親書完成
1972年9月14日	小坂を団長とする自民党訪中団が23人で出発し、周恩来らと会談
1972年9月17日	椎名らが台北の松山空港で反日デモに遭遇
1972年9月18日	椎名らが、沈昌煥外交部長、厳家淦副総統、何応欽将軍と会談
1972年9月19日	椎名・蔣経国会談
1972年9月20日	椎名が田中、大平を訪れ、台湾で従来の関係維持には「外交関係を含む」と説明したと報告。日中覚書貿易事務所代表の岡崎嘉平太が訪中
1972年9月25日	田中・大平ら訪中。第1回田中・周会談。人民大会堂の宴席で田中が「ご迷惑」スピーチ
1972年9月26日	第1回大平・姫鵬飛外交部長会談。第2回田中・周会談。第2回大平・姫会談
1972年9月27日	非公式外相会談。第3回田中・周会談。田中・毛沢東会談。第3回大平・姫会談
1972年9月28日	第4回田中・周会談
1972年9月29日	台北で宇山厚大使が日中共同声明を事前通告し、蔣介石宛て田中親電を伝達。北京で日中共同声明の調印式。大平が記者会見で台湾との断交声明（大平談話）。田中、大平、周恩来が上海を訪れ、張春橋上海市革命委員会主任と会見。台湾が対日断交を宣言
1972年9月30日	田中と大平が帰国し、自民党本部の両院議員総会で報告
1972年10月6日	大平が内外情勢調査会で日中国交正常化について演説
1972年10月10日	大平がオーストラリア、ニュージーランド、アメリカ、ソ連を歴訪（～25日）
1972年10月18日	田中がインガソル駐日アメリカ大使夫妻ら列席の日米協会でスピーチ
1972年11月2日	田中が衆議院予算委員会で答弁
1972年11月8日	大平が衆議院予算委員会で答弁

出典：拙著『日中国交正常化』（中公新書、2011年）260-262頁

日中国交正常化関連年表

年月日	出来事
1971年夏ごろ	田中自民党幹事長が中国問題の勉強会を立ち上げ
1971年7月15日	ニクソン大統領、北京訪問を発表（ニクソン・ショック）
1971年9月1日	大平正芳が箱根で「日本の新世紀の開幕――潮の流れを変えよう」と題して演説
1971年9月2日	川崎秀二を団長とする自民党訪中議員団が北京入り
1971年9月16日	日中国交回復促進議員連盟会長の藤山愛一郎元外相らが第3次訪中
1971年10月25日	国連総会が中国の国連加盟を決定、台湾は国連脱退を表明
1971年11月10日	周恩来国務院総理が、訪中した美濃部亮吉都知事と会見し、保利書簡を批判
1972年1月	橋本恕中国課長が対中関係についてレポートを田中に提出
1972年2月21日	ニクソン大統領が訪中
1972年3月22日	元外相の藤山愛一郎が第4次訪中
1972年3月23日	田中通産相が衆議院予算委員会で中国に「大きな迷惑をかけた」と答弁
1972年4月21日	三木武夫が北京で周恩来と会見
1972年7月2日	田中、大平、三木が3者会談を行い、「政策協定」に合意
1972年7月5日	自民党臨時党大会の総裁選で、田中圧勝
1972年7月7日	田中内閣成立、大平は8年ぶり2度目の外相就任。大平外相が外務省に初登庁、橋本に日中国交正常化のお膳立てを指示
1972年7月10日	上海舞劇団が訪日、中日友好協会副秘書長の孫平化が団長（～8月16日）
1972年7月16日	社会党元委員長の佐々木更三が北京で周恩来と会談
1972年7月20日	日中国交回復促進議員連盟会長の藤山愛一郎が孫平化と肖向前（中日備忘録貿易弁事処駐東京連絡処首席代表）の歓迎会を開催
1972年7月22日	大平が孫平化、肖向前と会談
1972年7月24日	自民党総裁直属機関の日中国交正常化協議会が初総会（会長・小坂善太郎）
1972年7月25日	大平が彭孟緝駐日台湾大使との会見で「重大なる決意」を表明
1972年7月27日	竹入義勝公明党委員長が周恩来と北京で会談(～29日)
1972年8月2日	大平が外務省で中国問題対策協議会を開催（8月4、9、12、16日にも）
1972年8月4日	竹入が田中と大平に帰国報告
1972年8月10日	玉置和郎参議院議員が訪台、張群総統府資政、蔣経国行政院長、沈昌煥外交部長、張宝樹国民党中央委員会秘書長らと会談
1972年8月15日	田中が孫平化、肖向前と会談。外務省が賀屋興宣衆議院議員の質問書に回答

辺三角形の底辺なんだよ。

アメリカからの軍備の要請を抑え、日本が軽武装でいられるためにも、中国との関係を良好に保ちたいというのである。「日中裏安保」という構想は、もともと池田が大平に言い続けたものである。そのことを田中は、大平から聞いていた。この点で田中は、中国との関係が悪かった佐藤ではなく、池田の政策的系譜にあるといってよい[93]。

軽武装という田中の発想は、第四次防衛力整備計画、いわゆる四次防への対応にも表れる。四次防の原案は佐藤前内閣の中曽根防衛庁長官によるものだが、中国は軍拡と見なし反発しており、田中内閣になってからも当面は手を付けなかった。田中がゴーサインを出すのは、北京から帰った翌日の一〇月一日である。

田中は中国から理解を得たという感触であり、一〇月九日の国防会議で四次防を正式に決定した。国防会議は首相を議長とし、三木副総理、大平外相、植木蔵相、増原恵吉《ますはらけいきち》防衛庁長官などで構成される。

重要なのは、田中が直後の閣議で、「平和時における防衛力の限界、というものを明らかにする研究を始めて欲しい。防衛について国民のコンセンサスを得るために必要ではないか」と増原に指示したことである。

日本は経済大国になっても、軍事大国にはならない。そのためには、「平和時における防衛力の限界」を定めねばならない。それが田中の考えであった。この点は三木とも近く、次の三木内閣で「防衛計画の大綱」と防衛費対GNP比一％枠につながる。[94]

「田中ブーム」選挙の作戦ミス

中国のパンダが上野公園で初公開されたのは、一九七二年一一月五日のことである。田中は日中国交正常化の高揚感に乗って衆議院を解散し、福祉、環境、列島改造、物価安定などを選挙の争点に掲げた。

しかし、一二月一〇日の開票結果は、極めて不本意なものだった。自民党の当選は二六議席減となり、結党以来、最低の二七一議席にとどまったのである。この選挙で議席を伸ばしたのは、社会党と共産党である。幹事長時代には「選挙の神様」と呼ばれた田中だが、一九七四年七月七日の参議院選挙と合わせて、肝心の首相期には勝てていない。

田中は会見で、「自民党はわたしの予想より、十議席ほどすくなかった。しかし、これは長期政権の自民党に対して刺激を与えようという国民のチエとみていいだろう」といなした。田中政治の基本路線は国民の信を得たとして、列島改造などに取り組むと語ったのである。

自民党は公認候補を前回から一一人増の三三九人としていたが、そのうち四三人が次点落選となった。得票率は四六・八％と前回から〇・八ポイント減にすぎないものの、次点落選は一・七倍である。「田中ブーム」を当て込み、攻めの選挙戦を展開したのだが、その作戦は裏目に出た。田中の拡張路線が作戦ミスにつながった。

それでも議席数が五五・二%となったのは、自民党が一票の格差に助けられ、死票は少ないためである。一議席当たりの得票数は、四野党と比べて最低であった。田中自身は過去最高の一八万票を得ており、新潟三区の約四二%を集めたのはさすがだった。二位で社会党の小林進には、一二万票以上の大差である。

しかも田中派は村岡兼造《かねぞう》、保岡興治《やすおかおきはる》などの新人を当選させ、衆議院の田中派を四人増の四八人とした。

衆院最大勢力の福田派は、一二人減の五三人に下がった。福田派は周山クラブや園田派を集めた寄り合い所帯の色彩を強めており、平均年齢は六一歳弱と田中派より九歳も高い。参議院を合わせると、田中派と福田派の数は拮抗しており、一九八〇年代前半にかけて田中派が福田派を引き離していく。

選挙後に自民党は、保守系無所属の一三人を合わせて二八四議席として、四九一議席のうち約五八%を占める絶対安定多数となった。絶対安定多数とは、衆議院で常任委員会の委員長を独占したうえで、各委員会に過半数の委員を配置できることである。

こうなれば、田中の続投に党内から異論は出にくい。『読売新聞』社説は、地価高騰によりマイホームの夢が遠のいており、物価安定や公害対策が重要であることから、「政治の流れを大企業本位から庶民本位のものに変えていくか」に注視したいと論じた。[95]

超大型予算という失策

田中は第二次内閣で福田との融和を図り、福田を行政管理庁長官として入閣させている。大平外相、中曽根通産相などは留任だが、蔵相には腹心の愛知を登用した。

田中はこの内閣で、超大型予算を組んでいる。一九七三年一月一五日に閣議決定した予算案は、一般会計で一四兆二八四〇億円としており、前年から二四・六％増であった。過去二〇年で最高の伸び率であり、福祉や義務教育、公共事業の予算を多く盛り込んだ。財政投融資と合わせて、二一兆円もの予算案である。

『毎日新聞』は史上最高額の予算案を「〝列島改造〟優先型」と報じ、過去最高となる二兆三四〇〇億円の国債については、「今回のように景気上昇期に大量増発を行なうのは初めて」と分析した。予算は原案通り、四月一一日に可決された。田中とすれば、「十大基本政策」の積極財政を実践したものである。

建設相の金丸信は、迎賓館の改修からトンネル工事まで、大盤振る舞いを楽しんだ。「全国の市町村には、私が手がけた仕事が必ず残っている。それが十年以上もたって結実し、竣工式に招かれたりしている。『花咲爺《はなさかじい》さん』の気分を十分に味わわせてもらった」というのである。

超大型予算によって老人医療費は無料となり、一九七三年は「福祉元年」と呼ばれた。小中学校の教員給与も大幅に改善された。しかし、この予算はインフレを加速させ、のちには「狂乱物価」という福田発言が流行語になる。高度成長はピークを過ぎており、むしろ緊縮財政で安定成長に移行すべき時期だった。その意味で、積極財政は失策といわねばならないだろう。

超大型予算は政策として誤りだったのみならず、インフレの進行が内閣支持率の低下として跳ね返ってきた。五月一日の『朝日新聞』は、支持率二七％、不支持率四四％と報じている。前年八月の支持率六二％から急落しており、不支持最大の理由はインフレである。

支持する者のなかでも、「庶民的な首相」、「実行型の首相」など田中個人の魅力という指摘は影をひそめた。かつて池田内閣、佐藤内閣も第二回調査では支持率を下げているものの、不支持率と逆転してはいなかった。のちに田中内閣が退陣する直接的な契機は金脈問題だが、根本的な原因は経済面の失策にあったといえよう。[96]

田中ほどに前半生と後半生で、明暗を分けた政治家はいない。その転換点は石油危機や金脈問題ではなく、超大型予算という失政である。ここから田中の暗転が始まり、総裁選で下した福田や三木が息を吹き返す。

小選挙区案の撤回

予算案が可決されるころから、田中は小選挙区制の導入に関心を移していた。田中は自民党選挙制度調査会長の松野頼三らに制度を検討させ、のちに田中派となる江崎真澄自治相に小選挙区の区割りまで指示した。だが、自民党内は調整不足であり、担当大臣の江崎ですら内心では「無理だ」と思っている。

田中は幹事長時代、多様な人材が入ってくるとの理由で、中選挙区制を肯定していた。総選挙の敗北後に小選挙区制を唱えるのは、いかにもつけ焼き刃の選挙対策であり、田中の議論は説得力を欠いた。

それでも田中と江崎は一九七三年五月一一日に、総定数五一一人、小選挙区と比例代表を六対四とする並立制で方針を確認した。しかし、自民党内と野党の批判にさらされると、田中は早くも五月一六日に選挙制度改革を取り下げている。

内閣官房副長官だった後藤田正晴は、その模様をこう振り返る。

私がへこたれたのは田中内閣の選挙制度の改正だ。〔昭和〕四十八年ですか、小選挙区導入を考えて「選挙区割りをつくってくれ」と言われたから「大変な話だな」と思ったが、十何人に頼んで審議会の委員になってもらった。

それがある朝、官邸に入ったら〝総理が呼んでいる〟というんで自治大臣だった江崎《ママ》真澄さんと行ったら、「あれはもうやめた」と。それで終わりだ。いやあ、まいったね。

政権発足から一年を待たずに、田中は迷走していた。厳しい評価になってしまうが、日中国交正常化の功績を除けば、田中の首相就任自体が本当に最良の選択だったのかという感すらある。現実にはありえない想定だが、総選挙後に福田にバトンタッチしていれば、その後のさらなるインフレや金権政治批判による混乱を避けられただろう。

田中は七月末に訪米してニクソンと会談し、帰国後の八月八日には金大中《キムデジュン》事件が東京のホテル・グランドパレスで発生する。金大中事件とは、韓国の野党指導者だった金大中が韓国中央情報部によって拉致された事件であり、朴正熙が金鍾泌《キムジョンピル》首相を介して田中に陳謝している。

田中が輝きを取り戻すのは、秋のヨーロッパ訪問であった。なかでもソ連との会談では、領土問題の存在を認めさせる。田中は「中国の次はソ連だ、ソ連だよ」と秘書の佐藤に語っていた。[97]

ⅡとⅢは主に外遊を扱うが、あまり知られていないため、やや詳しく追ってみたい。

Ⅱ　ヨーロッパ歴訪――エネルギーと北方領土

三つの目的

田中は一九七三年九月二六日から一〇月一〇日まで、フランス、イギリス、西ドイツ、ソ連を歴訪する。首相の訪欧は池田以来一一年ぶりであり、訪ソは鳩山以来一七年ぶりだった。訪欧の目的は、少なくとも三つある。

第一に、エネルギーをめぐる資源外交である。

田中は出発前日、「今回の外遊の主要テーマのひとつは石油をはじめとするエネルギー・資源不足の解決である」とNHKテレビの「総理対談」で語っていた[98]。田中が第四次中東戦争を知ったのは、西ドイツからソ連に入る前日の一〇月六日であった。この戦争は石油危機の契機となるが、それ以前からエネルギー不足は課題となっていたのである。

第二に、西側諸国で議論されていたキッシンジャー構想である。

キッシンジャーは、アメリカ大統領ニクソンの補佐官であった。キッシンジャー構想とは、軍事面から経済面に至る包括的な枠組みとして「新大西洋憲章」を発することで、米欧日関係を強化しようという内容だった。そこには日本が「主要な極」として含まれており、田中訪欧時に協議の対象となるのだが、キッシンジャー構想は石油危機後に立ち消えとなっていく[99]。

第三に、ソ連訪問では、北方領土問題を重視していた。[100] ソ連は領土問題の存在を否定しがちであり、田中としては解決の糸口をつかみたい。

このほかにも田中は各国との協議で、貿易について多くの時間を割いている。田中は列島改造論やエネルギー政策、産業別人口比率、経済成長率なども縦横に語った。そこから浮かび上がるのは、田中が石油危機直前に描いていた日本の将来像である。

フランスで語った列島改造論

田中は九月二六日午後に日航特別機でパリに到着した。パリでは、メスメル首相やポンピドー大統領と会談する。

メスメルは、ド・ゴール派と呼ばれる共和国民主連合に属しており、三月に第二次内閣を発足させていた。ポンピドーはフランスの独自性を求めるド・ゴールの外交路線を維持しつつも、イギリスのEC加盟を承認するなど、より現実的な政策を採っていた。[101]

田中は九月二七日午前にメスメルと会談し、日仏貿易には拡大の余地があることを強調したうえで、持論の列島改造論を語っている。

「昨年の総理就任以来、一九八五年を目標年度として、生産重点及び大都市集中の政策を社会福祉優先及び地方分散へと政策転換をはかるいわゆる列島改造論を提唱し、この過程において、一九八五年までの今後の成長率は年間平均八％、七三年以降五年間の成長率を平均九%に押《ママ》えることにより、輸出増大を鈍化させ、また輸入を拡大して内外の不均衡を是正する方針である」

メスメルが、フランスは世界で日本に次ぐ高い成長率である七%を目標としているものの、これ以上の高度成長は難しいだろうと述べた。

すると田中は日本の産業別人口について、「一次産業の人口が全人口の一六%に達しているので、これを仏、米なみに引き下げ、これらを第二次ないしは第三次産業へ投下する必要があるので、当面、成長率の低下は困難である」と説いた。

さらに田中が、「第二次ないし第三次産業の人口比率の増大は、主として列島改造のための諸部門に投入し、輸出産業への圧力を防ぎたい」と論じた。人口比率の変化を列島改造論と関連づけることにより、これ以上の輸出偏重は避けたいと語ったのである。

田中発言が示すのは、石油危機直前に描かれた日本の将来像である。このころまで経済成長率は一〇%前後で推移していた。田中は、成長率が大きく低下するとは見なしておらず、列島改造のためにも成長率を維持したいと考えたのである。

現実には一九七四年にマイナス成長となっており、石油危機は予見し難かったとしても、田中の見通しは楽観的にすぎたことになる[102]。

核エネルギー

田中は同日午後の会談で、エネルギー問題を取り上げた。田中からすれば眼目の一つであり、メスメルは、原油をめぐる日仏協力の可能性を指摘した。

これに田中は同意し、日仏共同開発の八案件を挙げた。さらに、「八件のうち既に採油を行なっている地域が二ヵ所、採鉱を行なっている地域が四ヵ所、共同開発交渉中のものが一ヵ所、計画中のものが一ヵ所」などと論じたうえで、各プロジェクトにおける日仏の資本比率を具体的に示している。

そのうえで田中は、「石油のみでなく、例えばニジェールにおけるウラニウム鉱の共同開発又はリベリアにおける低圧液化ガスの輸送販売会社の設立等、日仏両国の共同参加が可能なプロジェクトが他の部門においても十分可能である」と核燃料に話を広げ、濃縮ウランについてこう述べた。

日本のエネルギー総生産量のうち核エネルギーはわずか〇・六%にすぎないが、一九八五年には二五%にまで引上げる必要があり、米もまたわが国と同じく一九八五年には、核エネルギーはエネルギー総生産の二〇%以上になると思われる。

よってわが国は、国内のウラン鉱がとぼしいので大量の輸入を余儀なくされ、このため海外におけるウラン鉱の開発の必要性を痛感している。

濃縮ウランについては、一九八〇年までには現在の米国方式、即ちガス拡散方式をすすめ、原料供給においては日米間で協力していく考えであるが、将来はこの協力関係を他国にも及ぼしたいと考えており、遠心分離方式についても学術的な研究を進めている。

核エネルギーの比率を二五％に高めることを前提に、大量のウラン鉱を輸入すべく開発し、アメリカのガス拡散方式以外にも各国と協力を進めるという方針である。

メスメルが、フランスの「ガス拡散方式の欧州濃縮ウラン工場に関心を有しておられるか」と問うと、田中は日米間に共同開発の合意があるとしつつも、「一九八五年以降は、仏の提唱する欧州会社よりの濃縮ウランは買取る方針としたい」と明言した。

日本が濃縮ウランでフランスに依存すれば、アメリカの核燃料独占体制の一角が崩れることになる。田中は原子力政策において対米協調を軸としながらも、フランスなどとの多角的関係によって、将来的な濃縮ウラン不足に備えようとしたのである。

この点は日仏プレス・コミュニケでも、「資源・環境等の工業諸国が直面する新たな諸問題の解決に寄与するため、協調することに合意した」と盛り込まれている。

とはいえ田中は、アメリカ中心の国際秩序から離脱することを意図しなかった。そのことを示すのが、キッシンジャー構想をめぐる積極的発言である。

田中は九月二八日にポンピドー大統領と会談し、日中、日ソ関係やインドシナ情勢について意見を交わした。ポンピドーはキッシンジャー構想について、「欧州、日本に対しては特定の宣言等のきづ《ママ》なにより、米に従属せしめようとする意図がありありとみえる」と消極的な姿勢を示した。

田中は対照的に、「米の優越的地位はもはや過去のものとなり、米が円の中心にいて他国がその周《まわ》りを回る、いわゆる太陽と惑星との関係の如くではなく、米も他国と同様同じ水平的円の周囲に並ぶ格好での国際協調体制を考えている」と前向きに発言した。

つまり田中は「米の優越的地位はもはや過去のもの」と認識しており、「米も他国と同様同じ水平的円の周囲に並ぶ格好での国際協調体制」という独特の表現で、国際秩序を描いたのである。田中はキッシンジャー構想を進めるべきとの立場であり、それは次に訪れるイギリスや西ドイツでの会談でも変わらない[103]。

「日英石油スワップ協定」案

そのころ大平外相は、田中と別行動で国連やイタリアを回っていた。田中はロンドンで大平と落ち合うと、一〇月一日、大平とともにダウニング街一〇番地の官邸にヒース首相を訪ねている。ヒースは保守党党首であり、外交ではヨーロッパとアメリカの橋渡しを演じつつあるとみられた[104]。

キッシンジャー構想は、ここでも議論になる。田中はキッシンジャー構想について、フランスのメスメルやポンピドーに「一般的方向としてはこれを進めるべきだ」と述べたとヒースに伝えている。

これにヒースが検討中と答えると、田中は、「フランスには抵抗があるようなので、日、英、独など米国との関係で似た立場にある国々が、理解促進に努力すべき時期にある」、「自由圏内の協調を保ち、日米欧で三角形関係の維持のため協力が必要である」と説いた。

日米欧「三角形関係」を主張する田中に対して、ヒースは以前よりは賛成の立場に変わりつつあるとしながらも、キッシンジャー構想について明言を避けている。

田中はインドシナ情勢に話題を転じ、ソ連の影響力などを論じた。

> ヴェトナムの統一には中国は反対であるが、これは、統一されれば北が強くなり、結局、ソ連の支配が強化されるからだ。ラオス、カンボジヤ《ママ》の事態が収まらないのはソ連が国内分派に影響力を与えているからだ。
>
> 北京にいたシャヌーク《ママ》が中国の了解なしにソ連に書簡を送ったのも、これを示すものである。日本は、北ヴェトナムと外交関係を設定し、これに援助もするが、これには色々道がある。

歓談する田中、ヒース、眞紀子

そのうえで、田中は石油について切り出し、アメリカには「独占的傾向」があるとした。

> 石油問題についてはニクソン大統領、米石油資本とも討議したが、米国は従来独占的傾向強く、今後は危険負担の分散を図る必要がある。これを日・欧に分散して joint venture をやらせることが必要であり、殊に新資源の開発について然りである。〔中略〕
> 強調したいことは、OPEC、メージャー間のコンフロンテーションは不可なりということであり、消費国も含め、これら三者一体となって建設的な共同事業をやる必要がある。

訪英の焦点は北海油田であり、田中は共同開発を提起する。

その一例として、北海開発の問題をとり上げたい。この問題については、日本側は

BP〔英国石油会社British Petroleum〕、シェル等とも協議しているが、ヒース首相の賛成があれば、北海石油の開発のみならず、スコットランド開発のための日本側の投資、企業進出をも含み、ワン・セットで日英協力の一つの姿をつくり上げたい。〔中略〕

北海石油に日本側が参加しても、その石油を日本に持ってくることは考えておらず、供給は英国その他欧州に充てることで結構であり、これに該当する部分を日英石油業界間のスワップ協定により、中東その他日本に近い地域から供給を受けるようにすることが出来る筈《はず》である。

日本が北海油田に参加しても、石油は日本ではなくイギリスなどヨーロッパに運んでよいが、その分を中東などから日本に供給してほしいというのである。「日英石油業界間のスワップ協定」案と田中は呼んだ。

田中は具体的なプロジェクトとして、インドネシアの石油貯蔵施設、シンガポール、マレーシアの製油施設を挙げている。

ヒースが、「アブダビでの日本・BP間取極《とりきめ》はうまく動いているようだ。他の地域でも日本側に共同でやる用意があるか」と尋ねると、田中は、「その用意あり」として、八つのプロジェクトと日英間シェア比率を説明した。[105]

原子力政策

田中は一〇月二日午前、イギリスのハウ貿易消費相との会談においても、北海油田開発に協力したいと伝えている。ハウが油田開発について論及を避け、スコッチ・ウィスキーの関税引き下げなどを求めると、田中は通産相時代から貿易についてはよく知っており、検討を続けさせていると答えた。[106]

午後になると田中は、第二回となるヒースとの首脳会談に臨む。ここでも二人は、資源について意見を交わしている。ヒースが北海油田開発について水を向けると、田中は、「石油開発については、両国の石油産業同志《ママ》の間で話合いをすすめることは可能であると考えている」と語った。

これにヒースも、「石油関係については、会社間で話し《ママ》をして貰《もら》って、それぞれの政府にその進捗状況をたえず通報して貰うことが最善ではないかと思われる」と述べた。田中は、「北海石油については、両国業者間の話合いが最善であろう。経団連の石油グループは、両国政府の承認さえ得られれば、早急に話をまとめてゆこうという考えになっている」と詰め寄った。

しかしヒースは、北海油田については通商産業省の許可が必要であり、いずれ双方の大使を介して進めたいと返答するにとどめた。

すると田中は、原子力政策についてイギリスの協力を求めた。

原子力発電は、今までは一九八五年ベースで電力需要の一〇%を満たすべきものと予定されていたが、これを二〇—二五%位まで引上げ、年間六千万から七千万キロワットにすることを考えねばならない状況となろう。

原子力開発は、日米間協力を主力として進めることとなっているが、右の状況を考えれば、更に技術開発を進め、核融合を研究する等極めて広範な見通しと見解に立つ必要があると考えている。英独蘭三国共同プロジェクトについても、この見地から強い関心をもっている。

本年一二月までに編成さるべき四九年度予算で、我国将来のエネルギー政策拡充のための『サンシャイン計画』なるものを発足させたいと考えており、これにより地熱、太陽熱利用によるエネルギー政策の多様化、拡充を図ってゆきたいと考えているような状況である。右三国共同プロジェクトについても、単なる関心を有するという以上に日英間の協力を考えてゆきたい考えである。

これにヒースが、「遠心分離プロジェクトについての協力に関し、両政府事務レヴェル(officials)で更に突っ込んだ話合いを行なわせることにしたい。英国は、ガス拡散と遠心分離の双方につき経験を有する唯一の国であり、後者の方が技術的にも経済的にも有利なるものと信じている」と賛意を示した。

田中は、「よく承知している。さればこそ我国は、米国以外の諸国との接触をも深めてゆきたいと考えているのである」と首肯した。[107]

イギリスからは北海油田開発よりも、原子力協力に好意的反応を得たのである。

一〇月三日には日英共同声明で、「田中総理大臣は、日本が北海石油開発事業に参加し、これと併せて英国内の開発地域に投資することを希望する旨述べた。ヒース首相は、英国政府の関心を示し、英国内の開発地域に投資することを希望する旨述べた。両国首相は、また、原子力分野での協力につき討議した。両者は、これら双方の問題につき近く政府レベル及び関係産業界の間で話合いが行なわれるべき旨合意した」と発表した。

しかし現実には、北海油田開発への参加は困難とみられた。石油の需給は、ヨーロッパでも逼迫していたためである。[108]

西ドイツで語った日米協力

田中は一九七三年一〇月四日午前一〇時三〇分、ブラント首相をボンの官邸に訪ねた。社会民主党党首のブラントは、ナチス政権下でノルウェーに亡命した経験がある。

一九六九年の首相就任前から、外相としてソ連との対話を進めていたブラントは東方政策で名声を得ており、一九七一年には首相としてノーベル平和賞を授与されている。ブラントの本領は外交であり、内政では経済問題が不得手と見なされた。[109]
冒頭で田中は、特にフランスで不評だったキッシンジャー構想について尋ねた。ブラントは、前の週にアメリカでキッシンジャーと会談したばかりである。

ブラントによると、キッシンジャーが「新大西洋憲章」構想を打ち出したのは、アメリカ議会で駐ヨーロッパ米軍撤退を求める圧力が高まったことと関連しているという。キッシンジャー構想はアメリカの国内要因に端を発するが、アメリカ政府は「世界強国たるの地位を保」つため、米軍駐屯を続けるだろうとブラントは答えている。

ブラントは、キッシンジャーが米軍削減の可能性を示唆しながら、「新大西洋憲章」の名目で軍事から通貨、経済までを包括的に扱おうとすることに違和感を覚えていた。田中はキッシンジャー構想について、フランスでも消極的な見解を聞かされており、訪米を終えたばかりのブラントも、この構想に取り合わなかったのである。

田中は、「日欧米の関係についての貴下の考えはよく理解できる」としながら、ニクソン政権に対する協力姿勢を崩さなかった。

キ構想の表現はとにかくとして、ニクソンが前向きの態度を示しているので、日本はできるだけ協力したい考えである。自分も過去一年間にニクソンと二回、キッシンジャーと四回会ったが、両者とも安全保障問題についての西側の枠組は変えるべきではないとハッキリ述べていた。

しかし、現在の枠組を変えぬということは、米国が現在の財政支出を変えぬことを意味する。しかし米国だけに犠牲を求めることはできぬから、通貨問題などでは日本や独、あるいは他の諸国が援助せねばならない。

アメリカの立場に理解を示した田中だが、キッシンジャー構想についてはブラントと平行線をたどっている。[110]

ドイツとの資源協力

他方、資源問題について、二人の考えは近かった。

ブラントが資源問題の日独協力について提起すると、田中は、「太陽熱や潮流の利用などエネルギー問題のみならず、資源問題研究のための委員会をつくることに同意する。例えば、アフリカなどで日独間で共同開発したものは独へ、アジアで共同開発したものは日本へというように広範なスワップもできる」と賛成した。

資源をめぐる「スワップ」案は、イギリスでの田中発言に通じるものであった。さらに田中が、中ソ関係の悪化や北ベトナムにおけるソ連の影響力を分析すると、ブラントは東欧との経済関係を説明している。

昼食後には、田中が共同開発について掘り下げた。「エネルギー源、特に石油については今後消費が増大するので、各国バラバラで開発するよりは、日・欧・米が共同で開発するなんらか新しい方策を考えるのがよいと思う」というのである。

田中は、インドネシアの貯油精製では日米仏英の資本に加えて、アラブ産油国も参加する計画であるほか、イギリスとは北海油田開発で協議しており、フランスともアフリカの鉄道建設で協力すると伝えた。

歓迎式典でブラントと

田中は日独間の問題として、「イランで、日独企業が競合しているものがある」と述べている。DEMINEXというドイツの石油供給会社を意識しての発言であり、「これが日独協力の第一号となればよいと思う」と田中は論じた。

ブラントは、「イラン、NIOC〔国営イラン石油会社National Iranian Oil Company〕を含めて日独協力の可能性を考えることはよいことである。〔中略〕独のインドネシア油田開発はまだ緒についたばかりであるが、今後協力したい」と語った。会談は一七時まで続いている[111]。

一〇月五日の共同プレス・リリースには、「両国政府首脳は、世界的な需要の増大にかんがみ、天然資源及びエネルギー供給問題の重要性を強調した。双方は天然資源及びエネルギー供給の分野における協力の可能性を検討する合同委員会を設立することに合意した」と記された[112]。

ドイツからソ連へ

このように田中は、キッシンジャー構想についてヨーロッパ諸国よりも前向きであり、少なくとも石油危機までは対米基軸だったといえる。

同時に田中は、石油危機の前から資源を意識し、対米関係に縛られることなくヨーロッパに強く協力を働き掛けていた。日欧が第三の地域で資源を共同開発し、日本に近いものは日本で、ヨーロッパに近いものはヨーロッパで使うというものであり、「田中スワップ構想」と呼ばれた[113]。

多くは結実しなかったが、歴代総理のなかで資源構想を描いた数少ない首相の一人である。

田中と大平が一〇月六日、フランクフルト郊外で休んでいると、予期せぬニュースが入ってきた。エジプトとシリアがイスラエルを攻撃したのである。第四次中東戦争の勃発であり、石油危機の端緒となる。

田中は夕食を済ませ、大平や外務官僚と翌日からの訪ソを打ち合わせた。田中は目をつぶり、ときにブランデーを口にしながら、大平らの説明を聞いた。

　モスクワでは北方領土を提起せねばならず、今回の歴訪で最大の難関を迎えようとしていた。「おれの腹は決まっている。ソ連が頑迷ならば何も結ばず帰るだけだ。コミュニケを作る必要もない」と田中は決意を語った。

　一〇月七日のモスクワは晴れ渡っていた。田中と大平が空港に降り立つと、コスイギン首相とグロムイコ外相が出迎えた。さらに兵士たちのパレードが行われ、力の誇示を意味する靴音が秋空に響く。田中らは閲兵式を終えるとリムジンに乗り込んだ。クレムリンに至る沿道には、日ソの国旗が一〇メートル間隔で飾られている。

モスクワのブヌコボ空港でコスイギンと

　田中は大使公邸で会談について打ち合わせ、「自分が相当荒っぽく道をつけ」るので、「あとは事務的に地ならししてほしい」と伝えた。[114]

ブレジネフとの対決——第一回日ソ首脳会談

　第一回日ソ首脳会談は一〇月八日午前一一時三〇分から、クレムリンで開かれる。絢爛《けんらん》なエカテリーナの間には大平が同席し、田中はブレジネフ書記長、コスイギン、グロムイコらと向き合った。

ブレジネフは一九〇六（明治三九）年生まれで田中より一回り年長であり、一九六四（昭和三九）年にフルシチョフを失脚させてから、一〇年近く最高実力者の地位にあった。

冒頭で田中は、「私は日本海に面した新潟県に生れた。シベリアおろしの雪の中で育ったものである。子供の時から、海の向こうに素晴しい国があるとの夢を抱いてきた。しかし、五五歳の今になるまで訪ソの機会が無かった。今回これが実現したことに喜びを感じている」と口火を切った。

ブレジネフは、「我々の仕事は、過去の問題のためではない。〔中略〕今般の会談の重要な対象は将来のことでなければならない」と早くも領土問題に釘をさしてくる。

田中は構わず、北方領土について発言した。

「本当の日ソ友好のためには、平和条約の締結が前提であることが望ましい。そして、平和条約の締結の前提には、四つの島の問題がある。貴国を飛行機の上から見ると、四つの島より大きな湖がいくつもある。さすがにソ連邦は大きい。ソ連にとっては四つの島は、海洋の中の流氷の如きものである」

シナリオにはない「流氷」発言であり、田中は独自の表現で領土問題を訴えたのである。

これにコスイギンが、「経済の分野でどういうことに関心を持っておられるか」と論点をそらすと、すかさず田中は、「日本の対ソ経済関係プログラムというようなものは無い。〔中略〕出来るだけ早く、今回の訪ソの際にでも、平和条約が締結されることが望ましい」と軌道修正した。

さらに田中はシベリア資源開発問題として、石油、ガス、木材を挙げ、「シベリアのプロジェクトに対しては、米国も参加の意向を示しており、ソ連の承諾がえられれば、日米ソで行ないたい」とした。

だが、ソ連は一筋縄ではいかない。ブレジネフが、「公害の問題はどうですか。日本人はシベリアの空気を公害で汚なくしたいのか」と皮肉ると、田中は、「シベリアには公害を自然に浄化して余りある森林がある」と受け流し、漁業の安全操業にも論及した。

第一回会談はここで切り上げられ、午餐会がブレジネフ主催で行われた。[115]

「真の友好を開きたい」——第二回日ソ首脳会談

第二回会談は同日午後五時に予定されており、田中らは待機していた。するとソ連側が、一時間遅らせて六時に始めたいと連絡してきた。六時になると六時三〇分に変更され、さらには七時と通告される。

ソ連側は田中が夜に弱いことを熟知しており、あえて時間を遅らせたのである。田中は日程調整の段階で、朝は早くてもよいが、夜は避けたいとソ連側に伝えていた。

午後七時からの第二回首脳会談では、ブレジネフが長広舌を振るった。ブレジネフはシベリア開発に多くの時間を費やし、「別に誰にも何も頼まない。シベリアの天然ガスと石油の開発のために、これからの五ヵ年計画で、大きな措置が組み入れられる予定である」と論じた。

しかもブレジネフは満面を紅潮させながら地図を広げ、地名を指で示し、机を叩いて資源の豊かさを強調する。交渉というよりも演説に近く、二時間にわたる独演会となった。

その不遜な態度は、せっかちな田中を苛立《いらだ》たせるに十二分なものである。なによりも、一国の総理としての自負心を傷つけた。しかもブレジネフは、「中東の問題が複雑なので」と称して、グロムイコを途中で退席させている。

ようやくブレジネフが発言を終えると、田中は、「今申し上げることは、日ソ双方とも正確に記録しておいていただきたい」と前置きし、「今回の訪ソにより、日本人の悲願である北方四島問題を解決し、真の友好を開きたい」と強く訴えた。

さらに田中は、「経済協力、大いに結構。しかし、自分がはるばるやってきたのはもっと大きな目的のためである。それは四半世紀、日ソ間に未解決な領土問題を解決するためである。この問題を打開することこそ、両国の政治家に課せられた責務であり、宿命である」と説いた。最大の眼目は、経済協力ではなく領土問題と明言したのである。

ブレジネフとの第二回会談は、かみ合わないまま午後九時三五分に終わった。初日二回の会談を終えても、行く末はまったく見通せない状況であった。フランス、イギリス、西ドイツとの交渉も円滑ではなかったが、ソ連は比較にならないほどの難関である。

田中は顔を真っ赤に興奮させて会場をあとにすると、大平とともに大使公邸に向かい、すき焼きを豪快につついた。田中は感情が収まらず、「今日のブレジネフは何だ。あれではまるで通産省の課長補佐から大学助教授が講義を聞いたようなものではないか」と口にしている。

そこで田中は、翌日に自ら主催する午餐会のスピーチについて、領土問題を前面に押し出すように書き換えることにした[116]。

漁業——第三回日ソ首脳会談

第三回首脳会談は、一〇月九日正午から開催された。ここでも田中は、「平和条約が出来れば、すべて残りの問題は急速に解決できると思う。これについて話したい。要するに『四島』の問題である」と主張した。

田中は北方領土に関連して、漁業の安全操業について暫定措置を求めている。

「これまで日本漁船が一四〇〇隻、漁夫一二〇〇〇人が拿捕《だほ》されており、四島周辺で八三%を占める。このまま放置しておけば、日本人の対ソ感情は良くならない。そういう意味で細かい議論は別にして、日ソ間で原則を取極めておきたい。すなわち、暫定措置として、双方の立場を害さない形で、四島水域で操業を認めることにつき合意したい」

これにブレジネフが、「日ソ大臣間で話をさせたい。四島水域という点については協議してみないと、今直ぐに返事は難しい」と大臣間協議の意向を示した。田中が首脳会談で漁業問題を扱おうとしたのに対して、ブレジネフは、格下の大臣間でよいと主張したのである。

しかもコスイギンが通訳を遮《さえぎ》るように、「紛争は、ソ連の警備隊によってではなく、日本の漁夫が侵犯してくるから起きるのである。日本こそ協力願いたい」と反論した。

すると田中は、「これまで大臣間で協議してみたが、駄目であった。政治的に高いレベルで、暫定的に合意すべきである。現状の混乱排除が必要である。そういう意味で四島水域につき今原則的合意が出来れば、その他の点は大臣間で円満に解決できると思う」とトップレベルでの合意を力説した。

しかし、ソ連側が受け入れないため、漁業については大臣間で交渉することに妥協した。田中は経済協力も論じたが、ブレジネフは中東戦争への対応を理由に、何度となく席を外している。

会談は二時四〇分に終わり、三時には田中主催の午餐会がレーニン丘《きゅう》の迎賓館広間で開かれた。田中は、前日に書き換えたスピーチを朗読した。

「日ソ間の最大の懸案である領土問題の解決を含む平和条約の締結をはじめ、両国間の諸問題につき、卒直な意見交換の機会を持ったことに重要な意義を認めております」

領土問題を前面に押し出した渾身のスピーチだが、肝心のブレジネフは午餐会を欠席しており、ソ連外務省関係者は沈黙した。田中からすれば、まったくの拍子抜けである。かろうじてソ連側では招待客から、まばらな拍手が送られた。

そんなとき頼りになるのが大平だった。大平と外務官僚たちは夜、「第二次大戦の時からの未解決の問題（単数）を解決して平和条約を締結する」という日ソ共同声明案を作成した。「未解決の問題」とは、ソ連側が「領土問題」という表現に否定的なため、外務省欧亜局第一課長の新井弘一が「最後の切り札」として考えた文言である。

大平は田中の了承を得て、「未解決の問題」という日本案を一〇月一〇日午前一〇時三〇分からの事務レベル協議に提出させた。[117]

「未解決の諸問題」——第四回日ソ首脳会談

一〇月一〇日の正午、田中は最終となる第四回会談に臨んだ。冒頭、コスイギンは日本案について、「未解決の諸問題」と複数にするよう求めた。田中がむしろ「領土問題」と入れられないかとただすと、コスイギンは同意できないと述べた。

すると田中は、ブレジネフに向かって問うた。

「では聞くが、『未解決の諸問題』と複数にする理由は何か。日ソ間に未解決の問題というのは領土問題しかないではないか」

ブレジネフは、「漁業とか、経済協力とかがある」と口ごもった。

すかさず田中が、「では、この『未解決の諸問題』の中に〝四つの島〟が入っていることを確認されるか」と四本の指を突き出した。

ブレジネフは押され気味に、「ヤー　ズナーユ（私は、知っている）」と答えた。ブレジネフは口頭ながら、領土問題の存在を認めたのである。

さらに田中が、「もう一度はっきりと確認願いたい」と迫ると、ブレジネフは「ダー（はい）」とうなずいた。

決裂も辞さない田中の覚悟がブレジネフを押し切り、領土問題は解決済みとしてきたソ連の立場が崩れた瞬間である。ブレジネフからすれば、これが譲歩の限界だった。

田中は日本人の墓参に触れてから、『日本列島改造論』をブレジネフ、コスイギン、グロムイコに謹呈し、「早い機会の来日を期待する」と伝えている。[118]

田中と大平、コスイギン、グロムイコは同日の夕方、共同声明に署名する。北方領土については、「未解決の諸問題」という間接的な表現が用いられた。

双方は、第二次大戦の時からの未解決の諸問題を解決して平和条約を締結することが両国間の真の善隣友好関係の確立に寄与することを認識し、平和条約の内容に関する諸問題について交渉した。双方は、一九七四年の適当な時期に両国間で平和条約の締結交渉を継続することに合意した。

少し補足しておくと、「未解決の諸問題」という表現は、このとき初めて用いられたわけではない。

かつてブレジネフは一九七二年一二月二一日、「来年には重要なソ日交渉が行われるはずです。その目的は、第二次大戦当時から残された諸問題を解決し、両国間の関係を条約の基礎の上にすえることです」とソ連邦結成五〇周年記念集会で演説し、日本にシグナルを送っていた。

そこで田中は一九七三年三月三日付けで、ブレジネフに親書を届けたのだが、田中親書では、「諸問題」を「問題」と単数に置き換え、北方領土問題に限定しておいた。

したがって、「未解決の諸問題」と複数で表記したことは、田中にとって妥協を意味する。だとしても、間接的な表現ながら、領土問題を共同声明で認めさせたことは大きな前進である。[119]

昨日までとは打って変わり、田中は上機嫌だった。大平外相秘書官だった森田一によると、「訪ソはもともと大平のアイデアなのだけど、ソ連に行くのなら領土問題をなんとかしなければと張り切っていたのは、田中さんの方ですよ。大平は、そう簡単にいくものかねえ、という感じだった」という。
田中は東京へ戻る機内で、大平らと祝杯をあげている。[120]

Ⅲ　石油危機と資源外交

アラブ諸国への接近

田中が帰国して一週間後、アラブ諸国は石油価格を大幅に引き上げた。第一次オイル・ショックである。アメリカなど、第四次中東戦争でイスラエル側に立つ国を牽制するためだった。サウジアラビアは、アメリカやオランダを「敵対国」、イギリスやフランスを「友好国」に分類していたが、日本については未確定であった。

一一月に入ると、トイレットペーパーの買いだめが始まった。田中は一一月一五日、来日したキッシンジャーと会談している。田中は、「石油の八〇パーセントは中東から輸入しており」、アメリカがそれを肩代わりできない以上、「日本政府は迅速に対応せねばならない」と主張した。

つまり田中は、石油を確保するためアラブ諸国への接近もやむなしと考えており、キッシンジャーと中東外交で合意しなかったのである。とはいえ、田中は対米関係を重視するとも伝えており、主観的には日米協調を踏み外していなかった。

田中内閣が一一月二二日、二階堂官房長官の談話としてアラブ寄りの声明を発表すると、アラブ諸国は対日石油輸出を現状維持とした。日本は減量を免れたのである。このとき田中は大平外相の対米協調論よりも、中曽根通産相の親アラブに近い立場を示している。

さらに田中は一二月一〇日から二八日まで、三木副総理を中東諸国に派遣する。関係構築を目指す中東への派遣は、失敗する可能性が高いと目されたミッションであり、「油乞《あぶらご》い」外交などと世上に評された。

読売新聞社長となる老川祥一《おいかわしょういち》によると、田中の側近が、「まあ、三木さんなら怪我をしてもこちらの傷にはならないからね」と語っていたという。田中はクリーンイメージで売る三木を邪魔に感じており、三木に火中の栗を拾わせ、不成功なら三木が辞任してもやむなしと考えたのである。

中東に向かう三木

中東歴訪が失敗すれば、三木は国民から批判を浴び、政治生命が傷つくだろう。三木は田中の計算を知りながら、あえて大役を引き受けた。
南平台の三木邸を訪れた老川は、「〔三木の〕眼鏡の奥の目が一瞬光ったのを、今も覚えている。これは、すごい度胸だなと、私はあぜんとした。〔中略〕三木さんという人は、必ずしも頭がいいとは思えないが、度胸はいい」と記している。

三木は中東を訪れると、アラブ石油輸出国機構、通称OAPECに日本を「友好国」と認めさせた。リスクを取った三木が、大成功を収めたのである。仮に中東訪問が失敗に終わっていたら、少なくとも次の首相は難しかったかもしれない。

しかし現実は逆である。三木が大いに株を上げ、ロッキード事件では首相として田中と対峙した。田中とすれば、弱小派閥の三木をライバルと見なさなかったであろうが、やがて三木のしたたかな権謀術数《けんぼうじゅつすう》を思い知らされる。[121]

列島改造論の撤回

二階堂談話翌日の一九七三年一一月二三日には、愛知蔵相が風邪をこじらせた末に、急性肺炎で急死していた。愛知は右腕ともいうべき存在であり、田中には大きな損失だった。しかも、インフレに石油危機が重なっていた時期である。

やむなく田中は、宿敵の福田を官邸に呼び出した。

「残念なことに愛知君が亡くなったので、すまんが、あなたに大蔵大臣を引き受けてもらいたい」

するとと福田は、田中に自省を促した。

「経済の運営は乗馬と同じで、手綱が二本ある。一本の手綱は物価であり、もう一本の手綱は何だというと、これは国際収支だ。人でいえば呼吸が物価、脈搏は国際収支である。二本の手綱をしっかり握っていなきゃならんが、今はその二本の手綱がめちゃくちゃになってきた。こうなった根源は何だ。あんたはどう思うか」

田中が「石油ショックでこうなって……」と言い掛けると、福田は即座に否定した。

「そうじゃないんだ。あんたは石油ショックというけれども、あれは追い討ちだ。あんたが掲げた日本列島改造論で、昨年七月に内閣をつくって以来一年しかたたないのに、物価は暴騰に次ぐ暴騰で、国際収支が未曾有の大混乱に陥っておる。この（日本列島改造の）旗印に象徴される超高度成長的な考え方を改めない限り、事態の修復はできない」

田中は、「日本列島改造という政策はとらないこととする、同時に自分はこと経済問題については一言も物を言わない、一切、福田新蔵相に任せたい」と懇願

愛知が急死する前日の政府・与党合同会議。左から田中、二階堂、愛知、大平

した。田中が列島改造論を撤回したのである。

福田は渋い表情で、記者会見に臨んだ。田中が組んだ「列島改造予算」について問われると、福田はこう断言している。

「列島改造といわれるが、これは首相の個人的見解であり、私論である。政府の構想として決まったものではない。〔中略〕地価凍結の方針は首相も了承しており、現在首相の指示によって建設省で作業中である」

田中から言質を得ていたにせよ、首相の一枚看板を「政府の構想として決まったものではない」と一蹴する福田の信念はすさまじい。福田以外であれば、ここまで直截な表現は用いないだろう。繊細な心を持つ田中の落胆と屈辱感は、想像にあまりある。

福田が高度のインフレを「狂乱物価」と呼び、「全治三ヵ年の重症」と診断したのは有名である。福田は財政の主導権を田中から奪い、公共事業費に歯止めを掛けるなど、総需要抑制策に取り組んだ。

その方策が浸透すると、福田は記者会見で、「狂乱物価は、総需要抑制で大方克服し得た」と述べている。それは田中の列島改造論に対する勝利宣言のようでもあった。

田中は政策の変更を余儀なくされた。田中が福田に唯一注文したのは、公約の二兆円所得減税だけである。

田中は一二月一日の国会で所信表明演説するが、そのトーンは以前と異なっていた。

「省エネルギーへの構造的対応をなし遂げ、国民生活においては生活感覚を転換させて、資源の浪費を排し、節約は美徳の価値観を定着させていかなければなりません」というのである。

省エネに対応し、生活感覚を転換させるという所信表明は正論であろう。しかし、田中が「節約は美徳」と主張しても、本来の拡張路線を知る国民からすれば説得力に乏しい。田中から笑顔が消え、表情は顔面神経痛でゆがむようになる。

のちに大平は、「田中さんという人は豊臣秀吉みたいな人で、耐乏とかがまん、節約とかそういうイメージと合わない。じっとがまんしておるなんてことに耐えられないでしょう。そういう人ですよ。客観的な舞台が変わっちゃって、それが田中さんには気の毒だったですね」と語っている。[122]

東南アジア歴訪へ

田中は福田によって、列島改造論を放棄させられた。政権の求心力を回復するには、国民や産業界から関心の寄せられる資源外交が重要である。外交は首相の主導権を発揮しやすい領域であり、日中国交正常化や日ソ共同声明という実績もある。

そこで田中は一九七四年一月七日から一七日、フィリピン、タイ、シンガポール、マレーシア、インドネシアを歴訪する。各国首脳と密接な関係を築き、友好協力を促進するためである。訪中、訪米、訪欧、訪ソと続いた外交の一環であるとともに、石油危機後の対応を模索する旅ともなる。もっとも、歴訪の予定はオイル・ショック以前から決まっていた[123]。

田中以前の首相として、最後に東南アジアを歴訪したのは佐藤である。佐藤が一九六七年九、一〇月に東南アジアを歴訪してから六年以上が経過しており、日本は東南アジアと経済面での相互依存を深めていた。日本企業の急速な進出に対する批判が各地で噴出し、国際環境も日中国交正常化やベトナム和平協定などによって大きく変化していた。

田中の訪問は石油危機後の資源外交という域にとどまらず、アジア情勢や地域協力について広範に意見を交わす機会となる。気掛かりなのは、現地の反日デモである。訪問の直前には、インドネシアのアダム・マリク外相が青年グループ「民族の誇り委員会」との話し合いで、デモを容認したと報じられていた[124]。

出発前夜

東南アジア歴訪を跡づける前に、大まかなストーリーをみておきたい。

田中は歴訪前に五つの原則を打ち出した。五原則とは、平和と繁栄を分かち合うよき隣人関係の増進、自主性の尊重、相互理解の促進、各国の経済的自主の発展に対する貢献、地域協力の尊重である。

田中は経済支配を意図しておらず、東南アジアの主体性を尊重しつつ経済発展に貢献するという趣旨を各国首脳に説明しており、これらの原則は各国との共同プレス発表にも盛り込まれる[125]。

東南アジア外交を初めて体系化した五原則であったが、歴訪の意義は、タイやインドネシアの反日運動で半減してしまう。バンコクでは五千人規模の学生デモに見舞われたし、ジャカルタではムルデカ宮殿の敷地から一歩も出られなくなり、屋上からヘリコプターで空港に向かったのである。

とりわけ、ジャカルタにおける一九七四年一月一五日の暴動は、マラリ事件として記憶された。マラリとは、一月一五日の災難というインドネシア語の略称である。田中は東南アジアに向かう直前に、「厳しい状況になると思うから、一緒に来なくてもいいぞ」[126]と同行した田中眞紀子に漏らしており、帰国後には「非常に勉強になった」と語っている。

田中が「厳しい状況になると思う」と予見したように、デモの前兆は在外公館から伝えられていた。そこで田中は、タイとインドネシアで学生と対話することに決めた。インドネシアの学生運動には国家指導者の更迭を意図するグループもあり、学生ではない者も紛れ込むなど複雑だった[127]。

現地の反日感情は、歴訪の多難を予感させた。小村康一駐インドネシア公使は前年一二月一七日、インドネシア人が日系企業や現地邦人に反感を抱いているため、田中の訪問時に「資源外交」という言葉を用いないように具申していた。「資源しか頭にないという感じを諸外国、特に後進国に与えるので好ましくない」というのである。田中の五原則は、それへの配慮でもあった。[128]

暴動が起きなかったフィリピンからも、日系企業に対する反発は、田中の訪問前に伝わっていた。卜部《うらべ》敏男大使は、経済開発が案件となるにしても「右にのみ徹底するときはエコノミック・アニマルとの批判を招く恐れなしとしない」として、フィリピン国立大学への支援など「文化面での日比協力」を進言した。[129]

田中は一九七四年一月七日に羽田空港を発ったとき、「資源外交」「エコノミック・アニマル」というイメージの払拭を意識したはずである。フィリピン以下、田中の東南アジア歴訪をたどりたい。

フィリピン――マルコスとの良好な関係

田中は一月八日午前、マルコス大統領を官邸「英雄の広間」に訪ねた。会談には鶴見清彦外務審議官やロムロ外相が同席し、石油危機後の経済協力を議題の中心とした。

マルコスは、フィリピンにとって対日貿易が三六％で第一位となっていると論じ、飼料や鉄鋼の対比供給、穀物開発、造船への投資を求めた。

田中は旧日本兵の捜索、慰霊碑建立への協力に謝意を表し、「両国関係はこれまで民間ベースの交流が多かったため、問題や対日批判もあったが、今後は、企業活動についても、十分比側と協力するよう政府も強力に調整の任務を果たしたい」、「現地の企業支配は全く考えていない。合弁企業、現地企業との協力等についても、政府ベースで事前に具体的調整を行なうことにより、問題を事前に解決し得る」と力説した。

マルコスから勲章を受ける田中。左端はイメルダ夫人

　これにマルコスは、「唯今のご発言は、日比両国関係増進のガイド・ラインとなるものである」と高く評価し、「旧日本兵の捜索は現在も比国側で続けているが、戦争の記憶はこれを拭《ぬぐ》い去らねばならない。〔中略〕田中総理のなされた経済支配の意図なしとの保証はこれを多とする」と語った。

　マルコスが、「比における石油、ガスの探査を引き受けるよう提案したい」と依頼すると、田中は、「相互に検討したい」と前向きに回答している。

　両首脳は別席に移って会談を続けた。ロムロが席を外したこともあり、二人は打ち解けた雰囲気となった。マルコスが在日米軍基地について尋ねると、田中は中ソ関係を踏まえて答えた。

　「米国は海軍、ミサイル、航空の基地を日本に持ち兵力

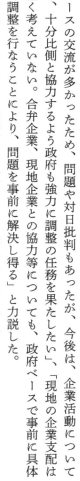

数は少ないが戦力は増加した。現在中・ソは国境紛争で反目しているが、しかし何時中・ソが合体しないとも限らず、この点は常に留意しておかねばならない。

自分は訪中・訪ソの際、中・ソが日本に圧力をかけるようなことをすれば、日本としても反発せざるを得なくなるので、注意するよう強く言っておいた。現在、中国もソ連も米国とうまくやっているが、日米安保を堅持していないと、真の危機には、米国を失うこととなろう」

日米安保の維持、発展が、中ソとの関係でも重要と説いたのである。マルコスが石油事情を問うと、田中は得意の数字を挙げた。

「七三年三億一千万トンを輸入、その四〇%がアラブからで、その一五%減となれば、二億七四五百《ママ》万トンから二億八千万トンということになる。そこで電力は一五%削減というように石油節約を行うこととなった。どちらかと言えば過剰消費となっていた日本経済をこの際一〇%ぐらい締めるのには、好機会だとも思っている。ご存じのように、石油の単価が倍になれば、その製品は四倍になる」

午後一時を過ぎると、会談は昼食をとりながら進められた。マルコスはフィリピンの石油、ガス資源を有望と強調したうえで、肥料やプラスチック原料の輸入を優先課題と提起した。マルコスが肥料やプラスチック原料に論及しているのは、オイル・ショック後だけに石油関連製品の安定供給を要したためである。

さらにマルコスは、製鉄所、造船所、原子力発電所などのプロジェクトについて企業名を挙げて説明し、「日本政府がエンカレッジされるのであれば、比政府としても強い関心を有する」と述べている。

田中は、プロジェクトに関しては「通産省、関係業界につき十分調査の上結果を通報する」として、「肥料の供給については、食糧生産に関することでもあるので重大な責任を感じており、出来るだけのことをすべきものと考えている」と伝えた。会談は計五時間も続いている。

九日朝、田中とマルコスは一転してゴルフに出掛けた。田中はプレーの前後にも日比貿易を語っている。特にフィリピン側が要望する肥料輸出については、下半期における尿素の総輸出量として一一万九〇〇〇トンを確保するように努め、鉄鋼輸出に関しても要望通り四二万トンになる見通しと伝えた。数字に強い田中らしい言動である。[130]

同日の共同発表は地域協力を盛り込んでおり、田中の訪問直前に批准交換された日比友好通商航海条約についても、相互信頼の増大を反映する「里程標《りていひょう》」と位置づけた。[131] 卜部が進言した文化交流は主要な議題にならなかったが、マルコスとの関係は良好であった。

なお、三月には小野田寛郎元少尉が、フィリピンにあるルバング島のジャングルから救出されて話題となっている。

タイ——学生との対話

戒厳令下のフィリピンでは反日運動が起こらなかったものの、タイは様相を異にした。田中が一月九日にドン・ムアン空港に降り立つと、学生らが空港や宿泊先でデモを行った。

田中は一月一〇日午前九時三〇分から、バンコクの首相官邸でサンヤー首相らと会談している。田中は米中ソや国連との関係を説明のうえ、アジアの平和と日本の立場について論じた。

「アジアの平和は世界の平和を完成するものであり、欧州よりもアジアは広大であるのみならず、宗教、人種が異なり困難な問題も多いが、アジアの平和は世界の平和につながるものであって、アジアにおいて絶対に平和を確保すべきである。〔中略〕日本は太平洋戦争で迷惑を掛けたし、アジア諸国の盛上る気運の中で応分の協力をしたい。なおこの際、日本のアジアに対する経済協力が経済支配を狙ったものであるとか、また思い上がった態度という風に、誤解されないよう注意深く用心している」

サンヤーが第二次円借款の金利引き下げに感謝を述べると、田中は、「アンタイディング〔購入先を援助国に限定しない借款〕は漸次《ぜんじ》拡大して行きたい。ＡＤＢ〔アジア開発銀行 Asian Development Bank〕基金は１／３の出資を約束したが、増資案があれば協力的立場に立って検討する」として、貿易不均衡の是正、鉄鋼、プラスチックの供給確保などを議論した。

田中は首脳会談を一二時三〇分に終えると、一二時四五分から首相官邸応接間で学生代表と会見している。学生は約二〇人で、鶴見外務審議官、藤崎万里駐タイ大使らのほか、タイ政府からも大学庁長官ら三人が同席した。

学生「日・タイ間の貿易不均衡について、長期的・短期的にいかに改善していかれようとするのか」

田中「タイとの間では、機械、工業用原料を多く出しているため、二億ドル程度の出超となっている。しかし一九七四年を展望すると、砂糖、メイズ〔とうもろこし〕等を一億ドル位よけい輸出してもらうから、年間のインバランスは半分ぐらいになる」

学生「日本は国内で公害問題が生じたため、外国に工場を作っており、公害を起こしている」

田中「タイ政府も公害立法を考慮していることを聞いたが、日本としては専門家の派遣や学者の交流の他、公害防止基準、法律等をタイに提供する等の協力をします」

学生「ここ二～三年の間にタイ人の対日感《ママ》が、かつてなかった程、非常に悪くなった」

田中「タイにおける日本人の経済活動については、政府が可能な限り十分に強い指導を行っていく。同時に日タイ関係が真の友好、良き隣人関係に立って、将来とも末長く発展して行くことを心から期待したい」

田中は学生から改善の要望書を受け取り、一時間半の会見を終えた。インドネシアでの学生懇談が混乱によって中止されるため、タイにおける学生との会見は、他国訪問にない大きな特徴となった[132]。

これら一連の経験を田中はどう感じていただろうか。田中は午後五時から記者会見に臨み、「タイの学生の問題についてどう考えるか。サンヤ《ママ》首相との会談では、どんな話が出たか」と問われ、こう語っている。

学生の意見が十分理解できたと思うし、学生諸君も私の話について、私の誠意と意味は分かってくれたことと思う。サンヤ《ママ》首相との会談は国際問題からアジア問題、ASEAN、日・タイ間の問題等について、具体的な問題をとりあげ討議し、両国首脳間に、十分な認識と理解ができたものと思う。

日本の進出企業の問題については、これについての意見に謙虚に耳を傾け、タイの官民から真の理解を得るようにしなければならない。

タイに来て、日米関係を思い出した。戦後の日本は全く資金も資源もなく、困難な情況にあったとき、米国の援助を受け今日の日本ができた。ハガチー・ゴーホームもあったが、米国より、生産品、原料、資金の供給を受け、国民が努力して今日の日本を築き上げた。日・タイ間でも真に協力するとの考えを基本にして、ことに当たれば、すばらしい日・タイ関係ができるものと思う。

日本人は勤勉で、根はいい人間だ。日・タイ間の交流が大きくなれば、それだけ摩擦が大きくなる面もあるが、その摩擦の原因が日本側にあるならば、正すべきところを正す必要があり、タイ国の法律を守り、真にタイの人から理解されるようにしたい。

田中の言う「ハガチー・ゴーホーム」とは、岸内閣の日米安保条約改定において、アメリカ大統領秘書ハガチーの車が羽田空港でデモ隊に包囲された事件を指す。国会周辺のデモでは死者まで出したが、それでも日米関係はその後に発展していた。

田中は日米関係になぞらえて、タイとの将来を展望したのである[133]。

シンガポール――「アジアの要衝」

田中は一月一一日にシンガポール入りし、リー・クアンユー首相と一時間半余り会談した。

リーが石油危機や貿易の見通しを問うと、田中は、プラスチック、合成繊維などの原材料、鉄鋼、セメントの対シンガポール輸出方針を説明し、「アラブ諸国、メジャー等に対し、石油戦略が最も弱い立場にある低開発国に対して最も深い痛手を与えることにつき、多くの国が声を大にして訴えるべきである」と述べた。

リーが原材料問題との関連で日本の海外投資政策をただすと、田中は、「受入国との相互理解を基礎とし、農業、鉱業資源半加工等の分野に集中したい」、「資源の長期的安定輸入のためにも、計画的投資を行っていきたい」と説明した。

さらに田中は、『シ』はアジアの要衝にあり、今後両国間では政府間の連絡を密にし、民間での問題も未然に防止していきたい。今回の答礼訪問も、その意味で日シ友好関係の基礎をかためるためのものである。アジアにおける海、空の交通が阻害されないよう、石油備蓄等についても各国が『シ』と協力すべきであり、わが国も要請があれば協議の用意がある」と語った。

リーが「学生、青年の交流をも発展させたい」と要望すると、田中は、「『東南アジア青年の船』構想も、まさにかかる考え方にもとづくものである」と賛同した。[134]

「東南アジア青年の船」構想とは日本と東南アジアの青年交流計画であり、フィリピン、タイ、マレーシア、インドネシアとの共同新聞発表にも盛り込まれた。

田中は首脳会談を大過なくこなしたが、シンガポールの有力紙は田中の訪問について、「日本は東南アジアの要求に応えるべきだ」と評している。次のマレーシアでも、各紙は田中の到着前から一斉に社説で取り上げ、批判的な論調を展開していた。135

マレーシア——新たな円借款

田中は一月一四日午前、マレーシアのラザク首相と会談した。

「日・マ両国関係が極めて友好的であることを深く多とする」とラザクが述べると、田中は「日・マ友好関係、『マ』の順調な経済開発は喜ばしい。両国間の交流が今後拡大していっても、友好関係が維持されるよう、あらゆるレベルで両国間の接触を密にしていきたい。今回の訪問をその新たな出発点としたい」と賛同した。

マレーシアに特徴的なのは、第三次円借款を検討する時期にきていたことである。ラザクは直ちに円借款を提起した。

「七一年佐藤前総理より、第二次円借款を使い切れば次の借款を考慮するとの言葉をいただいているところ、第二次円借款はほぼ使い切ったので、第三次円借款を供与願いたい。

要請したい金額は一二・七五億マレイシア・ドル、即ち、約一、五〇〇億円であり、そのほぼ半額は第二次円借款交換公文にリスト・アップされているプロジェクト、残余は新たなプロジェクトに使用したい。『マ』国民は、今回の御訪問から前向きの成果が得られることを強く期待している」

田中が、「プロジェクトの内容、借款の内容等を検討、協議しつつ、金額、内容を決めたい。最終的には自分が決定するから、時間を貸してほしい。ただ、一二・七五億ドルという数字はいかにも大きすぎる」と留保すると、ラザクは、「まず金額に合意いただいた上、詳細を事務当局に詰めさせることとしたい」と迫った。

田中が、「佐藤前総理に対する『マ』側の要請金額はいくらであったか」と確認すると、ラザクは「二億米ドルであった」と答えた。

田中は、「その半額を第二次円借款として供与したわけで、仮に残りの一億ドルに対する要請であれば算術として分らないではないが、一二・七五億ドルはいかにも大きい」と反論した。しかし、ラザクも譲らなかった。

そこで田中が、「現在のレートを一ドル三〇〇円として、先回要請の残額一億ドル即ち三〇〇億円を第二次円借款と同様に半額基金、半額輸銀から供与し、第二次円借款候補プロジェクトの残余のもののうちから融資することとして、佐藤前総理時代から懸案の本件に終止符を打つことでどうか」と案を示した。

ラザクが、「マレイシア・ドルで先回と同額にしていただきたい」と要請したため、田中は、「然《しか》らば第三次円借款として三六〇億円を供与する」と同意した。

さらにラザクが、「プロジェクトの中には、ジョホール造船所の如き緊急を要するものがあるので、出来る限り早急に事務当局間でプロジェクトを詰めさせたい」と畳み掛けると、田中は了承した。

田中は当初、回答を渋ったが、ラザクの執拗な懇願を受け入れたのである。

ラザクは、「肥料、鉄鋼、プラスティック原料、繊維原料、紙、ブリキ、トラック、農薬等必要物資につき、今後とも供給を続けてほしい」とも求めた。

田中がマレーシアへの輸出方針を伝えると、ラザクは謝意を表している。

ラザクは、なおも「マレイシア航空の東京発着時間につき配慮を得たい。特にシンガポール航空との比較の問題がある」と航空関係について依頼した。

田中は、「事情は分かるが、問題は羽田空港の混雑であり、直ちに自分から時間変更の約束は出来ないが、運輸大臣によく話しておく。いずれにせよ夏には新空港〔成田空港〕が出来ようから、調整出来よう」と答えた。

田中は締めくくりに、オイル・ショック後の中東情勢に論及した。

「石油危機のもとでも日本は、輸出価格を出来るだけ上げないよう大いに努力するので、『マ』も原材料の長期安定供給を原則とされたく、ＡＳＥＡＮ全体にもかかる気運の出ることを望む。

『マ』はアラブ諸国と友好関係にあると承知するが、自分も中東紛争解決に最大の努力をするので、アラブ諸国に対し急激な石油戦略が世界、特に低開発国に大きな影響を与えないよう配慮すべきことを伝えられたい。

また、日本が経済協力に対する国際責任を果たすため、場合によっては内需を削っても最善の努力を傾けていることにつき、産油国の理解を得たい」

田中は会談後、「日本を訪問していただければうれしい。ただし、六月の参議院選挙まで政治日程が詰まっているので、訪日されるとしてもそれ以降にされたい。七月ごろには軽井沢で、ゴルフを一緒にすることも出来よう」と伝えている。

ラザクは招待に感謝を示しながらも、「マレイシア議会の任期は一九七六年初めまであるが、経済情勢如何によっては、今年か明年総選挙を行なう可能性もある」と明言を避けた。[136]

インドネシア――ＩＧＧＩと日系企業

最大の難所は、日系企業が多く進出しているインドネシアであった。田中は一月一五日午前一〇時にスハルト大統領をムルデカ宮殿に訪ねている。

マリク外相、スダルモノ官房長官らが同席するなか、田中は、対米関係を軸としながら日中国交正常化を断行した経緯を説明し、南北問題やシベリア開発、中ソ対立の見通しなどを論じた。

一方、スハルトの関心はＩＧＧＩにある。ＩＧＧＩとは、インドネシア債権国会議のことであり、日本が中心的な役割を担っていた。

そこでスハルトは、「一九七四年度のIGGIベース援助所要額八・五億ドルのうち、日本からは、世銀、アジア開発銀行よりの一・五億ドルを除く、残りの三分の一を援助して頂きたく、第二次五ヵ年計画の成功を期したい」と要請した。

日系企業についてスハルトは、「日本人は良く働くが、地域住民との交際が少なく閉鎖的であるので、当国の文化、風俗・習慣を勉強し、かつ尊重して欲しい」と説いた。

これに田中は「IGGIの一九七四年度援助については、世銀、アジア開発銀行等国際機関拠出分一・五億〔ドル〕分を除く七億ドルから、さらに食糧援助分を除いた額の三分の一を援助する用意がある」と発言し、LNG、つまり液化天然ガスや肥料工場についても協力を約した。

田中とスハルト

発電所、アルミニウム工場、港湾建設などのアサハン計画については、「詳細な計画が提出されれば、港湾の建設を含めて財政的協力を行なうこととしたい。また、その段階で、専門家を現地に派遣することとしたい」と田中は述べている。
さらに田中は、日系企業活動の是正に積極的な姿勢を示すとともに、インドネシア政府に国民への説明を求めた。
「民間投資活動で問題があるのは十分承知している。学生運動についても、日本でも一九四五〜一九五五年の一〇年間、日・米間に摩擦があり、学生の反対運動がハガティー事件まで引き起こした経験に照らしても十分理解している。しかし、現実には資本は必要であり、これに対する協力は惜しまない。

ついては、インドネシア政府としても、援助の効用につき国内的理解を得るように努め、このため、計画を明らかにして、どれ程国民生活の向上に寄与しうるかにつき、十分説明されることを期待する」

田中はスハルトとの会談を一二時三〇分に終えた。この会談は歴訪で最後となるものであり、田中は慣れてきたためか、発言は余裕を感じさせた。

なかでも、「種々問題があれば自分に直接でも良いし、大使館経由でも良いから、どしどし要求してきて欲しい。計画書は、例えば紙一枚でも良いから、国会で説明さえつくようにしてもらえれば、所要資金は貴大統領宛にすぐ送金しよう」と口にしたことは、大言壮語ともいえるものだった。

外務省の記録者は、「この点は、比喩的に発言された」と会談録に括弧書きで記している。[137]

ユーモアを交えた田中だが、午後から未明にかけて、予期せぬ事態が待ち受けていた。

それがマラリ事件と呼ばれる反日暴動にほかならない。

マラリ事件

暴動が起こったのは、田中・スハルト会談後のことである。二、三十人の若者が午後三時四〇分、ジャカルタの日本大使館構内に侵入した。暴徒は投石によって窓ガラスを破損し、掲揚されていた日章旗を引きずり下ろしたものの、警官が出動して日章旗を取り戻した。

翌一六日未明までに五千人ほどの群衆が暴徒となり、トヨタ・アストラ・モータース本社を全焼させるなど、建物一〇棟が焼き討ちに遭った。

車は一二五台が焼かれ、被害商店は約五万軒で、死者八人、負傷者三五人を出した。ジャカルタの学校はすべて休校となり、バスは運休した。スダルモノ官房長官は、田中と学生の懇談をキャンセルしている。

反日暴動

須之部量三《すのべりょうぞう》駐インドネシア大使がスダルモノらに厳重注意を喚起すると、マリク外相が大使館を見舞った。

須之部は、「治安当局の無為に近い統制振り」を本省に伝えている。

昨日来の群衆の動きは学生デモとは異なり、モッグ[7]の様相を呈しており、イ側情報提供者によれば、KAPI（九・三〇事件当時の元青年行動連盟）が市内外の不満分子を動員し相当前から組織化されたものであり、たまたま治安当局が田中総理の御来イに伴なう準備に目を奪われているすきをねらったものであるとしているが、昨日来の治安当局の無為に近い統制振りについては、少なからずその真意を疑わしむるものがあり、更に検討を要するものと思われる。

須之部によると、暴動は「上層部の権力の角逐との関係がある」。鎮圧が遅れた背景には「上層部における政治的権力の対立、抗争に伴う治安当局下部機構の力のまひ」があり、「スハルト大統領の下には、アリ・ムルトポ及びスジョノ大統領特別補佐官を中心とする勢力と、スミトロ陸軍大将を中心とする国軍勢力、それに経済諸閣僚を中心とする官僚勢力があり、その対立が高まっている」というのである[138]。

以前から日本大使館には、「スミトロ治安・秩序回復司令官と、スジョノ、アリ・ムルトポ等大統領補佐官グループとの間で、対立関係が生じている」と伝えられていた。

とりわけスジョノは大使館員に対して、「スハルト大統領自身、学生対策についてはスミトロを信用していないかの如き口吻《こうふん》で、かかる対立関係が存在することを暗に裏付けた経緯がある」という。政権内部が反目していたため、インドネシア政府の対応は一貫しなかった。[139]

スハルトの釈明

田中が一月一五日夜の晩餐会に出席すると、スハルトは反日暴動について陳謝した。

「本日一部の暴徒が日本大使館敷地に乱入し、日本の国旗を引きずり下ろし、持ち去ろうとしたが、幸い治安当局により国旗を取り戻すことができた。

しかしながら、このほか大使館の建物に投石し、窓ガラスを破損する等の不祥事が発生したことに対し、心から遺憾の意を表したい。早速外務大臣をして大使館に赴かしめ、陳謝せしめたが、改めて自分からお詫び申し上げる」

田中は、「自分も国内でハガテー《ママ》事件等多くの経験を有するので、特に気にしていない」と平静を保った。

スハルトはこう釈明する。

「一九六五年の九・三〇事件後、政府は共産党がりを行った結果、A、B、Cの三級に分け処理した。A級は、未だにつないでおり、B級はブル島に流刑にしてあるが、C級はすでに社会復帰せしめた。

彼らの中の一部の者は最近の国内の動きに注目し、社会不安を創り出すべく動いたようであり、またジャカルタは大きく、九・三〇事件後も治安当局の目をかすめて、潜伏しているかなりの大者《ママ》もいる。彼らが学生デモに便乗して一部の群衆を扇動した結果、暴動に発展した」

すると田中は、日本共産党の事例を挙げた。

「日本では前回の選挙の結果、共産党が三七《ママ》議席を占めたため、同党は、勇気付けられ、これまで地下活動を行っていた党員が一斉に表面に出て、各企業内でも積極的に活動を始めるに至った。

この結果、治安当局では党員の動静の招握《ママ》が容易となり、各企業内における党員のリスト・アップは完了している。共産党は合法化した方が、コントロールが容易な面もある」

スハルトが話題を転じ、「来年度の肥料五〇万トンの安定供給につき、総理の格別の配慮を得たい」と述べると、田中は、「わが国としては、かかる方式による肥料の供給には協力を惜しまない」と応えた。さらに二人は、石油中継基地や日本漁船の安全操業について議論を深めている。[140]

記者会見

外交日程を終えた田中は、一月一六日午後一時から現地の記者会見に臨んでいる。

記者「学生のデモが起こっているが、日本政府はそれでも依然として対イ投資を継続していくつもりか」

田中「日本の企業活動に対する批判があるとするならば、その是正のために適切な措置をとらなければならない。日本が技術・経済協力をするのと同様に、日本がインドネシアより必要とする資源の供給は、お互いの理解の下に続けられていかねばならぬと考える」

記者「滞在中にいろいろなことがあって、気を悪くしていないか」

田中「デモ等があったことは残念ではあるが、日本にもあることであり、気を悪くするというようなことはなく、私の訪問を機にデモが起こったので、日本人の気持をいましめ、日・イがどうすればよい関係ができるかを真剣に考えるチャンスにしたい。

今回の訪問は、本当によかったと心から思っている。『雨降って地固まる』のことわざのように、両国の信頼、友好関係が固まるし、また固めなければならない」

記者「デモ等一連の事件に遭遇したことは、日本と東南アジア関係の悪化にならないか」

田中「悪化をもたらしてはならない。人間は理解するために努力しなければならないし、また互いに努力して、理解できないはずはない。〔中略〕日本の敗戦直後の一〇年間は、無資本、無資源で非常に困難な時代だった。日本は米国から資金援助を受け、学生デモもあったが、両国民は理解し協力し、今日の友好関係を確立した。今日の日イ関係をよきパートナーとなるための一段階と受取り、長い友好関係を実現する過程における一つの現実として理解を進めていきたい」

ここでも田中は日米関係になぞらえ、東南アジアとの将来を展望したのである。[141]

他方、スハルトはスミトロを解任して、自ら治安・秩序回復司令官を兼務し、大統領補佐官制度を廃止した。スハルトは影響力を強化し、治安を重視しながら新体制固めに全力を傾けている。[142]

東南アジア歴訪のうち、最初に訪れたフィリピンと最後のインドネシアは対照的だった。田中はフィリピンでマルコスと仲良くゴルフを行っており、フィリピンでは例外的にデモなどの反日行動もなかった。

もっとも、それはフィリピンが戒厳令下に置かれていたためである。タイではデモに見舞われるなど、田中を取り巻く環境は徐々に悪化した。インドネシアではムルデカ宮殿から空港まで、ヘリコプターで脱出した姿が象徴的であった。

総じて田中の歴訪では、貿易不均衡の是正や経済協力が中心的な議題となっており、東南アジア側が肥料や鉄鋼、プラスチック原料などの供給を強く求めたのに対して、田中はできるだけ応じたいとしている。

田中は、日系企業の活動を是正すると伝え、企業支配や公害輸出を否定した。「東南アジア青年の船」構想を申し入れるなど、「資源外交」というイメージが先行しないように心を配っている。田中は反日デモを友好関係に至る一つの過程と見なし、石油危機後の互恵的な経済発展を構築しようとしたのである。

これ以降、東南アジアで大規模な反日デモは起こっていない。

Ⅳ　金脈問題

凋落する人気

田中は国内でも懸案を抱えていた。石油危機への対応とともに、エネルギー政策で重要なのが電源三法だろう。田中内閣が一九七四年六月三日に成立させた電源三法とは、電源開発促進税法、電源開発促進対策特別会計法、発電用施設周辺地域整備法を指している。

これらによって、発電所を受け入れる自治体に対し、交付金を給付できることになった。石油危機後の混乱に鑑みて、火力発電への偏重を改めつつ、原発を推進するねらいである。

このころ田中内閣の支持率は、低下する一方だった。政権末期にかけて、支持率は金脈問題で一二%となり、日米安保強行採決直後の岸内閣支持率と並んで最低を記録する。

かつて岸、池田、佐藤内閣では、支持率が下がって持ち直し、そこから再下降していた。田中内閣の場合、政権発足時の六二%から一二%まで直線的に下がり、一度も上向かなかった。

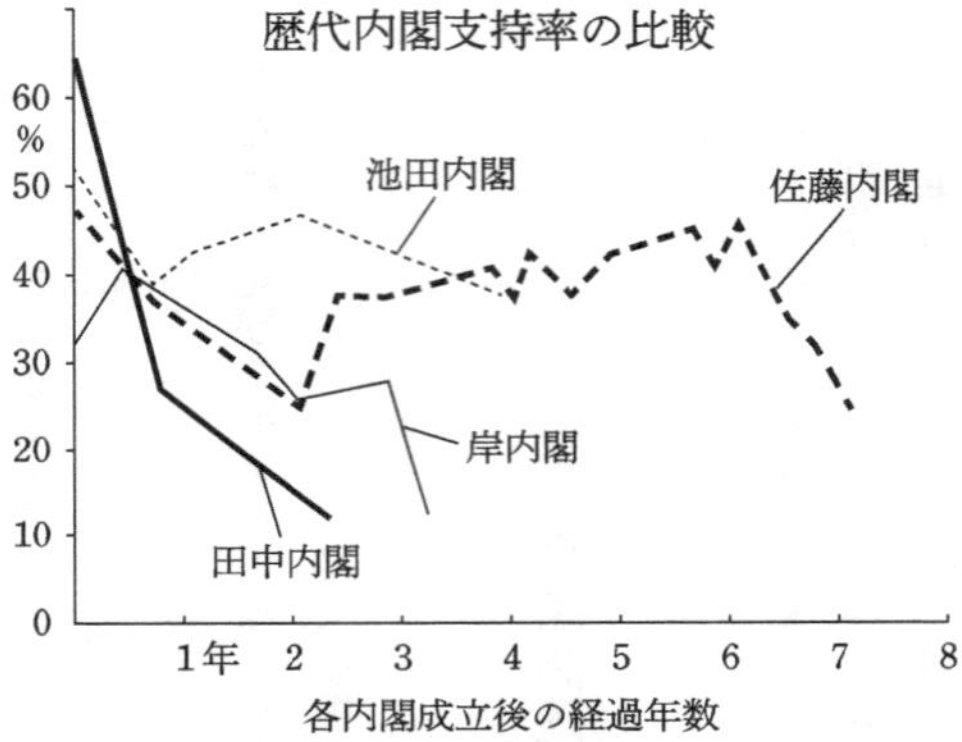

出典：『朝日新聞』1974 年 12 月 8 日朝刊 1 面

不支持の理由としては、物価高や生活不安に加えて、田中への不信、金脈問題を挙げる声が多くなる。とりわけ、五〇歳以上の高齢者で不支持が目立つようになった。七月七日の参議院選挙が「企業ぐるみ選挙」と批判されたことも痛手だった。[143]

「企業ぐるみ選挙」

田中にとって、一九七四年最大の関心は七月七日の参議院選挙であった。三年前には参議院選挙の敗北で幹事長を辞任しており、今回も敗れれば参議院の過半数が危うくなる。一方、これに勝利すれば、総裁任期切れの翌年七月までは乗り切れるだろう。田中が参議院選挙に全力を尽くすのは当然である。

田中は山口淑子、山東昭子、宮田輝らのタレント六人を擁立し、自らもヘリコプターで全国を飛び回った。田中が現れれば、たちまち数千人の人だかりができる。田中は手応えを感じたかもしれないが、子細に観察するなら、むしろ人心は田中から離れていたというべきである。

一例として、岐阜の事例を見ておきたい。田中はヘリコプターで岐阜に赴いている。それを取材した記者は、「岐阜県民の立場に立てば、田中という権力者が空から乗り込んできた、という印象ではないか、と思った。同時にこんなに慌《あわただ》しくヘリで各地に舞い降りて演説したのでは逆効果ではなかろうか、とも感じた」という。

別の記者は投票前日の七月六日、浅草で田中の演説を聞いた。田中は「聴衆を叱りつけるように演説していた。外国にくらべれば、日本は物価は安定している。それを文句を言う方が悪い――という意味のことだった。〔中略〕田中を知らない人が聞いたら、反発と敵意しか抱かないような演説だった」という。「選挙の神様」からは、ほど遠い姿である。

参議院選挙の結果は敗北だった。自民党は改選前の一三四から一二六に議席を減らし、久次米《くじめ》健太郎など保守系無所属三人を加えることで、かろうじて過半数を保った。田中人気の凋落は明らかである。

このとき自民党は、企業に全国区公認候補への応援を割り当てており、「企業ぐるみ選挙」との批判が高まっていた。社会党推薦の堀米正道《ほりごめまさみち》中央選挙管理会委員長は、七月二日に自治省で記者会見し、「雇用関係や取引関係を利用した企業選挙の実情が伝えられている」と企業に警告を発した。

個人の見解と断っていたとはいえ、公正中立であるべき委員長だけに、堀米発言は不当である。自民党は、選挙妨害で東京地検に告発した。それでも各紙の社説は、堀米発言が「国民の素朴な批判を代弁した」と評している。[144]

「代理戦争」と「三福」連携

自民党が参議院選挙に使った額は二〇〇億円前後ともいわれており、金権選挙との声は自民党反主流派からも寄せられた。その筆頭が三木副総理であり、一九七四年七月一二日には兼任していた環境庁長官を含めて辞任した。福田も七月一六日に蔵相を辞する。

重要なのは、三木と福田が七月一〇日に池之端の旅館で会談し、辞任について協議したことである。「三福」連携といってもよいが、三木はここを勝負所とみて、一足早く閣外に去った。同じ辞任でも、三木のように先に辞めるのか、福田のように追随する形で辞めるのかでは、インパクトが大きく異なる。

三木辞任の伏線は、先の参議院選挙にあった。田中は徳島で、三木派現職の久次米健太郎を非公認とし、後藤田正晴を強引に公認したのである。元警察庁長官の後藤田は、田中内閣成立とともに官房副長官となり、一九七三年一一月二五日の内閣改造で官房副長官を退いて選挙に備えていた。

しかし、徳島は三木の地元である。田中が三木派の現職に公認を与えなかったことは、田中が三木の面子《メンツ》をつぶしたことを意味する。田中と三木の関係は一触即発となり、徳島の選挙は「代理戦争」と呼ばれた。

結果としては後藤田が落選し、久次米は当選したものの、三木は怒り心頭である。もっとも、三木とすれば、「代理戦争」でメディアと国民の同情を買うことができた。

田中が他派閥の現職を非公認にしてまで、自派の拡張を図ったことは、権力者のおごりといわねばなるまい。のみならず、三木を福田の側に追いやったために、「三福」連携となって自らの首を絞めていく。三木とすれば世論を味方にしており、チャンス到来となる。

ポスト田中では、後述する椎名裁定が注目されがちなものの、それまでに三木が中東歴訪を含めて、点数を稼いでいたことも見逃せない。田中は後藤田を評価するあまり、大局がみえていなかった。それでも後藤田は、二年数ヵ月後の衆議院選挙で、三木に次ぐ二位で初当選する。

一方、蔵相を辞任した福田は『文藝春秋』のインタビューで、「二年前の自民党総裁選挙の直後に、『日本国が福田赳夫を要求する日は必ずやって来る』と申し上げたんですよ。その日が、いよいよやってきたように思います」と語気を強めた。

「政治というものはね、技術じゃないんだ。これは最高の道徳です。政治がまず公《おおやけ》に目覚めて、姿勢を正さなければいかん」というのである。

「政治は最高の道徳」という福田語録はよく知られており、それは田中批判と「三福」連携の文脈から生まれた言葉である。田中は福田の後任蔵相として、大平を外相からスライドさせた。

一九七四年七月二四日には臨時国会が召集されたものの、田中は「選挙中に百四十七回も演説して、自分の考えはすべて出し尽くしたから、こんどは石の地蔵さんになる」と言い張り、所信表明演説を行わなかった。実質的な審議がないまま、臨時国会は三一日で会期切れとなる。

反発した野党が質問主意書を提出すると、田中は八月六日に答弁書で回答した。夏休みには、山中湖畔のホテルに引きこもりがちとなる。このころの田中には、内面のもろさが目立つようになっていた。

それでも、首相として二回の国政選挙を戦ったことは大きい。田中派は参議院選挙後に、福田派を抜いて党内の最大派閥に膨れ上がったのである。やがて田中派は、一九八〇年代に入ると一〇〇人をゆうに超えていく。[145]

このころ、田中批判の急先鋒に石原慎太郎がいた。衆議院議員の石原は、「君、国売り給うことなかれ」という『文藝春秋』の論文で金権政治を批判している。石原はまた、田中の中国政策に批判的な親台湾派を軸に結成された青嵐会《せいらんかい》の中心メンバーでもあった。[146]

『文藝春秋』の衝撃

田中は一九七四年九月一二日から二七日にかけて、メキシコ、ブラジル、アメリカ、カナダを訪問した。大きな外交案件はなかったが、標高二二八〇メートルのメキシコ市では薄い空気に苦しめられ、高山病のようになった。

各国を歴訪中に、田中は一〇月一〇日発売の『文藝春秋』一一月号が田中金脈を暴露するという情報に接した。『文藝春秋』が田中特集として掲載したのは、立花隆「田中角栄研究——その金脈と人脈」、児玉隆也「淋しき越山会の女王」という二本であった。二人はまだ三〇代と若く、新聞社などに属さないジャーナリストだった。

立花論文は田中の金脈を追及し、田中ファミリー企業の責任者として、佐藤昭（元室町産業代表取締役）、入内島金一（室町産業代表取締役）、片岡甚松（越後交通社長）、遠藤昭司（東京

派閥構成員の変化

		1973年4月		1974年9月		1976年12月		1978年8月		1979年10月		1980年10月		1983年10月		1987年7月		1988年5月	
田中派	衆院	48	94	47	90	43	84	43	75	48	81	54	89	65	116				
	参院	46		43		41		32		33		35		51					
福田派	衆院	55	97	55	84	52	74	52	78	50	74	47	80	47	72				
	参院	42		29		22		26		24		33		25					
大平派	衆院	45	65	42	65	39	59	35	55	51	71								
	参院	20		23		20		20		20									
中曽根派	衆院	39	44	39	46	39	45	41	48	40	47	44	50	47	55	62	87	63	88
	参院	5		7		6		7		7		6		8		25		25	
三木派	衆院	38	49	38	46	32	41	33	43	31	42								
	参院	11		8		9		10		11									
椎名派	衆院	18	18	17	17	11	14	11	11										
	参院	0		0		3		0											
水田派	衆院	13	13	13	13	11	13	9	9	5	5								
	参院	0		0		2		0		0									
船田派	衆院	9	9	8	8	8	11	7	8	7	8								
	参院	0		0		3		1		1									
旧石井派	衆院	8	8	8	8	4	4	4	4										
	参院	0		0		0		0											
中川派	衆院									9	9	10	11						
	参院									0		1							
鈴木派	衆院											56	85	62	89				
	参院											29		27					
河本派	衆院											31	42	30	38	26	32	24	30
	参院											11		8		6		6	
旧中川派	衆院													6	7				
	参院													1					
竹下派	衆院															69	113	72	121
	参院															44		49	
宮澤派	衆院															61	89	61	89
	参院															28		28	
安倍派	衆院															58	85	59	89
	参院															27		30	
旧田中派二階堂系	衆院															12	15	11	14
	参院															3		3	
旧田中派中立系	衆院															4	12	2	5
	参院															8		3	
無派閥	衆院	11	23	12	29	21	41	19	47	17	54	45	71	30	45	10	11	9	9
	参院	12		17		20		28		27		26		15		1		0	

出典：井芹浩文『派閥再編成』（中公新書、1988年）89頁

ニューハウス社長）などの実名を挙げている。児玉論文は、佐藤のプライバシーや田中との関係を暴いた。

立花や児玉が独立したジャーナリストであったことは、政治とメディアの関係を考えるうえで示唆的だろう。大手新聞社の番記者は、金脈や女性問題を掘り下げようとはしなかったのである。それどころか、田中番記者の多くは田中と密着し、福田番記者をライバル視していた。

田中は児玉と面識があった。幹事長時代の田中は、児玉を赤坂料亭の千代新に呼び出し、佐藤への取材を一度は中止させていた。当時の児玉は光文社の社員であったが、その後に独立し、調査を続行していたのである。

そのことを『文藝春秋』発売前に知った田中は、立花論文よりも児玉論文を握りつぶすことで、佐藤と娘の敦子を守ろうとした。法を熟知する田中にとって、金脈問題は違法ではなく、言い逃れできる。だとしても、佐藤との関係は政権に致命傷となりかねない。数年前に、麓と早坂が警告した通りの展開である。

田中が政治評論家の戸川猪佐武に電話で依頼すると、戸川は『文藝春秋』編集長の田中健五と面会し、児玉論文だけでも掲載を中止してほしいと求めた。さらに田中は、総理府総務長官の小坂徳三郎を介して、同誌に働き掛けた。

しかし、雑誌は予定通りに刊行され、大きな反響を引き起こす。『文藝春秋』が発売されたのは、福田や三木の反主流派が田中批判を強めていた時期であり、一〇月一八日の自民党総務会でも金脈問題は取り上げられた。田中は、「ここまで偉くなることがわかっていたら、若いころから、女の問題にはもっと慎重になっていたのにな」と戸川に語っている。

田中は一〇月二二日、外国特派員協会で金脈を追及された。その会長が皮肉を並べるなど、記者会見は非礼なものであった。田中は調査中としか答えられず、半ばで席を立っている。

この危機を田中は、内閣の改造で乗り越えようとする。一〇月二八日から一一月八日、ニュージーランド、オーストラリア、ビルマを訪問して帰国すると、一一月一一日に内閣を改造したのである。

田中は同日の記者会見で、金脈問題については調査後に報告すると述べたものの、実際には調査報告を行わなかった。田中が『文藝春秋』の内容を大筋で認めているため、反論できないものと記者らは解した。

続投の意欲を失わせるうえで決定的だったのは、参議院決算委員会が一一月一五日までに、立花、佐藤、入内島、片岡、遠藤ら、ジャーナリストや田中ファミリーなど計一四人を参考人として招致すると決めたことである。眞紀子に責められたことも大きかった。

一一月一九、二〇日には、アメリカ大統領として初来日したフォードと会談するも、田中は二六日、ついに竹下官房長官を介して退陣を表明した。

退陣表明によって参考人は招致されなかったものの、佐藤は一躍名前が知られるようになり、一九七九年には抗議の意味を込めて昭から昭子に改名する。このとき田中は、「お前はいいよ、女王なんだからな。俺なんか闇将軍だぞ。誰も帝王とはいってくれない」と語っている。[147]

第6章　誤算と油断――ロッキード事件

椎名裁定という誤算

田中の後継となる自民党総裁の選定は、副総裁の椎名悦三郎に一任された。かつて岸内閣の官房長官だった椎名は、佐藤内閣期には外相として日韓基本条約に調印しており、田中内閣では日中国交正常化前に台湾を訪れていた。

その椎名は一九七四（昭和四九）年一二月一日に三木を総裁に指名する。いわゆる椎名裁定である。

ニュージーランドなどに外遊する二日前の一〇月二六日早朝、田中は密かに椎名を目白邸に呼び出していた。田中が打診したのは椎名裁定ではなく、暫定的に椎名自身を総理総裁とする椎名暫定政権構想であった。

田中は、「私は病気ということで国会に出ないから、その間内閣をあなたが一時預かってくれないだろうか。そのため外遊から帰ったら内閣を改造する。その時、副総理として入閣してほしい」というのである。

5者会談。左から三木、中曽根、椎名、福田、大平

椎名首相代理で国会を乗り切り、翌年一月の党大会で総裁を追認するというアクロバティックな手法であり、田中の奇策といってよい。

ほとぼりが冷めたころに、田中が再登板する含みだった。当初、田中は椎名暫定政権構想を大平蔵相にも打ち明けていなかった。一方の大平は、椎名ではなく、自分が後継総裁となることを欲している。

このとき椎名は健康上の理由から田中の案を断っているものの、派閥の合従連衡《がっしょうれんこう》には嫌気が差していた。

田中が帰国後の一一月九日に椎名と再会すると、椎名は副総理に前向きな姿勢を示す。しかし、田中と椎名は、党三役人事で折り合わない。しかも一一日には、大平が椎名副総理案に反対し、椎名は改造で入閣できなかった。

それでも椎名は、田中の椎名暫定政権構想を念頭に置きながら、一一月二九日には三木、福田、大平、中曽根と会談した。

この五者会談では、中曽根が司会役となった。中曽根が司会とされたのは、これまで総裁選に出たことがなく、総裁になる可能性は低いと見なされたためであろう。

三木、福田、中曽根は話し合いによる総裁選出を主張し、椎名は自らの暫定政権構想を否定しなかった。しかし、「田中の後始末はおれしかいない」と考えていた大平だけは総裁選を主張し、椎名暫定に反対した。

大平は会談後、「行司〔椎名〕がまわしをつけて出てきた」と周囲に漏らし、椎名を牽制している。このため椎名は一二月一日、暫定政権構想を断念し、大平の唱える総裁選も避け、田中とは対照的にクリーンで知られる三木を指名したのである。

田中にとって誤算だったのは、大平が田中派の票をあてにして、総裁選を譲らなかったことである。このとき田中が椎名暫定政権構想から戦術を転換し、大平を後継総裁にしていたら、ロッキード事件発覚後に逮捕までには至らなかったかもしれない。少なくとも大平は、三木ほどにロッキード事件の解明に意気込まなかっただろう。

だが田中は、椎名暫定政権構想を妙案と考えており、盟友のはずの大平と肝心なときに連携できなかった。

最も巧みに振る舞ったのは三木である。椎名裁定で三木は「青天の霹靂《へきれき》だ」と口にした。しかし実際には、手応えを事前に得ており、三木は党三役や閣僚の人事を練っていた。

毎日新聞社の取材によれば、椎名は司会役の中曽根だけに内意を伝えており、中曽根は一一月三〇日深夜に「あなたになるでしょう」と三木に電話したという。豊島区高田の中曽根邸は田中邸から約六百メートルしか離れていないが、中曽根は田中には伝えていない。

田中にとって救いだったのは、ライバルの福田が総裁にならなかったことである。椎名からすれば党内融和のため、田中と確執の激しい福田は選びにくい。かといって、総裁選を唱える大平を指名すれば、「田中亜流政権」として福田の反発は必至であった。

その意味で三木は適任であるが、椎名はロッキード事件への対応で三木と離反し、自らの裁定を後悔するようになる。[148]

三木内閣の人事

椎名裁定の直後、三木は中曽根を呼び出して幹事長に任じた。大平は蔵相留任となり、福田は副総理兼経済企画庁長官に就任する。

田中は非主流派ながら、三木内閣に三閣僚を送り込んだ。小沢辰男環境庁長官、仮谷《かりや》忠《ただ》男《お》建設相、金丸信国土庁長官である。

小沢はこのとき、複雑な心境だった。田中内閣末期の改造で小沢は建設相を二九日間だけ務め、椎名裁定後には、反田中の三木が環境庁長官で小沢を起用したのである。

小沢が田中に相談すると、「総理は孤独で苦労が多い。朝から晩まで頭を悩ますし、ストレスがたまる。その総理が助けてくれと言ってきたときに断るばかがいるか。おまえ力になってやれ」と田中は背中を押した。

小沢は、「政治の世界でいえば、自分の内閣をつぶした張本人の内閣に、自分の子分が加わるわけだ。『あんなとこへ行くな』と言ってもおかしくないんだ。それが『助けてやれ』と言ったのだから、角さんは偉いと思ったね」と田中に感心した。

田中にとって重要なのは、建設相のポストだろう。仮谷が抜擢された建設相は、田中派の指定席という感がある。建設族が多い田中派は佐藤内閣末期から、西村英一、木村武雄、金丸、亀岡高夫、小沢、仮谷、竹下と七連続で建設相を輩出しており、五年以上も建設省の主を占めた。仮谷は、福田蔵相期に凍結された本四架橋を再開させている[149]。

「田中軍団」

田中の当面の関心は、派閥運営にあった。先の参議院選挙で最大派閥となっていた田中派だが、なおも田中は中間派を取り込み、派閥の拡張に努める。そのターゲットが水田派の江﨑真澄と田村元であり、それぞれ田中内閣で自治相、労相の任にあった。

一九七五年六月二五日になると、田中派は総会を開き、江﨑と田村を迎え入れた。いわば外様の二人だが、入会とともに代表世話人に就いた。なかでも、当選一一回の江﨑は田中と並ぶ最多当選であり、田中よりも三歳年長のため最長老格となる。田中は派閥を膨張させただけでなく、あとから入ってきた江﨑、田村、後藤田などを重用することで、権力を分散させながら派閥を掌握した。

「田中軍団」という言葉が使われたのはこのときである。六月二六日の『読売新聞』が、主要紙で最も早く「田中軍団」という俗称を用いている。同紙は江﨑と田村が田中派に加わったことを報じながら、「この田中軍団、数をふやし、これも〔三木〕首相にとって〝オオカミ〟になるのかどうか」と論じたのである。

田中派だけが「軍団」と呼ばれるのは、田中の圧倒的な権威のもとで、鉄の結束を誇るからである。派閥の結束を端的に示すのは、会合への出席率だろう。正確な数字は公表されていないが、田中派の会合は他派と比べて、出席率が抜群なことは間違いない。

田中はその影響力をスト権ストへの反対で見せつけた。スト権ストとは国鉄労働組合が決行したものであり、運休は一一月二六日から一二月三日まで八日間に及んだ。公務員のスト権は禁止されていたものの、リベラルな三木は部分的に容認する考えである。

しかし田中は、「あくまで違法だ。内閣がこれに応じるなんて、絶対に許されない」と周囲に語っていた。田中派が結束して反対したため、三木はスト権を容認できず、八日間のストは成果なく中止されている。

他方、膨張を続ける田中派の内部では、後継者を立てない派閥オーナーに中堅どころの不満がくすぶっていく。その中心は、橋本龍太郎、小沢一郎、羽田孜、梶山静六らであり、やがて竹下、金丸のもとに結集する。田中派一筋の議員からすれば、新人の派閥入りは歓迎するとしても、年長者の入会は大臣ポストが遠のくことを意味する。田中の膨張策は、諸刃《もろは》の剣《つるぎ》であった。

もっとも、派内の不満が表面化するのは一九八〇年代の半ばであり、ロッキード事件後にはむしろ結束を強め、「田中軍団」という言葉が定着するようになる。[150]

ロッキード事件の発覚

一九七六年の元日、田中邸は年賀の客でにぎわっていた。その数は、七百人ほどになっていた。この年は田中にとって、これまでの生涯で最悪の年になるのだが、まだ知るよしもない。

元池田首相秘書官で、宏池会事務局長などを務めた伊藤昌哉によると、田中は首相としての再登板を期しており、一月中旬、「福田には絶対に政権を渡さない、最後まで泣かせてやる。三木はどうにでもなる」と側近に漏らしたという。[151]

田中とすれば、金脈問題の打撃から完全に立ち直ったつもりでいた。しかし、新たにロッキード事件が発覚するのに時間は要さなかった。しかもそれは、致命傷となりかねないものとなる。

事件が発覚したのは、アメリカ上院外交委員会の多国籍企業小委員会である。そこでは二月四日から、公聴会が開催された。小委員会はアメリカ企業の不正を調査しており、民主党議員の委員長名を冠してチャーチ委員会と呼ばれた。

チャーチ委員会で明らかにされたリストによると、ロッキード社は右翼のフィクサーとして知られる児玉誉士夫に約二一億円を贈り、エージェントの丸紅にも約一〇億円を支払い、金は日本の高官にも渡ったという。献金の目的は、ジャンボジェット機L1011《テン・イレブン》トライスターの売り込みである。

チャーチ委員会の公聴会で証言したのは、会計検査会社アーサー・ヤング社のフィンドレー代表、ロッキード社のコーチャン副会長やクラッター東京支店代表らであった。

コーチャンは公聴会で二月六日、児玉への報酬の一部が国際興業社主の小佐野賢治に支払われ、丸紅への報酬は日本の政府高官に渡されたと証言した。児玉と小佐野は、それぞれ中曽根と田中に近しい。過去に田中と小佐野は、虎ノ門公園跡地の払い下げや日本電建株の売買を行ってきた。

公聴会の動きが耳に入ると、田中は次第に余裕を失っていく。共同通信の記者は、田中の「激怒」をこう記す。

「〔ロッキード〕事件が発覚してからしばらくの間、元首相の田中はわれわれ古い田中番が

第１次証人喚問。左から渡辺、若狭、小佐野

朝駆けすれば、気楽に会っていた。ところがある記者が、田中に対し事件への関与の有無をストレートに質問した。途端に田中は激怒し、それ以後、われわれ全員の朝駆け取材も一切、受け付けなくなった」

二月一六、一七日の衆議院予算委員会では、小佐野のほか、全日空の若狭《わかさ》得治《とくじ》社長、渡辺尚次《なおじ》副社長、丸紅の檜山広会長、大久保利春専務、伊藤宏専務、松尾泰一郎《たいいちろう》社長が証言している。

小佐野や丸紅幹部は疑惑を全面否定し、全日空幹部も外部から圧力はなかったと強調した。

三月一日の第二次証人喚問では、全日空前社長の大庭《おおば》哲夫、ロッキード社日本支社支配人の鬼俊良も証人台に立った。

この異常事態に三木は真相究明の姿勢を強め、二月二三日の衆議院本会議では、フォード大統領に親書で協力を要請すると言明した。三月一二日にはフォードの返書が届き、秘密扱いで資料を提供すると伝えられた。

三〇〇〇枚もの資料は海を渡り、布施健《たけし》検事総長らが四月一一日に読み始めると、コー

コーチャン作成・人脈図表

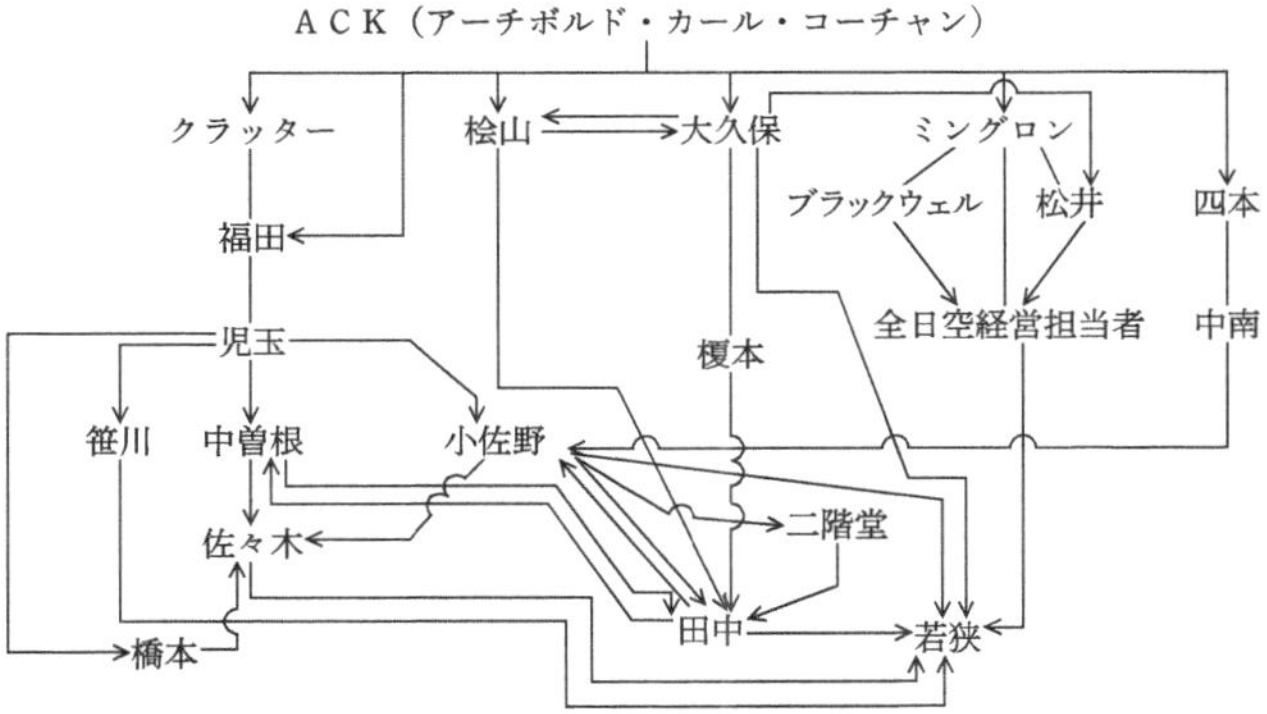

出典：東京新聞特別報道部編『裁かれる首相の犯罪――ロッキード法廷全記録』第５集（東京新聞出版局、1979年）658頁

チャンが手書きで作成した人脈図には「Tanaka」と記されていた。田中だけでなく、総理首席秘書官だった榎本敏夫も人脈図に出てくる。[152]

陰謀説と誤配説

ロッキード事件の発端は、四年前にさかのぼる。田中が丸紅の桧山や大久保と自宅で面会したのは、首相就任から一月半後の一九七二年八月二三日であった。その後に榎本秘書官を介して、五億円の授受があったとされる。

田中は八月三一日と九月一日にハワイでニクソンと会談したことから、ニクソンからトライスターの購入を求められたのではないかとの疑惑も浮上した。全日空は同年一〇月三〇日、トライスターの購入を公表している。

ロッキード事件は、田中を陥れるアメリカの陰謀だったという説もある。しばしば陰謀説が論及するのは、ロッキード社の機密文書が誤ってチャーチ委員会に配送されたという説である。この誤配説を広めたのが、『朝日新聞』一九七六年二月六日夕刊の「勘違い、上院へ配達」という記事である。

しかし、この『朝日新聞』記事は誤報であったことが、元チャーチ委員会首席調査官のレビンソンに対する『読売新聞』の取材などで判明している。取材によれば、会計検査会社がチャーチ委員会の要請に応じて文書を運び込んだものの、提出を阻もうとするロッキード社に配慮して、誤配という作り話を意図的に広めたという。『朝日新聞』の報道は、

ロッキード献金

黒いパイプ 偶然が暴く

勘違い、上院へ配達

袋にぎっしり極秘資料

ロッキード社 解明困難な多国籍企業

複雑・巨大な機構

『朝日新聞』1976年2月6日夕刊11面

それに乗せられてしまった感がある。153

「Mは最悪のpremierだ」

田中は一九七六年四月二日、田中派の総会で潔白を主張した。一方の三木は翌日の記者会見で、刑事訴訟法第四七条の但《ただ》し書きを引用しながら、不起訴でも高官の氏名を公開しうると述べた。

しかも三木は極秘で、評論家の平沢和重にアメリカと交渉させた。三木は平沢を介して、元首相らが関与しているか知りたいと伝えたが、米側に断られている。三木は確証を得られなかったものの、田中が関与していると踏んだ。

田中からすれば、三木の言動は不愉快そのものである。田中のスキャンダルがなければ、弱小派閥の三木は首相になれなかった。その三木が、いまや田中の政治生命を握りつぶそうとしている。三木は戦前から四〇年近い議員歴を誇っており、その遊泳術を過小評価していたと田中は思い知っただろう。

田中は三木を追い落とすべく、立ち上がった。その戦略は、いわば三木包囲網である。田中は五月五日に大平と会っており、大平の手帳にメモが残っている。それによると田中は、「M〔三木〕はあらゆる術策を駆使して政権維持をはかるにちがいない」と大平に語り、「Mは最悪のpremier〔首相〕だ」とののしった。

田中によれば、「〔三木〕政権の力は強い。その転機はS〔椎名〕、F〔福田〕、O〔大平〕の協力に依存以外になし」という。さらに田中は、「O、F以外に本格的担手《にないて》はない。O、Fの話し合いをもっとつめてみろ」と大平に迫った。

田中は盟友の大平を天敵の福田に接近させ、反三木に傾いていた椎名とともに、「大福」連合で三木を退陣に追い込もうとしたのである。田中は五月七日に椎名と会談し、ここでも三木退陣に向けたシナリオを説く。

だが、「三木おろし」は容易に成功しない。解明を徹底しようとする三木の姿勢は世論とメディアに支えられており、三木が辞任するのは一二月五日の総選挙で敗北してからである。次の首相は福田だった。その間の七月二七日に、田中は逮捕されてしまう[154]。

逮捕されるまでの期間、田中には、三木包囲網よりも優先的にすべきことがあった。丸紅から五億円を受け取ったとされる榎本秘書と事実関係を確認し、弁護士とも相談しながら方針を定めることである。越山会会長の原長栄《はらちょうえい》は元検察の弁護士であり、田中の身近なところにいた。

しかし、田中は逮捕を想定しておらず、それらの対策を怠った。この不作為は、極めて重大な結果を招く。田中には、よき助言者がいなかったのかと思えてしまう。

田中の逮捕、榎本の自供

まず捕まったのは、田中ではなく贈賄《ぞうわい》側だった。丸紅の桧山、大久保、伊藤、全日空の若狭、渡辺らが、一九七六年六月下旬から七月中旬にかけて逮捕されたのである。田中の逮捕は七月二七日であった。田中の取り調べについては後述するとして、まずは起訴される経緯を追ってみたい。

田中は八月一六日、受託収賄罪と外為法《がいためほう》違反で起訴された。五億円受領の疑いである。受託収賄罪とは、公務員が職務行為について請託を受け、賄賂《わいろ》を得る罪であり、単純な収賄罪よりも刑が加重される。外為法とは、「外国為替及び外国貿易法」の略称である。

翌日に田中は二億円を支払い、二一日ぶりに小菅の東京拘置所から保釈されている。田中は保釈後に元芸者の辻和子宅を訪れ、「三木にやられた。三木にやられた」と二度つぶやいた。

田中起訴後には、代議士の橋本登美三郎と佐藤孝行も逮捕された。田中の丸紅ルートに対して、橋本、佐藤の場合は全日空ルートと呼ばれる。二階堂は「灰色高官」と目されたが、逮捕はされなかった。

榎本秘書も七月二七日に逮捕され、早くも翌日には自供した。榎本の自供は、榎本が伊藤から計五億円を受領し、笠原政則運転手の車で田中邸に運んだという内容である。

田中に雇われていた笠原運転手は、七月三一日、八月一日に検察で供述のうえ授受の図面を書き、その重大さに思い悩んだ末、八月二日に車中で自ら命を絶った。

つまり検察は、贈賄側を先に逮捕し、追って田中と榎本を検挙したことになる。田中逮捕が遅れたことには、検察側の事情があった。アメリカから提供されたコーチャンの日記は詳細であり、田中と桧山、大久保の接触などを記録していた。しかしそこには、トライスターという機種名が出てこない。

接触の目的がトライスターの売り込みであったと立証するには、ロッキードのコーチャンから供述を得ねばならなかったのである。[155]

コーチャン嘱託尋問

そこで検察は、コーチャンやクラッターに対する嘱託尋問《しょくたくじんもん》をアメリカ側に求めた。嘱託尋問とは、アメリカの司法当局が日本側に代わって尋問するというものである。堀田力《つとむ》検事、東條伸一郎検事も渡米して立ち会ったが、主体はあくまでアメリカのクラーク検事となる。

コーチャンらへの嘱託尋問は、七月六日からロサンゼルスの裁判所で開始された。この嘱託尋問でコーチャンは、丸紅と戦略を練り、田中に五億円の献金を約束することでトライスターを売り込んだと証言している。

アメリカのファーガソン判事は、日本側に尋問調書を引き渡す際に条件を付けた。その条件とは、日本の最高裁がコーチャンらの不起訴を保証することであった。日本の検事総長はすでに不起訴を宣明していたが、アメリカの司法はそれに満足せず、最高裁による不起訴の保証を求めたのである。

日本の最高裁は、これを受け入れて七月二四日に宣明書を発し、贈賄側のコーチャンらに対する不起訴を確約した。宣明書が直ちに外交ルートでロサンゼルス日本総領事館に届けられると、米側は宣明書を受け取り、尋問調書を日本の捜査当局に提供した。田中逮捕が七月二七日となったのは、そのような経緯による。

しかし、最高裁の不起訴宣明は、重大な問題を含んでいた。

嘱託尋問は、司法取引の行われるアメリカでは合法である。だが、日本には刑事免責《イミュニティ》制度がないため、免責を前提とした嘱託尋問は違法のはずである。にもかかわらず、最高裁が拙速ともいえる宣明を発したのは、日本中が注目するなかでアメリカから要請があり、三木も徹底解明の立場だったからであろう。

各種メディアの報道ぶりも、最高裁の判断を狂わせた一因ではなかろうか。わずか数年前に「今太閤」と持ち上げたメディアは、いまや田中批判で塗り固められ、最高裁の対応を鈍いと非難した。『朝日新聞』はコーチャンにアメリカでインタビューし、その内容を連載している。

田中からすると、コーチャンには会った記憶すらない。実際には一度だけ通産相時代に大臣室で面会しているが、田中は忘れていた。

田中が自宅で面談したのは、コーチャン自身ではなく、その意を体した丸紅の桧山と大久保である。コーチャンについては反対尋問も認められないまま、証言が採用されたことになる。反対尋問とはこの場合、検察側証人に対する弁護側の尋問である。

コーチャンは日本だけでなく、アメリカでも不起訴になった。のちに最高裁は嘱託尋問調書の効力を否定し、宣明が誤りだったと認めるものの、それは田中没後のことである[156]。

田中の油断

逮捕前の田中は何を考えていただろうか。朝日新聞社の国正武重《くにまさたけしげ》によると、逮捕一週間前の七月二〇日、田中は衆議院議長の前尾繁三郎と電話していた。掛けたのは、前尾の側だった。田中と前尾は旧吉田派の同志であり、ともに党三役として池田内閣を支えたこともある。

前尾は、「ある人から頼まれたんだが、この際、議員バッジを外すことはできないか」と迫った。「ある人」とは布施検事総長であり、前尾は佐藤内閣の法相時代に検察人脈を培っていた。

布施の真意は、「国会議員を辞職すれば罪一等を減じる」、つまり逮捕ではなく在宅起訴で済ませるというものだったが、良識派の前尾は布施の名前を出さなかった。

すると田中は、「ある人」がどの筋かを確認しないまま、「バカなことを……」と衆議院議長、ひいては検事総長の提案を一蹴した。

前尾とすれば善意であったものの、田中の素っ気ない反応ではどうにもならない。田中は逮捕前から現金の授受を全否定しており、したがって辞める理由もなかった。田中には楽観的な情報しか伝わっておらず、逮捕されるとは思っていなかったのである。

だが、榎本秘書は五億円の授受とその性質を覚えており、検察の取り調べだけでなく、妻の三恵子にも話していた。榎本は本来、真っ先に田中に授受があったことを注意喚起し、身内には黙っておくべきだった。田中との齟齬は致命的となり、有罪判決に結び付いていく。

目白邸での陳情が毎日数百人にもなっていたことに鑑みれば、田中側からも秘書に確認し、口裏を合わせるべきところだった。しかし不思議なことに、田中が授受の有無をチェックした形跡はなく、榎本から逮捕前の田中に進言した様子もない。その危険性に気づくラスト・チャンスが前尾の電話だった。

仮に田中が前尾を通じて検察の動向を探り、榎本と事実関係を検討し、五億円の授受は認めつつもその性質が収賄ではないことで争っていたら、裁判は有利に展開したのではなかろうか。

だが、現実は逆である。田中は何の戦術もないまま逮捕された。秘書の配置を含めて、危機管理が甘かったといわねばなるまい。田中の生涯について、最も疑問を覚えるのはこの油断である。卑近《ひきん》な表現だが、裸の王様になっていた感が否めない。[157]

チーム田中の隙

秘書の佐藤や早坂らも、田中が逮捕されるとは夢にも思っていなかった。それにしても、授受を担当した榎本までが無防備で、田中に注意喚起しなかったことは、どうにも理解できない。

病気がちの榎本からすると、田中は雇い主であり、忠言をためらったのかもしれない。だが、非常事態であればこそ、事実関係や方針を詰めるべきであった。しかも榎本は、逮捕直後に授受を自供していながら、そのことを田中や弁護団に十分には伝えなかった。

田中は政治的天才といわれるが、どんな天才も完全無欠ではありえない。人を支えるのは、家族のようなチームである。そのチームに隙《すき》があった。すでに事務所を去っていた麓邦明がまだ秘書であれば、田中に嫌われても万一を想定し、法廷闘争まで視野に入れて準備を整えたであろう。

また、佐藤が榎本の立場であれば、迷わず田中に直言したに違いない。佐藤は田中と、こんな会話を交わしていた。

「ロッキード社からお金を受け取ってはいないでしょうね」

「ばかやろう。そんなもの、もらっているかい」

「もらっているのなら私が政治献金で処理しますから、ちゃんと言ってくださいよ」

「何言ってるんだ。絶対にないよ」

田中はロッキードからの献金について、佐藤に否定してみせたのだが、後述するように田中は収賄に手を染めていたと思われる。

佐藤は金庫番といわれるものの、佐藤が知っているのは資金の一部にすぎない。田中が佐藤に担当させたのは、砂防会館にある事務所のクリーンな金である。その事務所も捜索されたが、佐藤の経理は完璧であり、何の問題もなかった。

だが、田中の金庫は一つや二つではない。立花隆によると、田中の金庫は目的別に五つあり、田中だけがすべてを把握していたという。リスキーな裏金は、佐藤の知らないうちに目白邸に運び込まれていた。

田中は、目白の闇金について、佐藤に関知させなかったのである。それは落選に終わった三〇年前の初出馬から連れ添い、認知できない女児を育ててくれる佐藤への親心にも似た愛惜ゆえであろう。田中は誰よりも佐藤を守りたい。その情が裏目に出た。[158]

一四通の検事調書

くどいようだが重要なので、もう一度だけ、逮捕から起訴までを整理したい。検察が田中逮捕を決めたのは、一九七六年七月二三日のことであった。

逮捕される田中

そうとも知らない田中は、七月二四日から二六日まで三日間を軽井沢で過ごし、ゴルフを堪能していた。ヘリコプターをチャーターしての軽井沢行きである。検察に狙われているという緊張感はまるでない。

田中は七月二七日、いつもどおり朝五時半には目を覚まし、朝刊を読んでいた。紙面は、東京地検が「政府高官」を強制捜査しようとしていると報じていた。田中は遅ればせながら、自分がその対象となりうると察知したであろう。それは数十分後に現実となる。

午前六時半になると、松田昇特捜検事らが目白邸を訪れ、任意出頭を求めた。田中はゆっくりと背広に着替え、松田らと対面した。松田は階下の応接間で待っている。

「お迎えにあがりました」
「ずいぶん早いんだね」
「ゴルフに行かれるのではないかと思って早く来ました」
「君が松田君か。君は等々力のほうだね」

松田は児玉誉士夫も担当しており、等々力の児玉邸に足を運んでいた。田中はそのことを知っている。はなと眞紀子は、顔をこわばらせた。

田中は東京地検の車に乗り込むとき、はなと眞紀子に向かって、「留守中は、みなが一つになって、仲良くやってくれ」と告げた。田中は「心配するな」と平静を装いながらも、外出が長引くことを覚悟した。はなは眞紀子とともに、黒塗りの車を見送るしかない。

田中は東京地検に入り、そこで逮捕状を執行される。逮捕された田中は、直ちに中曽根幹事長宛てに自民党の離党届をしたため、田中派の七日会にも退会届を書いた。

田中の身柄が小菅の東京拘置所に移されると、地検捜査本部は取り調べを行った。取り調べは七月二七日から八月一四日に及び、田中は一四通の検事調書を作成されている。

「田中の身上・経歴」七月二七日

「五億円受領を否認した事実」七月二八日

「榎本、その他の秘書官、及び笠原政則その他の使用人の職務内容」八月一日

「来訪者との面接の一般的状況」八月四日

「日米貿易収支不均衡是正のための緊急輸入措置とその経緯」八月七日

「総理の職務権限に関する憲法、内閣法等の規定の内容に関する田中の認識、閣議の

一般的運営状況、閣僚懇談会等の一般的説明」八月七日
「四十七年八月三十一日及び九月一日の日米首脳会談に関連した動きについて」八月八日
「四十五年十一月二十日の閣議了解『航空企業の運営体制について』の効力」八月九日
「丸紅及び桧山との関係」八月一〇日
「田中と三井物産との関係」八月一一日
「田中と全日空との関係」八月一一日
「田中と小佐野賢治との関係」八月一三日
「田中と三井物産との関係(補充)」八月一三日
「田中が本件五億円の受領等を否認した事実」八月一四日

田中は五億円の受領を否定し、小佐野を刎頸の友と呼んだことはないと述べた。飛行機には関心も知識もなかったという。

これらの調書を読むと、田中は通産相から首相期にかけて多忙を極めており、記憶が不鮮明なところも少なくない。ロッキード社のコーチャンや、丸紅の桧山らについては記憶がないものの、新聞報道などに出ているので会っただろうというのである。[159]

榎本との齟齬

検察からすると、田中から有益な供述は得られなかった。しかし、五億円についてはこんな応酬がある。

「あなたは、ロッキード社から丸紅を介して昭和四十八年八月十日ころ一億円、同年十月十二日ころ一億五千万円、同四十九年一月二十一日ころ一億二千五百万円、同年三月一日ころ一億二千五百万円をそれぞれ受け取ったのではありませんか」

「そのような事実はまったくありません」

「榎本敏夫は、あなたのために丸紅の伊藤宏から合計五億円を受け取ったと述べていますが、いかがですか」

「私は受け取ったことはありません」

「榎本はこの金を受け取る前と受け取ったあとにあなたに報告し、金は目白台のお宅へ持ち込んだと述べていますが、いかがですか」

「そのような事実はまったくありません」

田中は五億円の授受を否定するが、丸紅の伊藤から五億円を受け取ったという榎本の供述とは、重大な相違がある。

では榎本は、なぜ五億円の授受を認めたのか。担当弁護人の木村喜助によると、検察が

「田中、五億円受領を認める」という虚偽の情報をリークし、それを掲載した七月二八日の『サンケイ』紙を見た榎本が、「秘書として合わせなくてはいけない」と考えて授受を認めたという。

たしかに同日の『サンケイ』は、田中が「逮捕容疑を大筋で認めた模様である」と報じていた。この点は、『朝日新聞』や『日本経済新聞』も同様である。田中が完全否定であったことに鑑みれば、誤報といってよい。

だが榎本は、一審判決前の一九八三年一月、ロッキード社とは無関係の政治資金としながらも、丸紅の伊藤宅で五億円を受け取ったとテレビ朝日の取材班に述べている。この点は、次章で論じたい。

他方、丸紅側関係者の調書によると、丸紅はロッキードから段ボール箱入りの五億円を受け取ったものの、中身を確かめずに榎本に渡したとされた。いわば丸紅メッセンジャー説である。[160]

大弁護団

榎本は一九七六年八月九日、外為法違反で起訴された。田中も八月一六日、受託収賄と外為法違反で起訴される。田中と榎本は八月一七日、それぞれ二億円と三〇〇〇万円を支払って保釈された。

田中が目白邸に戻ると、百人近い田中派議員が待ち構えていた。ここで田中は、生涯で最も激烈に演説する。

「おれは闘う目標ができた。このままずりつぶされてたまるか。裁判で徹底的に闘う。選挙は近いだろう。君たちは遠慮なくおれの悪口を言え。そして当選してこい。選挙のカネは用意してある。安心して闘え」

演説が終わると、議員たちはどよめき、田中に握手を求めて殺到した。涙する者の数も、五人や一〇人ではない。

田中のストレスはピークに近かった。それでも、周囲に当たり散らすことはなく、「君らにも迷惑をかけたなぁ」と使用人の一人一人に声を掛けた。気を紛らわせるのは、酒とたばこである。もともと多い酒量が、ますます増えた。

田中は自民党を離党し、田中派の七日会からも退会していたため、田中事務所を砂防会館から近くのイトーピア平河町ビルに移した。七日会は旧田中事務所と同じ砂防会館を拠点としており、けじめを付けるためである。イトーピア平河町ビルには、越山会会長で元検察の原長栄の法律事務所が入っており、弁護団の会議室も設けられた。

そこで田中は、弁護団と法廷戦術を練った。弁護団長は元大阪高等検察庁検事長の草鹿《くさか》浅之介《あさのすけ》で、主任は元大阪高等裁判所長官の新関勝芳《しんぜきかつよし》であった。いずれも大物である。もう一人の主任は、越山会会長の原だった。

ほかにも弁護士の本田正義、石川芳雄、真鍋薫、富沢準二郎、木村喜助、保岡興治、稲見友之が加わっており、大弁護団を維持する費用は巨額であった。保岡は田中派の衆議院議員で、弁護士資格を持っている。[161]

二つの弁護方針

田中と榎本の供述は、五億円の授受をめぐって食い違っていた。このため、弁護団には二つの方針がありえた。第一は、授受そのものを全否定することであり、第二は、授受を認めながら金の趣旨で争い、違法性はないと主張することである。どちらを採用するかは、大きな岐路となる。

田中は一貫して、「総理大臣がそんなバカなことをするわけがない」、「ロッキードからなんか一円ももらってないんだ」という全否定である。

弁護団には趣旨で争ったほうが有利だという意見もあったが、田中の意向により、授受そのものがなかったと主張することにした。かつて炭管疑獄が無罪になったことから、田中には裁判所に対する信頼があったのかもしれない。

しかし、この方針は完全に裏目と出る。次章で論じるように、榎本の妻だった榎本三恵子が法廷で授受を証言し、弁護団が反対尋問を放棄したことで、授受は否定し難くなる。

仮に田中が秘書による授受を認めつつ、収賄ではなかったとして金の趣旨で争っていたら、検察は窮《きゅう》したであろう。政治家によっては、秘書が勝手にやったと言い逃れたかもしれない。検察の弱点は、五億円がどのように使われたか調べられず、冒頭陳述書に使途を書けなかったことである。異例にも、検察が使途の立証を放棄したまま、公判は準備されつつあった。

田中は支持者たちの疑いを晴らすべく、越山会の会誌『月刊越山』一〇月一日号で、「ロ社から政治献金は全く受けていない」と潔白を説いている。

一二月五日のみそぎ選挙では、無所属ながら一六万八五二二票を得た。選挙期間中の演説は、新幹線、国道、橋、ダムなど具体例に富み、数字を次々と繰り出す田中節が健在である。二位は社会党の小林進の五万四三〇二票であり、その三倍以上の得票だった。

首相として迎えた前回の一八万票にこそ届かないが、田中の読みの一一万票をはるかに上回った。前々回の一三万票も超え、逮捕後としては異常ともいうべき全国三番目の得票数である。

田中派では、後藤田が初当選を果たしたものの、梶山は落選した。この選挙で自民党は二四九議席で過半数に達せず、三木の辞任後に、ライバルの福田が首相となっている。盟友の大平は、幹事長に就任した。[162]

初公判

ロッキード事件の初公判は、一九七七年一月二七日に東京地裁で開かれた。七階の七〇一号法廷は東京地裁で最大であり、約六百人が五二枚の傍聴券を求めて詰めかけていた。被告は田中、榎本、桧山、大久保、伊藤の五人、裁判官は岡田光了《みつのり》裁判長ほか二人である。首相在任中の行為が犯罪として起訴されたのは、史上初のことだった。首相経験者としては芦田均が一九四八年一二月に昭和電工事件で起訴されていたものの、それは首相ではなく外相期の収賄であり、しかも無罪になっている。

主任検事の小林幹男が起訴状を朗読すると、田中は万年筆で縦書きのメモを取り続けた。それが終わると、田中は裁判長に被告人陳述を求められた。

発言台に立つと、「ロッキード社から、いかなる名目にせよ、現金五億円を受領したことは絶対にありません」と田中は強く否認した。核心となる一九七二年八月二三日については、こう述べた。

私も総理大臣に就任して一ヶ月程たったばかりでありました。そこへ突然来宅した桧山丸紅社長が、飛行機の売り込みに対する協力を要請し、成功したら五億円差し上げますと、申し込むなどということは、常識的に考えられることではなく、桧山社長がそれ程強い心臓の方であるとは、とても考えられません。

又、「わかったの角さん」などと一部マスコミに揶揄されたりする政治家の私でも、それ程軽卒でもなく、藪から棒のように単刀直入に「五億円用意してありますからよろしく願います」などと申し込まれて、「わかった」などと即答したりする程単純でもありませんし、事実そのようなことは、全くなかったのであります。

「わかったの角さん」のくだりは傍聴席から笑い声を誘い、張り詰めた廷内の緊張感をやわらげた。東京新聞社は、「聴衆の心理をつかむのにたけた田中の、自信を持って書いたシナリオ、自信を持ってぶち上げた名演説の場面だった」と分析する。

田中は「自ら政界から身を引くこと」も考えたとするが、実際に引退を迷った形跡はなく、これは誇張だろう[163]。

「死よりもつらい」

しゃがれ声の口調が変わったのは、後半の「所感」にかかったときである。

私の逮捕をきっかけとして、私は厳しい、そして激しい世の指弾を受け、思いもそめないような架空の事実まで流布せられ、それこそ完膚なきまでに痛めつけられ、何の弁解も成り立たず、許されもしないような情勢となって参りました。

その激しく、執拗な私に対する非難攻撃に堪え抜くということは、死よりもつらい思いがしたのであります。

裁判官、検事、弁護士、メディア、傍聴者たちの刺すような視線を一身に浴びながら、「死よりもつらい思いがした」と田中は述べる。

二行、三行と読むうちに、うめき声しか出なくなり、ハンカチで顔をぬぐった。その目からは、いつしか涙が流れている。陳述は途切れがちになり、やがて証言台に両手を立て、涙を拭《ふ》くことを放棄した。

かつて庶民宰相と呼ばれ、いまなお政界に君臨する田中である。その最高権力者が被告人としての陳述で落涙《らくるい》している。もともと田中は直情径行であり、涙は演技ではない。田中の背中は、批判を繰り返していた報道関係者にさえ、本当に無実だと思わせる迫力にあふれていた。その姿は、満席の法廷を異様な空気に染めた。傍聴席の立花隆は、「もしあの場面がテレビで中継されていたら、田中は一挙に世論を逆転させることができたかもしれない」と記している。

しかし、田中が法廷を支配できたのは、ここまでである。検察が冒頭陳述を始めると、雰囲気は一変する。検察の陳述は四万字を超え、丸紅との接触から五億円の授受に至るまで、詳細かつ具体的だった。田中の表情は固くなり、何度も首を振って見せた。

その半面で、五億円の使途に論及できないという弱点が検察にはあった。授受の一部がイギリス大使館裏の路上やホテルオークラ駐車場で行われたとするなど、検察が主張するシナリオには不自然なところもある。

政治家が頻繁に使うホテルの駐車場で、大金を受け取るなど、およそありえない。このときの検察は、強引にストーリーを作ろうとするあまり、社会常識に欠けていたのではなかろうか。

五時間半にわたった初日の攻防戦は、長い裁判の序幕にすぎない。一九一回に及ぶ公判は原則として毎週水曜に行われ、検察は調書などの証拠を次々に突き付けてくる。コーチャンらへの嘱託尋問調書もそこに含まれており、全否定で立ち向かう田中の前途は多難だった。

田中は弁護団と毎週月曜に打ち合わせを重ねた。第二回以降も田中は出廷するが、弁護士に対応を任せており、田中が口を開くことはなくなる。一九八三年一〇月の一審判決まで、六年九ヵ月の長い道のりである。[164]

第7章 「闇将軍」と「田中支配」

田中派の「お義理解散」

一九七七（昭和五二）年三月一六日のことである。この日は水曜日だった。

いつものように田中は午前一〇時前、早坂とともに黒塗りの車で東京地検に現れる。ダークスーツのボタンを留めると、ＳＰたちに囲まれながら正面玄関をくぐり、顔なじみとなった職員に向かって右手を上げる。口元には、余裕の笑みを浮かべて見せた。エレベーターが七階に着くと、その足は七〇一号法廷に向かう。

同じころ砂防会館の三階には、七日会会長の西村英一をはじめ、田中派の議員が続々と詰めかけていた。田中が脱会している以上、本来は旧田中派となるが、メディアは相変わらず田中派ないし「田中軍団」と呼んだ。田中派には衆参で八四人の議員が属しており、そのほとんどが顔をそろえている。

とはいえ、この日の会合は、軍団の連帯を誇示するものではない。それどころか、派閥解消の解散式である。福田首相が派閥解散を唱えて自派を解散してから、大平派や中曽根派も解散の流れになっていた。田中派も例外ではない。

西村は挨拶に立つと、「田中先生がこの席に見えないのは残念だ」と寂しげな様子を見せた。続く二階堂副会長は対照的に、「今後は政策集団として結束を」と意気盛んである。二階堂が「政策集団」と述べたのは、七月に参議院選挙を控えていたためである。田中派は、自民党内で最大の二四人もの候補者を予定していた。進行役が候補予定者たちの名前を一人ずつ呼ぶと、候補者たちは頭を下げ、「がんばれよ」と拍手を浴びる。

解散式のはずが、いつのまにか参議院選挙に向けた結団式めいてきた。その模様について『毎日新聞』は、参議院選挙を控えての「お義理解散」と報じた。実際、二階堂、金丸、竹下ら幹部をはじめ、相互の関係が密接であり、最大派閥は実質的に存続したといってよい。

七月一〇日の参議院選挙では、与野党の議席差が七から四に縮まり、与野党伯仲が進んだ。福田は与野党逆転こそ阻止したものの、厳しい国会運営を強いられることになる。田中派は改選前より一〇人減の三二人で、衆参合計は七五人となった。これによって田中派は福田派を一人下回り、最大派閥の座から滑り落ちた[165]。

「目白の闇将軍」

参議院選挙から二ヵ月半後の一九七七年九月二八日には、旧七日会のメンバーが新総合政策研究会を発足させた。その名目は政策研究であり、会長は外務事務次官、駐英大使、帝国ホテル社長を歴任した大野勝巳《かつみ》である。

しかし、その拠点が砂防会館であることからしても、実態は田中派の再結成にほかならない。西村だけは元七日会会長という経緯もあり、「〔参加すれば〕偽装解散だったことを自ら証明するようなもんだ」と不参加だった。

田中はもちろん、表に出てこない。水面下で田中は何を考えていたのか。二つの思惑があった。

第一に、政権交代への圧力である。

福田総裁は一九七八年一二月に二年の任期切れとなる。福田派以外では、大平に政権を譲渡する「大福二年盟約説」が信じられており、大平も福田からの禅譲を疑わなかった。

しかし、すんなり禅譲とはいかないのが、政界の常である。田中が勢力を結集しておけば、次期政権をコントロールしやすい。しかも大平は、田中の盟友である。『読売新聞』は新総合政策研究会について、「キナ臭い新田中軍団〝福大交代〟にらむ布石?」と報じている。

第二に、裁判への圧力である。

田中最大の関心は法廷闘争にあった。数の力を背景に無言のプレッシャーをかけて、裁判を有利に展開したい。少なくとも、三木政権の稲葉修《おさむ》法相のように、反田中の政治家が法相となることは望ましくない。

田中が「闇将軍」と呼ばれ始めるのは、このころからである。大平側近の伊藤昌哉によると、かつて田中は一九七六年一月に政界での再浮上を狙い、「当分は闇将軍になる」と周囲に語ったという。だが、これは伝聞であり、信憑性は低い。

調べられた限りでは、ジャーナリストの小池亮一が、雑誌『現代』一九七八年五月号に「田中角栄――大逆転を企てる闇将軍」を載せている。「闇将軍」を最初期に用いたものの一つであろう。

それによると、「田中＝二階堂ライン」が日中平和友好条約の交渉再開に向けて、福田に圧力をかけていた。

「四月冒頭に成立した今年度予算も、その修正騒動では、ぜんぶ田中が糸を引いた。新自由クラブまるめこみもその一環だった。表に立って踊ったのは大平だが、あやつったのは田中であった。〝目白の闇将軍〟なのだそうである。ずいぶんご大層な名前だが、本人はこのニックネームをそれほど気にしていない」という。

また、五月一九日の『読売新聞』には、「『闇将軍』の意味わかりプイ！」という記事がある。それによると、福田は前日に大平や三木と会談し、「巨頭会談の連続だよ」と上機嫌で記者に語った。

記者が、「こんなにいろんな人に会うようだと、そのうち闇将軍（田中元首相）とも会うのではありませんか」と聞くと、福田は「ネ、ネ、闇将軍って、だれのこと？」と反問した。その瞬間、福田はピンときて、「ボクはそうは思わんね」と顔をそむけている。記者は、「どうやら〝タブー〟に触れた結果になったらしい」と書いている。[166]

キング・メーカーと秘書会

田中が「闇将軍」としての実力を見せつけたのは、一九七八年一一月の自民党総裁選であった。総裁選になったのは、福田が大平に総裁を譲らなかったためである。先に触れたように、福田と大平の間には、二年で政権を大平に渡すという密約があったといわれる。田中は、福田からの禅譲を信じていた大平にあきれ、佐藤秘書にこう漏らした。

「大平は純粋に人を信じるんだよな。クリスチャンだからだろうか。いくら福田君が証文《しょうもん》を書いたって、立会人がいたって、あてにはならん。そんなものは表に出せるはずもないんだから。これまでだって禅譲の約束は何回もあったが、守られたことがあったかい。しょせんは政治家の空手形なんだからなあ」

そこで田中は佐藤を使いながら、信濃町の旧池田勇人邸に大平を呼び出した。そこには、池田没後も満枝夫人が住んでいる。最重要局面の密会で佐藤を使者にしたことは、田中の最も信頼する人物が佐藤であることを意味した。大平が現れると、田中は立候補を逡《しゅん》巡《じゅん》する大平の背中を押している。

総裁を決める予備選挙には、福田、大平、中曽根、河本敏夫が出馬した。河本は三木の後継者である。

福田優位の報道が多いなか、福田は自信をのぞかせ、予備選挙で二位以下の候補者は本選挙を辞退すべきと明言していた。「昭和元禄」「狂乱物価」など名言の多い福田にとって、生涯で最も後悔される発言かもしれない。

というのも、予備選挙で一位になったのは、福田ではなく大平である。大平が田中の支持を得て巻き返していた。田中は、後藤田をはじめ自派の議員から各地の有力者に至るまで、あらゆる人脈を通じて大平票を固めた。

のみならず田中は、田中六助や鈴木善幸のような大平派幹部まで呼び出して、「大平派には真剣さが足りない」と活《かつ》を入れた。田中でなければ、ありえない行動だろう。

このとき活躍したのが、田中派の秘書会である。田中派の秘書会メンバーは、約千人もいる。数が多いばかりでなく、日頃から組織されているだけに、団結力が桁違いである。ロッキード事件は、秘書会の結束をむしろ高めていた。

田中の作戦は、秘書会を総動員して、全国の党員を戸別訪問させることだった。田中は砂防会館の大会議室に幹部秘書を集めると、「田中角栄秘書」と刷られた名刺を渡した。

「今日から君たちは全員、田中角栄の秘書だ。田中角栄秘書の名刺を持って大いにがんばってほしい」

田中に激励され、「田中角栄秘書」の名刺を手にした秘書たちが、奮い立たないはずがない。ある秘書が九州の小さな町の町長を訪ねると、町長は、「俺は角さんのファンなんだ。角さんが応援してる大平さんなら、うちの村は一票もこぼさないようにして大平にまとめるからって、そう伝えてくれ」と口にした。

それを聞いた田中は、「いやぁ、このたびはなんか大平でまとめてもらうそうだけど恩に着ますよ、ありがとう。なんか陳情事あったら、いつでもやってきてくれ」と町長に電話した。町長は田中と一面識もなかっただけに、田中が直々に電話してくれたことに深く感激した。

これはほんの一例にすぎない。田中のファンは全国にいる。「にわか田中角栄秘書」の効果は絶大であった。一年生議員の秘書では相手にしてくれなかった党員たちが、「田中角栄秘書」の名刺には目の色を変え、総裁選の投票用紙まで預けた。他派閥では不可能なローラー作戦である。

この作戦は大平に勝利をもたらし、福田が本戦を辞退したため、大平の当選が確定する。しかもそれは、金ではなく団結力の勝利だった。「田中軍団」と秘書会の面目躍如であろう。田中が宿敵の福田を下し、キング・メーカーとして復権した瞬間である。

先に挙げた二つの思惑のうち、田中は一つ目を達成した。それは「田中支配」の幕開けにほかならない[167]。

大平内閣と「田中支配」

仮に総裁選を行わず、福田が大平に政権を禅譲していたら、田中は苦しい立場になっただろう。盟友と宿敵が組む「大福提携」は、田中にとって最悪のシナリオである。「大福提携」で政権をたらい回しにできるなら、田中の存在感は低下する。

そうなれば、非主流派として田中派内の不満は高まったであろうし、福田は一九八〇年六月の大平急死後に再登板していたかもしれない。

だが、田中にとって幸いなことに、「大福提携」は成立しなかった。田中が刑事被告人となったため、その力量を福田は侮《あなど》っていた。福田は再選を疑わなかったと回想する。

ロッキード事件の後、田中氏の政界への影響力はあまりなくなった。〔中略〕福田政権下での総裁予備選について、私は再選を全然疑わなかったよ。〔中略〕大平君が総理になってからは、かなり田中氏の影響力の復元の時期になる。〔中略〕しかもこの二重構造の期間がかなり続くわなあ。田中元首相が病に倒れるまで六、七年続く。

福田は過信によって大平を田中の側に追いやり、その意図とは裏腹に、再起の契機を田中に与えた。「角福戦争」は、田中を「闇将軍」とする「田中支配」に発展したのである。

第一次大平内閣で田中は、江﨑真澄通産相、橋本龍太郎厚生相、山下元利防衛庁長官、金井元彦行政管理庁長官を送り込んだ。小坂徳三郎経済企画庁長官も田中に近いが、この時点では無派閥だった。

かつての田中内閣と同じく、大平内閣の発足は、福田とのしこりを引きずった船出である。

大平は党三役に田中派を入れなかったものの、法相には無派閥の古井喜実《ふるいよしみ》を起用した。古井は田中を「有能な政治家」と評していた。田中の力で首相になった大平が、反田中の政治家を法相にするはずもない。この点は、第二次大平内閣の倉石忠雄法相、鈴木内閣の奥野誠亮《せいすけ》法相、中曽根内閣の秦野章《はたのあきら》法相にも当てはまる。

ロッキード裁判以外で「田中支配」に死角があったとするなら、それは田中派内の不満であろう。派閥オーナーが刑事被告人である以上、大派閥ながら田中派内から総裁候補者は出しにくい。

しかも田中は、叩き上げではない政治家を優遇している。江﨑が通産相となったほか、後藤田は第二次大平内閣で自治相として初入閣し、中曽根内閣では官房長官になる。中堅議員からすれば、大臣ポストが遠のいたことになる。

田中は豊富な資金とポストで派内の不満を懐柔しながら、裁判では無罪を得なければならない。しかし、もともと派閥とは、総理総裁を目指すためのものである。派閥を拡張しつつ総裁候補を出さないことは、深刻な矛盾にほかならない。

それでも田中は無罪を確信しており、裁判に勝利するためにも「田中支配」を強めようとする。田中は一九八二年一一月の予備選挙でも中曽根を圧勝させ、河本など他候補に本戦を辞退させている。[168]

「四〇日抗争」へ

一方、ロッキード裁判では、ロッキード社元幹部に対する嘱託尋問調書が争点の一つとなっていた。

法廷では一九七九年二月一四日、検察がコーチャンの嘱託尋問調書を読み上げる。調書は裁判の決め手になると目されており、田中への請託や五億円の謀議が生々しく明かされた。田中は目を閉じたまま、検察の声に耳を傾けた。

コーチャン調書の朗読は二月二八日、三月七日と続き、それが終わると検察の朗読はクラッター調書に移った。コーチャン、クラッターの調書は合わせて一一巻もあり、ようやく三月一四日に読み終えた。のべ二二時間一〇分にわたる棒読みが終了すると、田中は淡々とした表情で席を立った。

刑事被告人として、毎週のように出廷する田中だが、その威光は中央政界で群を抜いていた。その一端を示すのが、高速道路建設への影響力であろう。高速道路は新幹線と並び、交通整備の柱を成す。この時期に重要視されていたのが、関越自動車道のインターチェンジである。インターチェンジは、新幹線でいえば駅に当たる。

沿線自治体の関係者らは、「〔新幹線の〕駅が浦佐ならインターは小出」などと田中への陳情に躍起となっていた。小出のほか、米山や塩沢にインターチェンジが追加されたのは、田中によるところが大きい。

田中は、秋の政変でも存在感を見せつける。野党が九月七日に内閣不信任案を提出し、大平が衆議院を解散したのである。田中は一〇月七日の総選挙に向けて、「新幹線は五十六年十月一日開通します。高速道は関越が五十八年度、あと二年で小出、柏崎まで、六十年には親不知《おやしらず》が開通する」と地元で力説した。

選挙後の田中派には綿貫民輔《わたぬきたみすけ》や田原隆《たわらたかし》が加わり、衆議院で五二人を数えた。参議院三三人と合わせて計八五人となり、福田派を上回る最大派閥に返り咲く。のみならず、福田派の園田直や倉石忠雄のように、「現住所福田派・本籍田中派」と呼ばれる「隠れ田中派」も他派にいた。

しかし、自民党公認候補の当選は、歴史的敗北の前回よりも、さらに一人少ない二四八人にしか届かない。福田や三木、中曽根が、大平の責任を追及した。

大平が田中派の協力を当てにして一〇月二一日に電話すると、田中は、「政権は維持するか、捨てるのか二つに一つしかない。このことについて、総理・総裁はつねに総務会と両院議員総会（または党大会）に責任をもっている。だから、これ以外のものには進退を一任することなどあり得ない」と説いた。

田中の真意は、大平を福田と妥協させないことにある。大平は一一月六日の衆議院で福田と首班指名を争い、田中派の支援によって一七票差で福田を下した。福田からすれば、またも田中に敗れたことになる。

このとき田中は福田に怒り心頭であり、田中派の会合で「今回だけは許せん」と福田を名指しで非難した。国会の首班指名で自らが立つのであれば、福田は党を割って出るのが筋である。「角福戦争」は、もう抜き差しならない。

第二次大平内閣は一一月九日に発足し、大平は田中に近い倉石を法相に起用した。倉石はロッキード事件について記者会見で問われると、「公明正大で青天白日になられることを友人として念願しています」と述べた。倉石が田中に近いのは周知のこととはいえ、法相としては問題発言だろう。

野党は案の定、「第二次大平内閣が疑惑隠しの〝角影《かくえい》内閣〟であることが実証された」と追及してくる。さらに党内は人事で迷走し、党三役が決まったのは総選挙から四〇日目の一一月一七日だった。一連の騒動は四〇日抗争と呼ばれる。[169]

盟友の急死

並の政治家であれば、一九七九年秋の四〇日抗争で福田に再び勝利したことに満足するだろう。ところが、田中は次の展開を読み、中曽根に触手を伸ばす。中曽根派は一一月六日の首班指名で、福田に投票していた。

田中からすれば、福田、三木とは相容れず、大平とは盟友であり、中曽根はキャスティングボートを握れる。しかも中曽根は、福田と同じ群馬三区選出であり、中曽根と福田は微妙な関係にある。

田中は中曽根に会うと、「どうも来年また解散がありそうだ。不信任ということもまたあり得るかもしれない」、「そうなったらよろしく頼む」と協力を要請した。

不信任が「またあり得る」というのは、同年九月に野党の内閣不信任案が衆議院に上程され、大平が解散総選挙を行ったことを踏まえての発言である。このときは不信任案が上程されたものの、可決されてはいなかった。不信任案が出されても、自民党から脱落者が生じない限り、可決は回避できる。

中曽根には、田中の協力要請が腑に落ちなかった。常識的に考えて、一〇月の総選挙から一、二年間は、与野党ともに解散は望まないだろう。「どうも来年また解散がありそうだ」と言う田中に対して、中曽根は「解散なんかあり得ない」と上の空である。

だが、現実には一九八〇年五月一九日に衆議院は解散となる。先の総選挙から七ヵ月後のことだった。

解散の原因は、五月一六日の内閣不信任案可決である。その日、田中は国会の無所属議員室から小沢一郎や石井一に指示し、大平に「そんな弱気を出しちゃダメだ。しっかりがんばってくれ」と伝言している。しかし、福田派や三木派が欠席したため、野党の内閣不信任案は可決された。

大平は、衆参同日選挙に打って出る。初のダブル選挙は六月二二日と決まった。中曽根は後年、「角栄さんが前の年から解散を読んでいたのには感心しました」と述べている。

解散総選挙は悲劇を招いた。盟友の大平が心筋梗塞《しんきんこうそく》で倒れて入院し、六月一二日に他界したのである。

倒れる直前の大平

体調悪化を聞いた田中は、選挙期間中にもかかわらず帰京し、その日に大平と会うはずだった。田中は早朝、伊東正義官房長官の秘書官から「いよいよ危ない」と告げられると、「ああ、ああ。それは、それは、ああ……」と言葉を失った。
田中が病院に着いたとき、すでに大平は亡くなっていた。田中は、「然るべきところへは電話したか、亡くなったということを」と周囲に世話を焼き、自らも「大平が死んだ」と涙ながらに佐藤秘書に架電している。

田中は大平との日々を追憶しながら、やる瀬ない思いを追悼文にしたためた。

お互いは三十年余の交友であり、彼もまた最後に何事かを伝えんと求め、われもまた、そのために帰京しておりながら、生あるうちに会い、また語ることのかなわなかったのは何故なのか。このことは時が経つほど私の脳裡を去らない。このことは私の生涯を通じて消えることのないものであろう。今はただ心から亡き友の冥福を祈るのみである。[170]

大平との日々は、田中の胸間に刻まれている。田中最大の功績たる日中国交正常化も、大平に極めて多くを負っていた。その盟友を田中は、突如として失ったのである。それでも田中はひるまず、次のターゲットとして鈴木善幸に狙いを定めた。

鈴木内閣と二階堂の復権

大平没後の一九八〇年六月二二日、自民党は総裁未定のままで、ダブル選挙に圧勝した。衆議院は三六議席増の二八四人、参議院は一一議席増の一三五人である。新しい総裁には中曽根や河本、宮澤が有力視されたものの、田中は大平派の鈴木を支持して、総理総裁に就任させた。

鈴木首相の誕生は、本人すら予期しないものであった。鈴木は総裁選に立候補したことがなく、派閥の領袖ですらない。鈴木が首相を目指したことはなく、本来は調整役の総務会長がうってつけだった。

池田、前尾、大平と連なる宏池会の本流からすれば、次は宮澤と考えるのが一般的であろう。鈴木もそう思ったが、エリート主義の宮澤は反田中と目されている。しかも宮澤は、三木内閣の外相だった。宮澤は三木内閣の外相として、アメリカに資料提供を求める三木を支えたと解されており、田中は宮澤を嫌っていた。

大平直系という意味では伊東正義がいるものの、清廉潔白で知られる伊東も、田中と反りが合わない。

他方、中曽根を担ぐことには、金丸が反対していた。金丸は三木内閣期に国土庁長官として、中曽根幹事長とダム建設をめぐって対立して以来、中曽根嫌いを公言している。

この点、田中派にとって鈴木は扱いやすい。田中と同じ一九四七年に初当選の鈴木は、長らく大平派と田中派のパイプ役を担ってきた。田中側の窓口は二階堂である。田中と鈴木は佐藤内閣で、幹事長と総務会長の関係でもあった。鈴木は記者会見で「古い友人」にけじめをつけると語ったが、田中と鈴木が近しいことは広く知られている。

その鈴木が法相に据えたのは、無派閥で田中寄りの奥野誠亮であった。田中は亀岡高夫農相、斉藤滋与史《しげよし》建設相、石破二朗自治相、大村襄治防衛庁長官を閣僚に送り込む。鈴木の党人事で特徴的なのは、二階堂を総務会長に据えたことである。西村英一が落選していただけに、二階堂は田中派の大番頭と見なされている。新聞はまたも「角影」と報じた。

　これまでも田中は大平内閣期に二階堂の登用を求めてきたものの、二階堂がロッキード事件の灰色高官だったことから、[171]大平は先延ばしにしていた。鈴木はその禁を破って、親しい二階堂を復権させたのである。

木曜クラブと「総合病院」

　田中は一九八〇年一〇月二三日、二階堂を会長とする木曜クラブを立ち上げた。かつて田中派は七日会と称したが、一九七七年三月に解散していた。一九七八年一月には、西村英一を会長とする政治同友会が発足していたものの、田中の意向を受けた二階堂や小沢辰男が、派内の世代交代に理解を示す西村や金丸と対立した。

　西村が一九八〇年六月に落選したため、会長の交代が必要になるとともに、名称も木曜クラブに変えた。木曜クラブという名前は、旧佐藤派の木曜研究会を下敷きとする。そこには保守本流として、福田派に対抗するねらいが込められた。

　木曜クラブは衆参九三人を集め、田中自身も参加したことが注目される。田中は会長の二階堂を重用することで、竹下や金丸らの台頭を抑えようとした。その二階堂は派内の融和に配慮し、竹下を代表幹事とする。

木曜クラブには、入会が相次いだ。一二月一九日には小坂徳三郎、有馬元治、佐藤信二など七人が入り、田中派は一〇一人となる。佐藤信二は、一九七五年に亡くなった佐藤栄作の二男である。

田中はスピーチなどで、自派を「総合病院」にたとえるようになった。田中は『日本経済新聞』のインタビューで、こう述べている。

(田中派には) 多彩な専門家が寄っている。総合病院だよ。診てもらいたい医者、少しぐらいわがままの言える看護婦がいる所へ、人が集まるのは自然でしょ。

僕らの集団は「時間が来たから(医者が)帰る」ということはしないし、相手が頼めばちゃんとやってやるだけの温かみがある。(田中派は)リスクの大きい職業の中で必然的にできた互助会制度なんだ。

田中派という「総合病院」は、鈴木派の八二人、福田派の八〇人を大きく引き離した最大勢力である。しかも、ある田中派の幹部は数十人近い入会希望者がいると豪語しており、田中派の拡大傾向は強まるばかりであった。

「総合病院」のなかでも、「田中派の牙城」と呼ばれるのが建設省であった。金丸、小沢辰男などの族議員に加えて、田中自身が建設省幹部と定期的に会合し、太いパイプを誇っている。

田中派は佐藤内閣末期から三木内閣まで、七期連続で建設相のポストを得たのち、一時は福田派などに奪われたものの、第二次大平内閣で田中に近い中間派の渡辺栄一、鈴木内閣では田中直系の斉藤滋与史を建設相に送り込んでいる。

自民党の政務調査会では、金丸が道路調査会長となった。『朝日新聞』によると、建設省では「田中派にパイプがないと出世しにくい」というムードさえあるという。

田中派といえば党人派のイメージが強いが、官界からもリクルートしている。なかでも元建設官僚の国会議員は、ほとんど田中派に入っていた。衆議院では元建設事務次官の山本幸雄《さちお》、元建設省九州地方建設局長の田原隆、参議院では元建設事務次官の坂野重信《さかのしげのぶ》、元建設省河川局長の古賀雷四郎《こがらいしろう》、増岡康治《こうじ》、上田稔《みのる》である。

鈴木内閣は一九八一年一一月三〇日に改造しており、田中は小坂徳三郎を運輸相に起用させた。田中は、外様の小坂や山下を竹下のライバルに仕立てようとしたのである。この改造では、二階堂が幹事長に就任したのも特徴である。

なお、一九七七年九月に生まれた新総合政策研究会は政策研究を名目とする団体であり、企業の役員も参加していたため、木曜クラブ発足後も存続している[172]。

榎本調書をめぐる攻防

木曜クラブ発足から一ヵ月半後の一九八〇年一二月三日、榎本はロッキード事件の公判で検察の尋問を受けていた。田中と榎本の方針は、四回で計五億円とされる授受の全否定であった。しかし、元丸紅専務の伊藤被告は、すでに一月から二月の公判で、榎本への五億円供与を認めている。

検察が一九七六年八月三日と一〇日付けの榎本調書をもとに五億円の授受について問うと、榎本は「絶対ございません」と強く否定した。

調書で五億円を受け取ったと述べたのは、田中が自供したという『サンケイ』誤報記事を七月三〇日に検事から見せられ、「洗脳された」ためと榎本は主張した。

東京地裁を出る榎本

すると検察は閉廷の直前に、「七月二八日に自白している（検事）調書を開示します。そのうえで次回即刻、質問します」と述べた。

榎本が逮捕翌日の七月二八日に自白していたとすれば、七月三〇日にだまされて自供したという榎本の主張は成り立たなくなる。いわば検察の隠し球であり、田中や榎本、弁護団は顔を曇らせた。

実のところ榎本は、七月二八日に現金の授受を自供していたのだが、そのことを田中や弁護団に話さずにいた。田中弁護団からすれば寝耳に水であり、大きな失点にほかならない。

黙っていた榎本の真意は不明だが、逮捕翌日の自供は田中側に不利なため、隠しておきたかったのだろう。法廷記者によると、榎本は法廷で大声を張り上げたかと思うと震えるような口調になっており、不安定な様子がうかがえる。[173]

検察の追及

その一週間後、検事は一九八〇年一二月一〇日の公判で、新たに開示した榎本調書をもとに「七月二十八日から自白していますね」とただした。

これに対して榎本が、『サンケイ』を見せられたのは一九七六年七月三〇日ではなく、二八日だったと訂正している。

しかし、逮捕翌日に五億円の授受を認めたことは最重要のことであり、榎本が記憶違いしたとは考えにくい。榎本としては、七月二八日の調書が不利な内容だけに、触れてほしくなかったのだろう。

その願いとは裏腹に、検事は榎本を調書で追及する。その論点は、榎本が『サンケイ』を見せられ、田中が授受を認めたと錯覚させられたか否かである。

「〝(田中先生が) かぶったのかなぁ〟というのも推測ですか」

「新聞にあるように認めたということであれば、党のことで配慮なさったのかなぁと思ったのです」

「新聞にはあなたのことも出ていたのですか」

「いいえ、田中先生が五億円の受領を認めるという大きな字だけでした」

「検事に田中先生がどう言っているのか、尋ねたことはないのですか」

「ありません」

「検事が教えたことは」

「それもありません。ただ、いろいろ言っているというだけで」

「確かめたこともないのですね」

「はい」

榎本は『サンケイ』を見せられ、自民党への配慮から田中が事実に反して受領を認めていると想像し、検事にただすこともないまま、田中に合わせようとしたというのである。しかし、無実の罪を認めることが、なぜ自民党への配慮になるのだろうか。自民党には、むしろ打撃になるはずであり、つじつまが合わない。

榎本が授受はなかったと確信するのであれば、田中の真意を想像するだけで検事に確認しようともせず、事実無根の五億円授受で田中に合わせようとしたというのは不自然だろう。

田中と隔離されているとはいえ、榎本が逮捕翌日、田中に不利な方向で口裏を合わせようとすることは考えにくい。総理首席秘書官まで務めた榎本からすれば、この種の報道に、検察のリークやメディアの憶測が含まれるのは常識だろう。

検事は、「あなたが認めたのは逮捕された翌日ですよ。もう少し抵抗というか、がんばりがあってもいいのではないですか」と皮肉を口にしている。

さらに検事は七月二八日の榎本調書をもとに、榎本の法廷供述の矛盾を突いていく。この調書には、「五億円の一部は自民党総務局長（当時＝小沢辰男代議士）に渡した」、「田中先生から〝あんなもの（五億円）は、みんな何かに使ってしまったに違いない〟などと聞いた」と記されている。それでも榎本は、「調書は検事が誘導して作った」と否定した。[174]

榎本の矛盾

榎本への尋問は、一九八〇年一二月一七日にも行われた。検事は榎本調書から、「五億円はなかったことにしてくれと〔丸紅の〕伊藤に頼んだら、伊藤は大丈夫といった」、「〔田中事務所会計責任者格の〕佐藤昭さんと相談のうえ、参院選資金関係の資料を処分した」などの供述を明らかにしている。

さらに検事は、「いつだまされたと思ったか」、「保釈後に田中がしゃべったかどうかを聞かなかったか」と問うた。

榎本は顔を真っ赤にして、体を小刻みに震わせながら「いまも保釈後です」、「とにかく当時は」などと逃げるにとどまり、十分に答えられなかった。

榎本がだまされて、不本意に五億円授受を自供していたとするなら、保釈後、即座に自供の内容を田中に伝え、田中の供述との整合性を確認したはずである。そうすれば、田中が授受を認めていないことをすぐに理解していただろう。

しかし、榎本はそれを確認せず、自らが逮捕翌日に授受を供述したことも田中に告げなかった。このため法廷は、榎本調書の記述がだまされたものではないと印象づけられた。

一方の田中は前章で論じたように、榎本の供述について、ある程度は取り調べのとき検察から知らされていた。それでも田中は、なぜか保釈後に榎本から供述内容をしっかり聞かなかったようである。

推測にすぎないが、田中は秘書の使い方を悔やんだのではなかろうか。佐藤や早坂、麓が榎本の立場であれば、高圧的な取り調べにも屈せず、黙秘を貫いた可能性が高い。そう思ったとしても、身内を傷つけるような言葉を発しないのが田中である。

そのうえ榎本は、本当は授受があったということを知っており、榎本を追い詰めれば、不測の事態になりかねない。田中の酒量はさらに増え、判決前には救急車を呼ぶ事態に至っている。[175]

メディアへの露出——根強い人気

法廷が不利に進んでいるとみてか、田中は一九八一年からメディアに露出するようになった。多くはインタビューや講演録であり、主なものを挙げてみたい。

『文藝春秋』一九八一年二月号
『ニューズウィーク』同年五月四日号
『週刊朝日』同年六月一九日号
『読売新聞』同年六月二一日
『日経ビジネス』同年七月二七日号
『週刊読売』同年一〇月一八、二五日号
『ニューヨーク・タイムズ』同年一二月一八日
『週刊ポスト』一九八二年一月一五日号
『朝日ジャーナル』同年二月一二、一九、二六日号
『週刊現代』同年七月一〇日号
『サンデー毎日』同年九月一九日号
『日本経済新聞』一九八三年八月一〇日

『道路』一九八四年二月号

なかでも詳細なのは、『文藝春秋』の「田中角栄元総理独占インタビュー」である。インタビュアーは田原総一朗だった。その話題は多岐に及び、田中は占領期から議員立法、田中内閣退陣の経緯、先のダブル選挙、鈴木内閣、最近の生活までを縦横に語っている。もっとも、インタビュー内容には不可解なところもある。特に内閣退陣については、「〝金脈〟で辞めたのではない」、「甲状腺機能亢進症《こうしんしょう》なんだ」と述べているが、強引な弁明という感は否めない。ロッキード事件については、「係争中の問題はいわない」と論及を避けた。

田中とすれば、人を引き寄せる魔力と巧みな話術には自負があり、少しでも世論を味方にしたかったのであろう。

その点で興味深いのが、一九八一年一月五日の『読売新聞』世論調査である。それによると、二一世紀に向けた日本の指導者として最もふさわしい人物は、中曽根、田中、宮澤、鈴木、河野洋平の順になっている。得票率でいうなら、中曽根が一三・八%、田中は一二・一%、宮澤七・六%、鈴木四・九%、河野三・五%だった。

行政管理庁長官の中曽根は次期首相の最有力であり、得票率が高いのもうなずける。田中は男性の人気で中曽根と同率ながら、女性からの人気で劣っていた。それでも田中は、様々な年代、学歴、職種から平均して票を得ている。田中に特徴的なのは、鈴木にはない強力なリーダーシップを期待してか、二〇代で支持が高いことである。

自民党員ですらない元首相が二位で、現総理を約二・五倍の得票率で上回るのは破格に違いない。

田中以外の元首相では、福田が二・六％で一〇位、三木が一・五％の一七位にとどまった。田中は福田の四・七倍、三木の八・一倍も人気があったという計算になる。もっとも、嫌いな政治家という質問項目があれば、田中は圧倒的に首位となっただろう。

この数字だけを見ると、田中は無罪さえ勝ち取れれば、首相としての再登板も十分にありえる。そのためには、榎本のアリバイを証明せねばならない。榎本が、五億円を受領したとされる日時に別の場所にいたと立証できれば、田中は無罪に大きく前進する。

そこで弁護団はアリバイの物証として、榎本を乗せた清水孝士運転手のノートを手に入れた。[176]

清水ノート——榎本のアリバイを求めて

ロッキード事件の公判では、弁護側の反証が一九八一年四月一五日から始まった。弁護側は榎本のアリバイを証明することで、検察の主張する日時に榎本が五億円授受の場所にいなかったことを示そうとした。

アリバイの物証として、榎本専用の公用車を担当していた清水運転手のノートを提出し、その清水らを証人に立てたのである。清水は総理府の首相官邸運転手であった。

もっとも、走行ノートがあるからといって、榎本のアリバイを証明できるとは限らない。検事が、「榎本さんが乗らずに、あなたが車だけで行ったという可能性も否定しきれないんじゃありませんか」と問うと、清水は沈黙した。

そこで検事が、「お答えがないが、具体的な記憶はないんですね」と畳み掛けると、清水は「そうですね」と小さく返答している。

しかも榎本は取り調べの段階で、授受のときには清水ではなく、笠原運転手の車を使ったと述べていた。

それでも田中側は六月二四日と七月八日、榎本のアリバイを裏付けるため、事件当時に官房副長官だった後藤田や山下に証言させている。だが、後藤田ら大物議員の証言は、いかにも田中を利するためのものであり、判決では採用されない。

弁護側は九月三〇日に再び清水運転手を出廷させ、清水の手帳を提出することで走行ノートを補強しようとした。これに対して検察側は、手帳やノートと証言の矛盾を突き、「ノートの記載では榎本さんが乗っているようにみえても、実際は第三者を乗せたかどうかよくわからないという例ですね」などと追及した。

清水ノートでアリバイを主張するには、専用車には榎本が乗っていなければならない。

その点が、あいまいなのである。清水とすれば偽証になりかねず、しばしば口を閉ざしている。さすがの田中も扇子を動かしながら、不愉快そうに大きな咳払いを繰り返した。[177]

榎本三恵子の証言

波乱のクライマックスは一九八一年一〇月二八日にやってきた。榎本敏夫の元妻、榎本三恵子が検察側の証人として出廷したのである。二人の仲人は田中であったが、ロッキード事件発覚の翌年に離婚していた。

現金の授受について、検事は三恵子に尋ねた。

「榎本さんからあなたに、なにか相談はありましたか」

「はい、（〔昭和〕五十一年）二月十日過ぎでございます」

「証人は質問しましたか」

「はい、〝報道の事実通り金を受け取ったの〟と聞きました」

「榎本さんの反応は」

「瞬時、思い巡らしているようなので顔をのぞきこみますと、軽くうなずいて肯定いたしました」

「金を受け取ったことを肯定したのですね」

「はい」

「それで」

「〝男がハラをくってやった仕事だから、いまさらどうしようはないでしょう。答えはひとつ、何もなかったことです〟とたたき込むように申しました」

「あなたは証拠を焼いたことがありますか」

「はい、ございます」

「どういうものを」

「秘書官当時の日程表、メモ、書類など、家にあったものです」

よどみなく証言する三恵子とは対照的に、榎本は顔を紅潮させ、下を向いたまま動かない。

本来であれば、ここで榎本の弁護人が三恵子に反対尋問せねばならない。反対尋問を行わなければ、三恵子の証言がそのまま採用されても文句は言えない。そうなれば、田中には決定的に不利である。

しかし弁護人は、反対尋問を放棄した。弁護人は放棄の理由について、「三人の子がどんな思いをするかを考えると、断腸の思いがいたします。〔中略〕この婦人にさらに反対尋問を重ねることは気持ちが許さない」と三恵子の退廷後に述べている。

いかにも苦しい釈明である。裁判は気持ちの問題ではなく、事実関係を争わねばならない。弁護士が守るべきは「三人の子」ではなく、榎本と田中である。本当のところは、弁護人が反対尋問すれば、三恵子が詳細な証言で信憑性を高めてしまい、逆効果になると危惧したのであろう。

初公判から五年近くも授受を全否定してきた榎本の主張が、別れた妻の証言によって崩れ落ちようとしていた。閉廷後、田中は榎本に一声掛けて退席したが、榎本は衝撃に耐えかねて動けない。どちらが真実を語っているのか、傍聴者には明らかだった[178]。

「ハチの一刺し」

もともと榎本は東京都北区の区議であり、三恵子とともに、参議院議員になることを夢見たこともある。しかし、田中はそれを認めなかった。法廷で元夫と対峙した三恵子は、いかなる心境だったのか。

三恵子は退廷後の記者会見で、「ハチは一度刺したら自分も死ぬ」と語った。その真意について、「この行動のあと自分はもっともっとみじめで淋しく、世間の風当たりもすさまじくなるだろう、という予感があった」と直後の手記に書いている。

三恵子の手記には、特徴的なくだりがある。


　私には、榎本の自供のようすが目に見えるように分ります。榎本はいったん喋り出すと、スポットライトを浴びたスターのように喋るほうなのです。ふだん抑えているだけに、自分の知り得ることをついアピールしたくなってしまう……。

三恵子の指摘は、榎本の近未来を予言したかのようである。というのも、後述するように榎本は一九八三年一月、テレビ・カメラを前に現金の授受を告白するからである。

検察が榎本の元妻を証人としたことについては、奥野法相が「公判は人の道を外すな」と批判し、物議をかもしている。田中寄りの奥野らしい発言であった。

親田中を法相に据えるのは、田中の戦略の一つである。だが、露骨な裁判批判は、悪影響にしかならない[179]。

鈴木の退陣表明へ

一九八二年の上半期になると、田中金脈はロッキード事件以外でも取りざたされた。注目されたのは、東京ニューハウスという田中ファミリー企業による新潟遊園の合併である。民間会社の新潟遊園は、新潟市に公園用地を売却し、約九億円を受け取ることになっていた。その直前に、赤字会社の東京ニューハウスが新潟遊園を合併することで、売却益を得るとともに脱税したのではないかという疑惑である。

また、越山会系建設会社の吉原組では、違法な下請け工事が発覚し、道路公団から二ヵ月の指名停止処分を受けている。ジャーナリズムや共産党は、田中ファミリー企業の錬金術を追及した。

ロッキード裁判では、全日空ルートの判決が六月八日に言い渡された。元幹事長の橋本登美三郎が懲役二年六ヵ月と執行猶予三年、元交通部会長の佐藤孝行が懲役二年と執行猶予三年である。判決が「信頼できる」と認めた伊藤被告らの検事調書と法廷証言は、田中の丸紅ルートでも検察側立証を支えている。二人が有罪判決となったことで、田中についても有罪との見方が強まったとメディアは報じた。

党内では福田派や三木派が、膨張する田中派に不満を高めていた。特に三木はロッキード事件発覚時の首相であり、六月一九日に鈴木と面会し、「いまの自民党は、いかにも田中角栄君に支配されている」と健全な党運営を求めた。

三木によると、「数の世界で百九名という数字は支配的な影響力をもつ。だからいまでも二言目には『目白はどう考えているんだろうか』と議員はいっている」というのである。

一方の田中とすれば、このまま鈴木内閣が続けば好都合である。ところが鈴木は一〇月一二日に退陣を表明し、一一月二四日の総裁予備選までは政変の時期となる。退陣表明したのは、二年の任期をもう一期続けると、「以前の党に戻って派閥抗争が起こってしまうと思った」からだと鈴木は振り返る。

しかし、それは表向きの感がある。中曽根によると、鈴木辞任の原因は田中との関係であり、田中が多くの「要望」を出すことに「善幸さんはすっかりうんざりしたらしい」という。ただし中曽根は、「要望」の中身は不詳としている。

とするなら、鈴木に対する田中の「要望」とは何であったのか。鈴木、中曽根とも明かしていないが、田中最大の関心事であり、しかも鈴木が呑めずに退陣を選ぶものといえば、ロッキード裁判関連の可能性がある。裁判で争点の一つは、首相の職務権限である。

立花隆によると、田中は首相職務権限の解釈を有利に進めるため、鈴木本人が無理でも宮澤官房長官に証言させるよう強引に頼み込み、鈴木は嫌気が差したともいう。鈴木からすれば、宮澤は自派のエースであり、汚点を残したくない。

田中は一〇月七日、田中六助政調会長から鈴木の辞意を聞かされると、耳を疑った。田中が動揺したのは、鈴木が田中に相談なく辞職を決意しており、しかも鈴木は、一〇月五日の閣議前に中曽根には胸の内を伝えていたためである。[180]

「田中曽根内閣」

鈴木が辞意を示したことで、政界の争点は次期総裁に絞られた。田中は自派から候補を立てることなく、次なるターゲットに中曽根を選んだ。中曽根派は少数派閥であり、田中からすれば扱いやすい。総裁の座を切望していた中曽根としても、田中派の支援が不可欠である。

田中は一九八二年一〇月一一日に中曽根を料亭に呼び出すと、「〔中曽根派は〕五十名で政権を取るのだから、あまり注文は出すなかれ」、「二階堂は総理候補だから、幹事長に留任させてくれ」と切り出した。

中曽根はこれを内諾しただけでなく、官房長官として後藤田の名前を挙げた。さらに中曽根は、法相には、無派閥ながら田中寄りの秦野章か奥野誠亮が適当とまで述べた。

田中は了承し、「敵と味方とのメリハリをつけること」に注文を付けた。「敵」とは福田のほか、反田中の中川一郎である。

田中は、「福田・中川を許さず。河本が妥協すれば協議に応ずる」と語り、福田に敵意を燃やした。福田は安倍晋太郎を後継者にしていた。

さらに田中は、翌年六月の参議院選挙を衆議院と合わせて同日選挙にするよう求めたが、中曽根は容れなかった。すると田中は、自ら作成した資料を中曽根に示した。資料には各派閥の内実をはじめ、組閣、党運営に向けた情報が満載である。

中曽根は田中の意向を踏まえ、一〇月二三日には党幹部から出された中曽根総理、福田総裁の総総分離案をはねつける。田中は総総分離案を「絶対受けてはいけない」と中曽根に指示していた。田中は、かつて福田が四〇日抗争で大平を苦境に陥《おとしい》れたことを忘れていない。

中曽根が一一月二四日の総裁予備選に圧勝すると、対立候補の河本、安倍、中川が本戦を辞退したため、二七日に中曽根内閣が成立した。予備選の勝因は、またも田中派のローラー作戦であり、安倍を擁立した福田は田中に敗れた。

秘書の佐藤によると、「俺は、福田と九回戦ったが、全部勝った。だけど、俺のほうから仕掛けた戦いは一回もないよ」と田中は言っていたという。「九回」が何を指すのか厳密には分からないが、そのうち一回は確実にこの予備選である。

中曽根を総裁に押し上げた田中にも、不安はあった。二階堂幹事長や田村国対委員長が田中に相談もないまま、総総分離案を進めようとしたことである。特に田村は、自民党総裁選挙管理委員会の委員長でもあったが、党三役の経験者ですらなく、総総分離案を唱える資格はまったくない。その動きを田中はコントロールできていなかった。

中曽根が国会で首相に指名されると、田中は自派から後藤田官房長官、竹下蔵相、内海英男建設相など六人を閣僚に送り込んだ。ロッキード事件の灰色高官と呼ばれた加藤六月《むつき》も国土庁長官に起用され、法相は秦野になった。中曽根派の閣僚は二人にすぎず、メディアは「田中曽根内閣」と評している。

中曽根内閣で最も力をつけたのが竹下であろう。政治家の力量を示す指標として、自治省によって毎年発表されていた行政投資実績がある。田中が新潟に公共投資を呼び込んだことはよく知られており、一九八〇年には県民一人当たりの投資額で、新潟が全国一位だった。

しかし、新潟は下降線をたどるようになり、一九八二年以降は竹下の島根が一位ないし二位を占め続ける。竹下首相就任後の一九八八年からは、島根が三年連続でトップとなる。[181]

裁判長からの質問

中曽根内閣成立から約一ヵ月後の一九八二年一二月二二日、田中は法廷で裁判官から被告人質問を受ける。これまで田中は黙秘権を行使し、検事からの質問に応じてこなかった。しかし、黙秘のままでは裁判官の心証を悪くする。そこで、裁判官からの質問には答えることにしたのである。

岡田裁判長が田中にただした。

「第一回公判であなたは〝外為法、受託収賄のいずれにも全くかかわりがなく、四十七年八月二十三日の桧山氏の私邸訪問も記憶にない。飛行機売り込みの要請もなかった〟と陳述されました。その後、これに関連して当法廷でさまざまな証拠が出されておりますが、第一回の陳述につけ加えることはありますか」

すると田中は、約六年ぶりに法廷で口を開いた。

「全くありません」

裁判長が、桧山の供述内容について問うた。

「桧山さんは法廷で、〝田中邸を訪問した際、ロッキード社が五億円を献金したいと言っているのでお伝えします、これは丸紅からではありません〟と申し上げると、〝田中さんは丸紅はロッキードのエージェントなのかと言われた〟と供述しています」

田中はこれを強く否定する。

「桧山さんが突然訪問してきて、いやしくも現職の内閣総理大臣に対して〝成功したら報酬をさしあげる〟などと言ったとしたら、全く言語道断であり、即座に退出を求めたはずです。

政治家の第一歩は、いかなる名目であろうと、外国会社、第三国人から献金を受けてはならないということであります。どういうつもりで桧山さんがこういうことを言ったのか、桧山さんの人格を疑います」

「総理在任当時、榎本被告人に指示したり、許可を与えて金銭を受け取ったことはありませんか」

「全くありません。事実上も、職務上もございませんッ」

田中はあらためて容疑を全面的に否認したのである。

検察側は一九八三年一月二六日、「捜査・公判を通じ、一貫して本件請託、金員の収受など一切を否定するなど、反省の色はまったくみられない」として、田中に懲役五年、追徴金五億円を求刑した。

そのとき田中は両手をひざに置き、目を閉じたまま身動きしなかった。榎本は懲役一年を求刑されている。法廷は、弁護側最終弁論と判決を残すだけとなった。[182]

榎本の激白

求刑から半月ほど前の一九八三年一月一〇日、榎本は尋常でない行動に出ていた。テレビ朝日と田原総一朗のカメラ取材に対して、五億円を受け取ったと認めたのである。榎本の激白は二月一〇、一一日に放送され、放送前に『朝日新聞』にも掲載された。

この取材で榎本は、数回、丸紅の伊藤宅で金を受け取っており、「ほかの街頭とかホテルオークラの駐車場とかは、絶対にない」と口を割っている。榎本はロッキード社とは無関係の政治献金だとするものの、法廷では授受を否定しており、完全に矛盾する内容だった。

しかも榎本は、総額五億円の受け取りには、笠原運転手の車を用いたと明かしている。「裁判では、弁護団の方針で、笠原さんの車を使ったことがないといってしまった」と泥を吐いたのである。

笠原運転手は田中の秘書であり、その車は公用車ではない。公用車の運転手は清水である。つまり、弁護団が清水ノートで榎本のアリバイを主張していたにもかかわらず、その法廷戦術を榎本は自ら打ち消したのである。榎本が常に清水運転手の公用車を使っていたのでなければ、清水ノートによるアリバイは成立しない。

榎本の発言は法廷外のため、直接判決に影響するものではない。だとしても、田中や弁護団からすれば、怒髪天《どはってん》を衝く思いであろう。早坂によると、榎本発言は「田中を裏切ったに等しい」という。

では、なぜ榎本は変節し、テレビ・カメラを前に口を開いたのか。榎本は本来、授受を認めて金の性質で争うべきだと唱えていた。しかし、全面否認という田中の強い意志の前に、弁護団には受け入れられなかった経緯がある。

番組を企画したテレビ朝日の白戸正直は、「弁護団が象（田中）の主張ばかり取り入れ、チョウ（榎本）の主張をとり入れず《ママ》、公判を進めてきたのが原因で、榎本被告にとって、真相を語るのは、法廷外のインタビューを通してしか方法がなかったのではないか」とみる。

榎本は数年前に脳内出血で倒れ、裁判も欠席がちとなっており、六年間のストレスが思わぬ発言につながった面もある。

しかも榎本は、田原によるインタビューを『文藝春秋』に掲載している。

田原「新聞が連日のようにロッキード事件を報道しはじめたときには、田中さんは自分自身の逮捕にまで発展するなどとは考えていなかった？」

榎本「全く、そんな気配はありませんでした」
田原「たとえば、弁護士たちと相談したり、対策を練るということは？」
榎本「全然なかった。たとえば原長栄先生（弁護士）は、越山会の会長でもあるし、田中事務所と同じフロアに原先生の事務所もあったのですが、私も相談したことはないし、田中先生も相談したような気配はありません」
田原「事前に、協議していない？」
榎本「全然」
田原「ずい分間が抜けているな、それは……。弁護士としては怠慢だな」

先にも触れたように、田中と榎本は逮捕されないと楽観し、対策を練らないまま取り調べに臨んでいたのである。田中とすれば、悔やんでも悔やみきれない油断であろう。榎本が保釈後にすぐ入院したこともあり、田中とは意思の疎通が十分でなかった。

岡田裁判長は二月一四日に榎本の弁護人を呼び出し、法廷外の発言は「不謹慎」として釈明を求めた。弁護人は、インタビュー前後に榎本と接触しておらず、「寝耳に水の状況で全く事情は不明である」と答えている。[183]

「黒でも白」

それにしても逮捕当時、百人に近かった田中派の議員は、なぜ逮捕前に田中、榎本、弁護士の間で戦略を立てようとしなかったのか。田中派には保岡興治のように、弁護士資格を持つ議員もいた。

ここで想起されるのは、時期は異なるが中曽根内閣の成立に際して、田中が金丸を呼び出したときのことである。金丸は、中曽根嫌いで知られる。田中は金丸との間で、こんな会話を交わしていた。

「中曽根はあんな奴だが、ほかに代わりがいない。こらえて、ひと汗、流してくれ」

「わかりました。オヤジが白だと言えば、黒でも白だ。中曽根でやりましょう」

田中派は「軍団」と呼ばれる鉄の結束で耳目《じもく》を集めていた。田中から離反していく金丸ですら、田中を前にすれば「黒でも白」だった。

ここから推察できるように、田中の権威は傑出しており、田中派の幹部ですら授受は一切ないという田中の意に反した行動はとれなかったのである。平たくいえば、怖くて口にできなかったのだろう。田中のせっかちな性格からしても、ロッキード事件に限らず、人の話をしっかり聞くタイプではない。[184]

中止された対米工作

それでも裁判で思わぬ苦戦を強いられると、田中は一審終盤の一九八二年末ごろ、自派の石井一衆議院議員に裁判対策を指示していた。石井はスタンフォード大学大学院に留学経験があり、英語に堪能だった。そこで石井は、著名なアメリカ人弁護士を弁護団に加えようとする。コーチャン嘱託尋問調書の違法性を訴えるためであった。

石井は、有力弁護士のリチャード・ベン・ベニステをワシントンに訪ねた。ベン・ベニステは賛同し、アメリカでコーチャンを告訴することも視野に入れた。

ベン・ベニステは同僚弁護士や秘書らを連れ、十人ほどで一九八三年の年明けに来日して準備を進めた。石井は一行のために、高輪プリンスホテルの最上階を貸し切り、その費用については佐藤秘書と相談している。翻訳者も急募した。

だが、驚くべきことに、田中はベン・ベニステ工作を最終段階で中止させてしまう。田中は石井を目白に呼び出した。

「石井君、いろいろ苦労をかけて、すまん。ところで、やはりアメリカの弁護は断りたい。すまん、石井君、すまん。許してくれ」

石井は耳を疑った。

「オヤジさん、あなたそれ本気なんですか。これまでやってきたことは、すべてうまくっているのですよ。本当に本気なんですか」

石井に翻意を促されても、田中は中止の意向を変えなかった。石井は田中の心境をこう推測する。

米国から降りかかったこの冤罪に対して、米国人の手を借りてそれを晴らすということを、田中角栄という男の意地が許さなかったのではないか。否、私人ならまだしも、元総理としての日本人のプライドがそれを許さなかったのではないか、とあの時、私は考えた。

オヤジも迷ったと思う。無罪を勝ち取るために、一旦は私に指示を出した。しかし、あれほどの準備を私がするとは思っていなかったのかも知れない。準備万端という段になって、オヤジは熟慮の挙句、それを断ってしまった。これが、男の美学とでも言うもの、なのであろうか。

田中の意地とプライドにより、対米工作は幻に終わる。石井は田中擁護の論陣を張り、一九八三年一二月の総選挙で落選した[185]。

最終弁論

法廷では一九八三年五月一一日から三日間、田中と榎本の弁護側が最終弁論を行った。弁護人が読み上げた弁論書は、一八一九頁、七四万字以上に達した。その内容は検察側の主張を真っ向から批判し、田中、榎本の無罪を訴えている。

裁判長が、「では最後に、被告人が陳述したいことがあれば」と述べると、田中は供述席の前に立った。

「事案に対して申し述べることはありませんが、六年有半にわたる裁判の過程に示された裁判長のご苦労に対し、心から敬意と感謝を表明して終わります」

だみ声でそう述べると、一礼した。法廷で最後の発言だった。榎本は陳述を控え、裁判長に書面を出して、公正な判断を求めている。

六月一五、一六、一七日には、桧山、伊藤、大久保の丸紅側弁護人が、最終弁論を行った。田中はこのとき出廷していなかったが、丸紅の弁論は、桧山、伊藤の二人と大久保の対立を露呈した。

桧山、伊藤が、丸紅はメッセンジャーにすぎないという丸紅メッセンジャー説に立つのに対して、大久保は改悛《かいしゅん》の情を示している。

桧山の弁護人は、大久保の供述を疑問視し、「大久保は大変記憶の悪い人です」と指弾した。これに大久保の弁護人は、桧山主犯説で反論する。主犯扱いされた桧山の弁護人は、大久保が「吸収合併された会社出身」であることまで持ち出して、再反論した。

丸紅側の被告三人は、二つに分かれて互いを非難したのである。「三人寄れば派閥ができる」と言ったのは大平だが、それを地でいくような仲間割れである。丸紅弁護団は、田中や榎本の弁護団とも関係が悪かった。

六月二六日には、初めて比例代表制を導入した参議院選挙が実施され、自民党は三議席を増やした。田中派は衆参で一一七人に伸ばし、最大派閥をさらに拡張させた。

それでも、田中の胸中は複雑であろう。田中は判決前に衆議院選挙を実施するため、衆参同日選挙を求めたものの、中曽根に断られていたからである。

二ヵ月前の四月二六日に中曽根が、解散は「夏以後」と電話したところ、田中は、「三五年政治をやり同時の必要判らぬようでは処置なし」と憮然《ぶぜん》としていた。閣僚人事で田中に配慮した中曽根だが、総理の専権事項である解散総選挙では言いなりにならなかった。[186]

「懲役四年に処する」

丸紅ルートの一審判決は、一九八三年一〇月一二日と決まった。田中にとっては、運命の日である。

田中は地裁に向かう車中、「おい、お前にも苦労させてきたけど、今日から楽にさせてやる」と早坂の右ひざを叩いた。「そうならいいんですが……」と口ごもる早坂に、田中は「大丈夫だ。安心しろ」と笑って見せた。田中は無罪を確信していたのである。

田中が法廷に足を運ぶと、新聞記者やテレビキャスターのほか、立花隆や榎本三恵子も詰めかけている。岡田裁判長が「被告人、前へ出て下さい」と言い渡すと、田中、榎本、桧山、伊藤、大久保は立ち上がり、裁判官席を向いて直立不動になった。

「被告人田中角栄を、懲役四年に処する。同被告人から、金五億円を追徴する」

史上初めて、首相経験者が有罪判決を受けた瞬間である。田中は左のこめかみをピクリと動かし、腰の辺りで両こぶしを震わせた。

田中以下全員が有罪であり、榎本は懲役一年と執行猶予三年だった。丸紅側では、桧山が懲役二年六ヵ月、伊藤は懲役二年、大久保が懲役二年とされ、大久保だけが執行猶予四年となった。

席に戻った田中は屈辱感に襲われ、重く、堅い表情で固まっている。判決要旨が配付されると、わしづかみにして、後ろの弁護人席に投げつけるように置いた。何か言いたげではあるが、もちろん声は発せない。

判決は焦点の榎本調書について、「榎本が供述しなければ検察官にも知り得ないことが明らかな事項などから、調書は榎本の自発的供述を録取したものであって、その信用性は概して高い」と評した。榎本のアリバイは否定された。

また、田中が若狭全日空社長らに働き掛けたのは、運輸相への指揮監督権に属する準職務行為だとして、それが全日空のトライスター採用に及んだと判決は断じている。嘱託尋問調書についても、違法性はないとされた。

田中とすれば、完敗である。一九〇回の公判で主張してきたことは、ほとんど認められなかった。田中は保釈金三億円を支払い、即日控訴する。榎本、桧山、伊藤も即日控訴した。大久保は迷った末、後日に控訴する。[187]

判決への疑問

この判決には、少なくとも三つの疑問がある。

第一に、現金授受の場所である。判決は検察の主張通り、イギリス大使館裏の路上、千代田区富士見の路上、ホテルオークラ駐車場、伊藤宅の四ヵ所で現金の受け渡しがあったとする。

しかし、政治家がパーティを開くようなホテルや路上などで、発覚すれば致命傷となる贈収賄を行うだろうか。榎本がテレビ取材で明かしたように、すべて伊藤宅というのが自然に思える。

第二に、職務権限である。職務権限は、受託収賄罪が成立する三要件の一つであり、ほかの二つは請託と現金授受である。判決は、「内閣総理大臣は、全日空に直接働きかけることにより、運輸大臣を指揮して行政指導をなさしめる場合と同じ事実上の強制力を発揮できる地位にいる」とした。

だが、機種選定に「事実上の強制力を発揮できる」というのは、過大評価ではなかろうか。

第三に、嘱託尋問調書の合法性である。日本の刑事訴訟法は免責制度を採用しておらず、常識的に考えれば嘱託尋問調書は違法である。

にもかかわらず、裁判所が嘱託尋問調書を違法と見なさなかったのは、最高裁が宣明でお墨付きを与えたことに加えて、ごうごうたる世論やメディアに押されたからではなかろうか。

後年、最高裁が田中没後に見解を翻《ひるがえ》し、嘱託尋問調書の証拠能力を否定することについては、終章で扱いたい。[188]

田中の嘘

これら三点のほかにも、根本的な疑問がある。榎本がテレビ・カメラの前で認めたように、五億円の授受はあったと思われる。とするなら、田中が一貫して授受を否定したことは、どう理解すればよいのだろうか。自宅に引き入れた大金を失念したとは考えにくい。

おそらく田中は授受を覚えていながらも、内閣総理大臣まで勤め上げたプライドゆえに、外国企業からの受託収賄などありえないと自分に信じ込ませていたのではなかろうか。ありていにいえば、田中は自らの情に流され、嘘をついていたと思える。

そのうえで有罪にならないためには、逮捕前から榎本や弁護士と綿密に協議しておく必要がある。しかし、田中はそれを怠った。総裁選や派閥拡張では細かく戦略を練る田中が、なぜか身の安全では警戒心が薄く、守りに弱かった。

田中は金の性質で争うという法廷戦術の柔軟性を失い、榎本調書と食い違いが露呈しながらも、全否定で通すしかなくなった。「田中軍団」や秘書、弁護団、いくつもの家族に囲まれながら、田中は佐藤にすら本心を明かせなくなり、孤独にさいなまれていたのではなかろうか。

榎本が逮捕前には三恵子に真相を明かし、逮捕翌日には検事に口を割ったのとは極めて対照的である。

「帽子」と「所感」

目白に戻る車中、田中は「許せん」とつぶやき、怒りを鎮めるように瞑想《めいそう》した。目白に着き、田中派議員たちの前に現れると、憤懣《ふんまん》を爆発させる。

「われわれの軍団は党の中核だ。総理大臣は機関にしかすぎない。そうだろう、君たちッ。〔中略〕推論で人に罪をかぶせるようなことは絶対に許せんッ」

生涯で最も恐ろしい形相であり、批判は中曽根にも飛び火した。

「総理・総裁に適任なのは自分しかいない、と思っているやつがいる。生意気なことをいうな。総理・総裁なんていうのは帽子なんだ」

田中は総理を「機関」と呼ぶことが多かったものの、それは政治的美称にすぎない。内心では、いつでも取り替えられる「帽子」と思っていた。そのことを新聞記者も近くにいる場所でぶちまけたのである。判決への逆上のあまり、田中は我を失っていた。

さらに田中は早坂を通じて、報道陣に「所感」を発表した。「不退転の決意で戦い抜く」、「根拠のない憶測や無責任な評論によって、真実の主張を阻もうとする風潮を憂うる」という強気の文面である。

この種の「所感」は一般に、しおらしくして、少しでも同情を得ようとする。しかし田中は、「あまり刺激的でない方がいい」という二階堂や後藤田の進言を容れなかった。それどころか田中は、早坂の下書きに三ヵ所の朱を入れ、トーンを高めていた。

思いつめたような田中「所感」に、福田は「気が狂ったのではないか」と口にした。『朝日新聞』の調査では、自民党議員ですら四割強が「辞職すべきだ」と答えている。中曽根も面会のうえ辞職を説いたが、田中は応じなかった。メディアや野党が辞職を求めて大合唱になることはいうまでもない。[189]

ロッキード選挙と総裁声明

新潟の反応は異なっていた。田中は一二月一八日の総選挙で過去最高の二二万七六一票を集め、連続一五回当選を飾ったのである。得票率は四六・七％であり、二人に一人は「田中角栄」と書いたことになる。

二位には一七万票以上も差をつけており、判決とは対照的な完勝である。小選挙区ならともかく、五人当選の中選挙区では驚異的な数字といえる。眞紀子の夫である直紀も当選を果たし、田中派入りしている。

この選挙はロッキード選挙と呼ばれながら、田中派は二議席減にとどまった。それでも、自民党は三六議席減の大敗である。いまだに田中は非政党員とはいえ、大敗の原因が田中にあるのは明らかだった。

中曽根は異例にも、一二月二四日に「田中氏の政治的影響を一切排除する」と総裁声明を発した。中曽根が抽象的な声明案を作成したところ、福田が、「その表現は生ぬるい。田中氏とはっきり書いたらどうか」と迫った。そこで二階堂幹事長が、「いいですよ。田中氏と固有名詞で書きましょう」と書き改めた声明である。

声明を発した中曽根だが、総裁になれたのは田中の力にほかならない。自民党員ですらない田中がキング・メーカーとして君臨するのは異常であり、この点では、福田に理がある。

一方の田中とすれば、名指しされた声明のほかに前年の総総分離案での経緯もあり、二階堂への信任を薄れさせていく。福田の反撃が、田中派にくさびを打ったのである。

他方で鈴木は二階堂に親近感を寄せ、自分を軽んじる中曽根に不満を抱いた。鈴木の怨念は、田中の頭越しに二階堂擁立劇を引き起こす。「鉄の軍団」と呼ばれた田中派の結束が少しずつ衰え、田中は失意の晩年を迎えようとしていた。[190]

終　章　失意の晩年――角栄が夢見た「日本の未来」

第二次中曽根内閣

中曽根は一九八三（昭和五八）年一二月二七日に第二次内閣を発足させた。中曽根は「田中氏の政治的影響」排除の象徴として、後藤田から自派の藤波孝生に官房長官を代えている。幹事長についても、二階堂を退かせ、田中六助を充てた。

とはいえ後藤田は、行政管理庁長官として閣内に残っている。竹下蔵相は留任した。それ以外の田中派閣僚は入れ替えたが、田中派の閣僚数は六人のままである。

党三役は田中六助幹事長のほか、金丸総務会長、藤尾正行政調会長だった。この人事に最も不満だったのが鈴木であり、鈴木は宏池会会長代行の宮澤を党三役に起用するよう中曽根に求めていた。しかし、中曽根は鈴木に相談もないまま、同じ鈴木派で宮澤のライバルの田中六助を幹事長に抜擢した。

しかも中曽根は、得意とする外交の成果を強調する際に、「私が首相に就任した時は、日本は国際的孤立の寸前だった」と各地で発言している。前任者の鈴木は外交センスを欠いていたという含みである。鈴木からすると、再選確実の総裁を中曽根に譲ったという思いがあり、実に不愉快だった。

政治日程としては、総裁選が一九八四年秋に控えている。中曽根とすれば、田中の影響力排除を声明したものの、田中派を軽視できるはずもない。

田中派の推移

1972年5月9日	衆参両院議員81名が田中支持グループとして旗揚げ
1972年7月7日	田中、首相指名を受ける
1972年9月12日（七日会発足）	83（衆41、参42）
1972年末	93（衆48、参45）
1973年末	91（衆47、参44）
1974年末	90（衆47、参43）
1975年末	94（衆50、参44）
1976年末	86（衆45、参41）
1977年末	76（衆45、参31）
1978年末	77（衆44、参33）
1979年末	84（衆52、参32）
1980年6月22日（衆参同日選挙後）	91（衆54、参37）
1980年10月23日（木曜クラブ発足）	93（衆56、参37）
1980年末	101（衆62、参39）
1981年末	108（衆65、参43）
1982年末	109（衆65、参44）
1983年6月末	117（衆65、参52）
1983年末	115（衆63、参52）
1984年末	121（衆67、参54）

出典：朝日新聞政治部『田中支配とその崩壊』（朝日文庫、1987年）243頁

長期政権を目論む中曽根は、同年四月一一日には二階堂を副総裁とする。声明と矛盾しかねないこの人事は、田中と中曽根の力関係を反映したものと国民には映っただろう。

田中は、中曽根の内心を見透かすように派閥拡張に執念を燃やし、衆参で一二一人にまで自派を膨れ上がらせる。[191]

角栄が夢見た「日本の未来」――新・列島改造論

派閥や人事、裁判以外では、田中は何を考えていたのか。田中は一九八四年六月に『新潟日報』のインタビューに応じ、晩年で最も包括的なビジョンを語っている。田中は将来構想として、魚沼のレクリエーション都市化、長岡ニュータウンなどの土地利用、鳥屋野潟整備計画などを縦横に論じた。

地元紙の取材であるため、新潟の開発に話題が集中しているものの、土地の高度利用という意味では列島改造論の発展形といってよい。

もっとも、上越新幹線は新潟から大宮までが一九八二年に開通しており、関越自動車道は一九八五年には全通する。従来型の国土開発に加えて、もう少し新興産業に論及があってもよさそうなものである。

このインタビューで田中は、郵政省の情報化事業であるテレトピア構想について問われ、「長岡市はテクノポリス（技術集積都市）の第一号指定地だ」などと答えている。それでも、ニューメディアに関する回答は短く終わっており、インフラ整備の話にすぐ戻る。

とはいえ田中の着想は、単なる列島改造論の繰り返しではない。端的にいえば、東京一極集中の是正という観点を強めている。

田中は関東以外とも新潟をつなごうと考えた。「日本には、いま三大工業圏がある。そのうち関越高速道と上越新幹線で新潟がつながっているのは関東だけです。これから新幹線で大阪と結びつき、高速道が長野、松本、名古屋へつながる。そうなれば、県の工業出荷額はいまの何倍にも増える」という。

もともと列島改造論でも、高速道路や新幹線は多角的に描かれていたものの、どうしても現実の政策では東京が優先になっていた。関越自動車道や上越新幹線の完成がみえてくると、田中はそれ以外にも交通網を広げようとしたのである。これこそ本来の列島改造論であろう。いわば新・列島改造論である。

だが、そこから赤字国鉄の改革という発想は出てきにくい。中曽根が進める国鉄分割民営化とも相容れない。中曽根からすれば、運輸族から抵抗を受けていることに加えて、田中の存在が民営化の障害になっていた。

これとは別に、田中の講演を聞いていた新潟日報社の記者は、「新潟にＩＣ（電子）産業が多く進出しているときに、田中は列島改造論を再びいう。開発型が終わろうとして、新しい産業が根づこうとしているときに、再び開発型のことをいっていた。『時代とズレたことをいうな』と感じた」という[192]。

求心力を失う田中

一九八四年八月中旬から下旬にかけて、田中は軽井沢の別荘でゴルフ三昧だった。政界の争点は秋の総裁選であり、中曽根や宮澤が田中を別荘に訪ねている。

中曽根が総裁選を念頭に田中と会うことは、「田中氏の政治的影響」排除という総裁声明に反しており、福田を刺激する。だが中曽根とすれば、再選は田中次第であり、背に腹はかえられない。

中曽根総裁の任期は一一月までである。それは田中政権の退陣から一〇年の時期でもある。これまで田中は自派から総裁候補を出さず、キング・メーカーとして君臨する方針を貫いてきた。田中が二階堂や後藤田の名を候補者に挙げることもあるが、これは田中派の内外を牽制するためであり、本心ではない。

田中は誰にも諮《はか》ることなく、中曽根続投を独断で決めた。田中派の幹部クラスからすれば、田中の独断は心外である。

その点で注目されるのが、田中が九月一〇日に箱根の田中派研修会で行った講演であろう。講演には、二階堂、竹下、金丸らの幹部も耳を傾けている。

意外にも田中は、「憲法改正論が出たらどうするか」と改憲の可能性を示唆し、その場合には「公明は自民と一緒になると確信している。これは命がけの発言だ」と説いた。

公明党にパイプを持つ田中ならではの大胆な物言《ものい》いである。だが、公明党の竹入委員長は「とんでもない発言」と回顧しており、その反発から二階堂を擁立しようとする鈴木に荷担した。

さらに田中は同じ講演で、「我が派から総裁候補を出さないというわけではないが、強いて出す必要もない」、「自民党の総裁は五年が本当だ」と説く。

中曽根の名前こそ出さないものの、誰が聞いても続投支持である。前年一〇月に「総理・総裁なんていうのは帽子なんだ」と豪語したときの中曽根批判は影をひそめている。

竹下や金丸は内心で、中曽根が乗る駕籠《かご》を担ぎ続けろという田中にあきれたのではなかろうか。二階堂もダブル選挙を退けられて以来、中曽根に批判的となっており、田中が中曽根の続投支持を早々に一人で決めたことに不満だった。田中は求心力を急速に失っていたのである。

田中派に担がれた中曽根は「大統領的首相」を標榜しており、手柄は自分のものとして誇示したいタイプである。担ぐ側からすれば、楽しくない。前総裁の鈴木は何がやりたいのか分かりにくい半面、「和の政治」を掲げただけに党内は融和的であった。[193]

二階堂擁立劇

その鈴木が一九八四年九月末から、副総裁の二階堂を総裁に擁立しようと画策した。それも、公明党の竹入委員長を巻き込み、民社党にまで協力を求めながらである。温厚な鈴木にしては、珍しい政治的行動である。鈴木を突き動かすのは、自分を無能と言わんばかりの中曽根に対するルサンチマンだった。

鈴木は二階堂の次に宮澤が総裁となることを描いている。「和の政治」の鈴木が、生涯で最も権謀術数をめぐらした時期である。その鈴木と符合するように、二階堂も、「田中さんの置かれた状況を逆手にとる形で、政権延命を図っている中曽根康弘さんの政治手法には、正直言って苦々しい思いがあった」という。福田や三木も、反田中という点から二階堂擁立に前向きである。

鈴木は田中と中曽根を分断すべく、一〇月二六日に目白を訪れ、「木曜クラブ（田中派）の中にも、自分のところから総裁候補を出したいという空気が強いはずだ」と水を向けた。

しかし田中は、「二階堂を総理にしたって、世間から灰色高官と言われるだけだろう。それに春には腸の手術までしているし、七十五歳だ」と反対する。

翌日に二階堂が目白に現れると、田中は、「ヨオッ、幻の山崎首班！」と冷やかした。山崎とは第二次吉田内閣発足時に、反吉田派が担ごうとして失敗した山崎猛幹事長である。山崎は混乱の責任をとって、議員辞職している。

二階堂は無神経な田中に、血が逆流するような怒りを覚えた。それでも二階堂は、「キミとは夫婦みたいなもんじゃないか」という田中の言葉を受け入れ、立候補しないことに決めた。

同じく二階堂をいさめた後藤田によれば、「田中さんは、派閥の権力を誰にも渡したくなかった」と振り返る。金丸も二階堂擁立には否定的だったが、その真意は田中と正反対

首相官邸に勢揃いした安竹宮の３人

の世代交代論である。金丸は、竹下、安倍、宮澤のニューリーダーを時代の趨勢と考えていた[194]。

控訴審戦術の蹉跌

中曽根が一〇月三一日に対立候補なく総裁再選を決めると、田中は自分に忠実な小沢辰男を幹事長に推した。

しかし中曽根は同日、田中から離反しつつあった金丸を幹事長に起用する。中曽根は田中と距離を置き、金丸の世代交代論にくみしたのである。中曽根を嫌っていた金丸だが、この点では利害が中曽根と一致した。

中曽根は総務会長に宮澤を指名し、一一月一日の内閣改造では、竹下蔵相、安倍外相を留任させる。安竹宮《あんちくみや／ぐう》と呼ばれたニューリーダーたちを競わせたのである。

一方の田中は、ニューリーダーへのパワー・シフトを嫌い、一二月三日には、「一に二階堂、二に後藤田、三に竹下」と公明党書記長の矢野絢也にまで電話して触れ回った。

しかし、一〇月下旬の擁立劇で二階堂を「幻の山崎首班」と冷やかし、梯子《はしご》を外しておきながら、田中が「一に二階堂」と言っても誰が信じるだろうか。田中は竹下への世代交代を牽制したつもりだが、もはや逆効果であり、竹下、金丸は決起を固めてしまう。田中の神通力は、目に見えて衰えていた。

それにしても、田中が早々に中曽根支持を決めたのはなぜか。竹下への世代交代論を抑えるためでもあるが、それだけではない。

このころ田中は、ロッキード事件の控訴審を準備していた。一審では後藤田ら大物政治家を証人に呼んだが、裁判所はその証言をことごとく退けた。それら証言の多くは、榎本のアリバイだけが妙に具体的で、その前後はあいまいというお粗末なものだった。

事実認定では不利なため、田中は機種選定をめぐる首相の職務権限で争いたい。最大の切り札として目論んだ戦術が、中曽根を証人として出廷させることである。現役総理が首相の職務権限を否定すれば、これ以上のインパクトはない。中曽根は田中内閣の通産相でもあり、裁判官には圧力となりうる。

田中が渾身の力で派閥を拡張してきたのは、法廷闘争の一環でもある。田中からすれば、中曽根が総理になれたのは自分のおかげであり、中曽根が続投できたのも、自分が二階堂擁立を阻止したからである。

そこで田中は一二月二〇日ごろ、自派の保岡興治を中曽根のもとに送り込んだ。保岡はロッキード裁判の弁護人でもある。しかし中曽根は、「証人に出ると、角栄氏に不利なこともいわざるを得ない」と断った。

中曽根は福田内閣期、ロッキード事件で国会証人喚問を受けたという苦い経験がある。「田中氏の政治的影響を一切排除する」という総裁声明の手前からしても、これ以上かかわりたくない。

公明党の矢野が一二月二一日に二階堂から聞いたところによると、「急速に角栄と中曽根は冷却している」のであり、「角栄はカンカンに怒っている」という。

かつて鈴木が二階堂擁立工作で意図した田中と中曽根の分断は、経緯こそ異なるものの達成されつつある。もっとも、鈴木のシナリオとは逆に、優位に立ったのは田中ではなく、鈴木が嫌う中曽根である。

田中派に踏み入れた中曽根の軸足は、田中と二階堂から竹下と金丸に移っていた。「帽子」のはずの中曽根が、あろうことか田中派にくさびを打とうとしている。もしも田中が竹下を後継者に据え、院政を敷いていたら、その後の展開は大きく異なっていただろう。

二階堂は当面、副総裁のままだが、中曽根は一九八六年七月に二階堂を無役とする。その間の一九八五年二月に田中は倒れてしまう。[195]

竹下と金丸

一九八五年の元日、田中邸の大広間は、議員や著名人で埋め尽くされていた。新年会はお節《せち》料理ではなく、ぶり大根、ソーセージ、いなり寿司を大皿で振る舞うのが田中流である。田中はオールド・パーの水割りを片手に、上機嫌で好物のソーセージをほお張っている。

竹下らが宮中祝賀を終えて駆け付けると、田中は新年の挨拶に立った。

「沈黙は金なり。酒を前にしてバカな挨拶をする奴はいない。謹賀新年。正月元旦」

満場は大拍手になるが、竹下は田中と微妙な距離を保っている。竹下や金丸は密かに年末から、小渕、梶山、羽田、橋本龍太郎、小沢一郎、額賀《ぬかが》福志郎《ふくしろう》ら一四人を極秘の会合に招いていた。

その竹下らも含めて、年始客は六五〇人だった。元日は目白で新年会を行い、二日には神楽坂で辻和子と二人の息子に会い、三日は佐藤昭子や娘と赤坂で過ごす。それが長年の習慣だった。田中の性格を熟知するはな夫人はともかくとしても、娘の眞紀子には、つらかっただろう。

新春の政界では、福永健司衆議院議長の後任が争点となる。金丸は二階堂副総裁を議長に祭り上げようとするが、田中は反発する。二階堂は中曽根や竹下を牽制するカードであり、まだ色気のある二階堂にとっても迷惑だ。田中は中曽根派の原健三郎議員を推すが、中曽根の考えは金丸に近い。

結局はどちらでもなく、一月二三日に無派閥の坂田道太で決着した。中曽根と金丸は議長人事で結託しており、田中の影響力は落ちていた。もはや「田中軍団」の面影は薄い。

田中は同日、矢野のもとに佐藤を走らせ、こう伝えさせている。

「おやじは『中曽根は駄目だ。潰してしまうか』と良くいうんです。中曽根さんは、金丸と組み、世代交代で自分の力を保持する。そのため安竹〔安倍と竹下〕を取り込み、任期いっぱいまでやるおつもりでしょう。〔中略〕おやじは淋しそうです」

田中は佐藤を介して、反中曽根、反金丸を公明党に焚《た》きつけたのである。中曽根と金丸を揺さぶり、田中はキング・メーカーとして再浮上するはずだった。

しかし、今度ばかりは勝手が違う。追い落とされるのは田中の側である。この日の夜も、金丸、竹下らは極秘で築地に集まり、亀岡高夫や野中広務を新たに加えていた。[196]

創政会発足へ

一月二四日には、田中が自派の新年会を開いている。田中の挨拶、カラオケ大会と続き、竹下がマイクを握った。

すると竹下は、「講和の条約 吉田で暮れて 日ソ協定 鳩山さんで 今じゃ佐藤で 沖縄返還 十年たったら竹下さん」とズンドコ節を披露した。竹下が佐藤内閣官房副長官のとき作った持ち歌である。

世代交代を暗示する内容だけに、竹下は田中の前では長らく封印してきた。その禁を解いたことは挑発的ともいえるが、田中が怒り出すようなことはなかった。

竹下は派中派の動きを隠し通せなくなり、一月二七日に田中邸へ赴いた。竹下が勉強会の名目で創政会の立ち上げに了承を求めると、田中は「同心円のようにやろう」と述べた。表向きは否定できなかった田中だが、裏面では必死に切り崩しを工作する。

それでも竹下は二月七日、創政会に四〇人を集めた。竹下派の原型である。

竹下は発会式の挨拶で、「私自身が最近、列島ふるさと論を考えたのは、田中先生(元首相)の列島改造論の序文にその考えがつぶさに表れており、改造論の中にどうロマンを持たせるかを基調にしたかったからだ」と田中への配慮を示した。

事務局長の梶山によると、田中派一二一人のうち、創政会の入会名簿に署名したのは八三人だという。田中は創政会をつぶそうと躍起になり、かえって影響力の低下を露呈した。

竹下が田中と大きく異なるのは、福田の後継者である安倍外相と親しいことである。二人は二月一〇日に参議院補欠選挙で福島入りし、「安竹連合」を誇示している。

田中派の内紛と「安竹連合」を密かに喜んだのが中曽根である。中曽根は二月九日、「竹下創政会発足。田中派混乱。しかし、歴史は着実に進んでいる」と日記に書き入れた[197]。

脳梗塞

田中は一九八五年二月二六日、田中派の閣僚経験者の会合「さかえ会」に出席し、「賢者は聞き、愚者は語る。今日からは賢者になる」と述べた。これが健康体で発した最後の言葉になる。

田中が脳梗塞で倒れるのは、翌二七日であった。東京逓信病院に運び込まれたものの、言葉と判断能力を失っていた。体の右側には麻痺《まひ》があり、右手は動かせない。右手を突き出す得意のポーズは、もう二度と繰り出せない。病院は「専門リハビリテーション（機能回復訓練）は自宅では困難」と判断したが、眞紀子は四月末に退院させている。

さらに眞紀子は六月六日、一方的に田中事務所を閉鎖し、秘書たちと絶縁する。佐藤や早坂からすれば、寝耳に水である。佐藤は眞紀子への怒りを日記にぶつけた。

「事務所が閉鎖されれば、田中の復帰は不可能だと自ら宣言したも同然。何というバカなことをしたのか。腹の中が煮えくり返る。けれど、田中が一番悪い。創政会を甘やかしたのも、娘をわがままにしたのも、すべて田中だ。田中が田中を恨《うら》む」

眞紀子が事務所を閉鎖したのは、資金繰りの悪化が原因とみられた。田中は一二〇人ほどの田中派議員に年二回二〇〇〇万円ずつ配っており、これだけでも年に四億八〇〇〇万円になってしまう。[198]

「フリーハンド」

田中が再起不能になったことは、政界に大きな衝撃をもたらした。最も心を弾ませたのは、福田でも野党でもなく、中曽根ではなかろうか。中曽根は後年、このときのことを聞かれて、「これでフリーハンドでやれるというか、独自の政策を進められるという感じになりましたね」と答えている。

中曽根政治で、最大の功績は国鉄分割民営化である。中曽根が民営化の「天王山」だったと振り返るのが、一九八五年六月の仁杉巖《にすぎいわお》国鉄総裁の更迭であった。後任の総裁には、民営化推進論者の杉浦喬也《たかや》を充てた。

仁杉は田中に近く、一九八三年一二月に仁杉が総裁になったのは、田中の意向によるところが大きい。その仁杉を中曽根は更迭し、国鉄改革に独自の人脈を築いていく。田中が健在であれば、更迭は難しかっただろう。

同様にNTTの初代社長は、田中の推す北原安定《やすさだ》ではなく、中曽根が信頼する真藤恒《しんとうひさし》に決まった。NTTは一九八五年四月に設立され、その二年後にはJRが発足する。「三角大福中」に最終的な勝者がいたとするなら、それは田中でも福田でもなく、しんがりの中曽根であろう。

田中には、家族と医師しか近づけなくなった。一九八五年一二月二二日には二階堂が、議員として初めて田中邸に入ることを許された。田中は妻の手助けでソファから立ち上がると、二階堂に抱きついてほおずりし、涙をポロポロと流した。二階堂も一〇ヵ月ぶりの再会に感激し、涙を流す。二階堂が「みんな、あなたのことを心配している」と述べると、田中は「ありがとう」と手を握ったという。

もっとも、これは二階堂が記者に語ったものであり、田中は言語障害を抱えていたはずである。同じころ目白を訪れた医師は、「ご不自由な冷たい右手を私の温かい両手で覆いましたところ、先生は左手をその上にのせられ、終始無言で両眼を閉じ、涙を拭いておられました」と記す。

かつてどもりを克服し、演説の名手と呼ばれた田中だが、もはやどうにもならない。言葉が出てこないだけでなく、脳の機能が著しく低下していた[199]。

竹下派

田中は病床にありながら、一九八六年七月六日の衆参同日選挙に一七万九〇六二票でトップ当選を果たしている。一六回目の当選であり、これが最後の選挙だった。

形式的に存続していた田中派は過去最大の一四一人となり、社会党すら上回ったものの、内実は創政会系と非創政会系に割れている。創政会の名目は勉強会だが、竹下派として独立するのは時間の問題であった。

一九八七年の元日に田中邸で門前払いされた竹下は、七月四日に竹下派を一一三人で発足させる。竹下派は名称を経世会とした。仮に田中が倒れていなければ、竹下や金丸との間で、激しい綱引きになっていただろう。

ロッキード事件については、東京高裁が七月二九日に判決を下している。判決は懲役四年、追徴金五億円の一審を支持し、田中側の控訴を棄却した。五億円の授受や事実認定も一審と変わらず、首相の職務権限も認めており、嘱託尋問についても適法と見なされた。榎本の控訴も棄却されており、田中と榎本は直ちに上告する。

竹下内閣が成立したのは、一一月六日のことである。「三角大福中」の派閥抗争時代は終わり、竹下、安倍、宮澤の総主流派体制に移行していく。だが、竹下内閣期に発覚したリクルート事件では、田中政治のような金権腐敗が続いていると多くの国民は感じた。

竹下内閣の退陣後、政権は宇野宗佑、海部俊樹、宮澤と代わる。この間に竹下、金丸、小沢一郎らの竹下派がキング・メーカーとして振る舞ったのも、田中の遺伝子を引き継いだ感がある。それは権力の二重構造にほかならない。

大きな違いは、竹下派が短期間で分裂することである。羽田、小沢らは竹下派結成から約五年半後の一九九二年一二月一八日に独立し、翌年六月二三日には新生党を結成する。

旧田中派からは竹下以降、細川、羽田、橋本、小渕、鳩山由紀夫が首相になっている。[200]

「神佑」を信じて

眞紀子によって解雇された秘書たちのうち、早坂は一九八五年七月九日、個人事務所を平河町に設置して政治評論家に転身した。

政経調査会の開設パーティ（佐藤は中央）

佐藤も一二月一二日、政経調査会を平河町に発足させている。政経調査会とは、田中が復帰したときに使ってもらう事務所である。しかも佐藤は、旧事務所の斜め前に政経調査会の新事務所を構えており、電話番号も同じだった。

早坂は逓信病院で何度か田中を見舞っていたが、佐藤は一度も会えていない。田中の回復を望むべくもないことは、佐藤が誰よりも理解している。それでも佐藤は、政経調査会で田中をいつまでも待ち続けた。

「田中が倒れてから最初の二、三年は、神佑《しんゆう》を期待していた。言葉が出ないことは政治家にとっては致命傷だけれど、ある時、ふいに話せるようになることがある、そう人から聞いていた。

私はその神佑を信じた。熊本県の人が送ってくれた観音様に朝晩お題目をあげ、遠出の時も必ず身につけて出かけた」

そう記す佐藤は、目白で田中に面会した人たちから、田中の様子を聞くようにした。「オヤジさんはあなたのことを、よく覚えていますよ」という面会者の言葉が、佐藤の心を支えた。

田中の近況を聞く度に、佐藤の頭には、アメリカ映画「心の旅路」がよぎる。「心の旅路」は、記憶の一部を失った国会議員が、親身になってくれる秘書は若き日の妻であったことを思い出すというストーリーである。

佐藤は二十年ほど前、蔵相時代の田中と「心の旅路」を見ていた。それも繰り返し二人で鑑賞した映画である。田中は献身的なヒロインに感動し、その姿を佐藤に重ね合わせた。「わかるだろう。おまえなら、わかってくれるだろう」、「俺には、おまえが必要なんだ」。田中は映画のあとで、何度も佐藤にそう言った。そのことは佐藤の誇りだった。[201]

目白との電話

田中は倒れるまでの数十年間、毎日のように朝晩、目白から佐藤の自宅に電話していた。佐藤には三つの電話があった。一般用、関係者用、そして田中専用のホットラインである。

佐藤が政経調査会を発足させてから、しばらくすると、そのホットラインが鳴った。田中しか掛けてこない電話である。田中は近しい人物から、佐藤が自分を待っていると聞いていた。判断能力を低下させた田中だが、佐藤とのホットラインだけは指が覚えている。

佐藤が受話器を取ると、「ウー、ウー」と嗚咽《おえつ》が聞こえた。佐藤は「オヤジだ」と直感するが、何を言っても、電話の主は「ウー、ウー」としか口にできない。田中は体だけでなく、言語能力も麻痺していたのである。声にならない声だった。

しかも、うめくような「ウー、ウー」という電話は短く切れる。田中は誰かに監視されており、おびえながら電話している様子だった。それでもホットラインは、のちにも何度か鳴っている。

田中の環境は悪化していた。田中の妹の風祭幸子は眞紀子と折り合いが悪く、目白邸には出入りしなくなった。秘書であり、従兄弟でもある田中利男は、田中が倒れてちょうど一年の一九八六年二月二七日に自ら命を絶った。秘書の山田泰司も眞紀子と衝突が続いており、やがて戻らなくなる。

佐藤は「田中の周辺では、皆、音をたてて崩れていく気配」と日記にしたためている。

眞紀子は一九八七年一〇月一四日の深夜に怪電話を受けた。相手は初老の女性で、聞き覚えのある声だった。眞紀子が「もしもし」と受話器を取ると、相手の女性は、その声だけで眞紀子を特定する。

「眞紀子さん？　眞紀子さんね」

「どなたですか？」

「あなたねぇ、自分のやっていることがわかっているの？」

女性は名前を告げないまま、自信たっぷりに詰問してくる。眞紀子はその声に全神経を集中させた。そしてある女の顔が浮かぶと、しばし眞紀子は絶句して、膝《ひざ》をガクガクと震わせた。

「この電話は録音できます。警察へも連絡します」

眞紀子がそう言い返しても、相手は平然として、電話を切ろうとしない。会話はかみ合わず、やがて沈黙が二人を支配した。その沈黙に根負けし、受話器を下ろしたのは眞紀子の側だった。再び電話が鳴ったものの、眞紀子はもう出られない。

眞紀子に電話で抗議した女性は誰だったのか。眞紀子は、「なぜ私は『あなたは○○《マ》《マ》さんですね』と勇気を出して言ってみなかったのか、自分でも不思議だった」と記している。名前は明かされていないが、眞紀子は田中の妹との関係悪化にも動じなかった。その眞紀子を震撼させる女性といえば、佐藤以外には考えにくい。

佐藤は、幼いころから眞紀子を知っていた。成長につれて容姿は変わっても、声は変わらないものである。佐藤は田中の娘を授かっており、血液鑑定を求めることもできる立場だった。[202]

政界引退

田中の政界引退は一九八九（平成元）年一〇月一四日、田中直紀によって発表された。直紀は田中の声明を長岡の越後交通で読み上げている。

今期限りをもって衆議院議員としての政治生活に終止符を打つ決意をしたことを声明いたします。

四十二年の永きにわたって越山会をはじめ多くの皆様から私に寄せられた強力にして絶大なご支援に対し深甚なる謝意を表します。

我が愛する郷土新潟県の発展と邦家安寧のために後進の諸君の一層の奮起を期待するものであります。

顧みて我が政治生活にいささかの悔いもなし。

平成元年十月十四日

衆議院議員　田中角栄

田中は一八万票近くを得ていながら、一度も国会に姿を見せなかった。議員として、完全に失格といわねばならない。遅きに失した引退であろう。

二階堂は記者の質問に、「事前の相談もなかったので驚いている」と肩を落とした。同じくこの期で引退を表明していた福田は、「感無量というしかない」と述べている。田中は後継者として眞紀子ではなく、孫の雄一郎に期待していた。しかし、そうはならない。

最後に田中が公の場所に現れたのは、一九九二年八月二七日から四泊五日の訪中であった。日中国交正常化二〇周年に際し、江沢民総書記らの招待に応じたものである。

その模様はテレビで放送された。颯爽《さつそう》とタラップを降りてきた総理時代とは対照的な老人の姿である。それでも、はな、眞紀子、直紀、雄一郎なども同行しており、田中はチャーター便による家族旅行を楽しんだ。[203]

他界のあとで

田中は肺炎、糖尿病、甲状腺の機能障害により、一九九三年九月二〇日から慶應義塾大学病院に入院した。ある週刊誌によると、田中は壊死《えし》した両足を付け根から切断されたともいう。田中は一二月一六日、たんをからませて苦しみながら他界した。

佐藤はもちろん、「田中派の初年兵」を自負し、「オヤジの棺桶《かんおけ》を担ぐのは俺達だ」と口にしていた小沢一郎や梶山静六らも田中に面会できず、死に顔すら見られなかった。享年七五、戦後最強を誇った政治家の孤独な死である。

田中の遺骨はクリスマスの日、衆議院議員となった眞紀子の手に抱かれる。遺骨と眞紀子を乗せた車が、自民党本部、国会を回って青山葬儀所に着いた。葬儀は田中家と自民党の合同で行われ、河野洋平自民党総裁が葬儀委員長を務めている。

斎場には、細川首相、土井たか子衆議院議長らが参列し、故人となった田中をしのんだ。そのあとには数千人もの人たちが、どこまでも長い列を作っている。そのほとんどは無名の田中ファンであり、最後の別れを惜しんでいた。

最高裁は葬儀と同じ日に、故人となった田中の公訴を棄却した。ロッキード裁判は榎本と桧山を残すだけとなり、最高裁は一九九五年二月二二日、二人に上告棄却を言い渡す。

この判決には、注目すべきことがある。ロッキード社元幹部の嘱託尋問調書について、「刑事訴訟法は免責制度を採用しておらず、国際司法共助によって得られたものであっても、わが国の刑事裁判の証拠にはできない」と証拠能力を否定したのである。この点は、証拠として採用した一審、二審と大きく異なっている。

つまり最高裁は、嘱託尋問調書の証拠能力を否定しつつ、それがなくても有罪を認定できると判断した。この強引ともいうべき論理がまかり通るなら、田中が生きていても有罪を免れなかっただろう。

しかしながら、嘱託尋問が当初から行われていなければ、一審来の裁判は大きく異なっていたのではなかろうか。元東京地検特捜部検事として、事件を担当した堀田力は、後年にこう述べている。

嘱託尋問調書がなくても田中、桧山氏らを有罪にできたかというと、形式的にはできたと思います。形式的な証拠はそろっています。では、その嘱託尋問が不成功に終わっていても、この事件が解明されたかといいますと、解明されなかったと思います。

やはりあの嘱託があって、それを進めることができるということがみえてきて、よしそれならと、国内の捜査にかかりました。国内の方でももちろん解明していきましたけれども、嘱託尋問の方が進み、なんとかいけそうだ、というところがみえてなければ、捜査はなかったのではないだろうか。

それから、公判の過程で嘱託尋問調書がないと、果たして自白自体が得られたかどうか。自白が得られたとしても、公判過程で非常に争われたと思います。

国内捜査の資料だけでは、原資のお金がどこから来ているのかなどについて、裁判でいろいろなことが言えます。ですので、そういう主張がされた時に、果たして有罪に持ち込めたのかどうか、疑問に思っています。

元検事の堀田ですら認めるように、当初から嘱託尋問調書がなければ、無罪になった可能性が高いように思える。ただし、外国企業から献金を受け取ることは、政治資金規正法で禁止されており、仮に賄賂性がなかったとしても問題なしとはしえない。

かつて最高裁は一九七六（昭和五一）年七月二四日に嘱託尋問について宣明書を発し、贈賄側のコーチャンらに対する不起訴を確約していた。田中没後の一九九五（平成七）年二月二二日になって、最高裁が嘱託尋問の証拠能力を否定するのは、深刻な自己矛盾といわねばならない。

田中は生前、「見ず知らずのコーチャンなる者の証言で、しかも反対尋問もさせないで、なぜこんな目にあわなければならないのだ」と弁護士に述べていた。実際には田中は、通産相時代に一度だけコーチャンに会っている。だとしても、田中の無念は想像を絶する。

田中逮捕から最高裁判決まで、いつしか一八年半もの月日が流れていた。栄光と屈辱にまみれた田中の生涯は、昭和の光と闇を象徴するかのようである。[204]

注記

1　田中角栄『わたくしの少年時代』（講談社、一九七三年）二二頁、同「私の履歴書」（岸信介・河野一郎・福田赳夫・後藤田正晴・田中角栄・中曽根康弘『私の履歴書――保守政権の担い手』日経ビジネス人文庫、二〇〇七年）三三四頁、新潟日報社編『ザ・越山会』（新潟日報事業社、二〇〇四年）二二頁。

　田中角栄を論じた著作としては、小林吉弥『実録 越山会』（徳間文庫、一九八二年）、立花隆『田中角栄研究――全記録』上下巻（講談社文庫、一九八二年）、同『田中角栄新金脈研究』（朝日文庫、一九八五年）、同『巨悪vs言論――田中ロッキードから自民党分裂まで』上巻（文春文庫、二〇〇三年）、同『政治と情念――権力・カネ・女』（文春文庫、二〇〇五年）、早坂茂三『政治家 田中角栄』（集英社文庫、一九九三年）、同『田中角栄回想録』（集英社文庫、一九九三年）、佐藤昭子『決定版 私の田中角栄日記』（新潮文庫、二〇〇一年）、同『田中角栄』（経済界、二〇〇五年）、塩田潮『田中角栄失脚』（文春新書、二〇〇二年）、大下英治『実録 田中角栄と鉄の軍団』上中下巻（講談社＋α文庫、二〇〇四年）、田原総一朗『戦後最大の宰相 田中角栄』上下巻（講談社＋α文庫、二〇〇四年）、増山榮太郎『角栄伝説――番記者が見た光と影』（出窓社、二〇〇五年）、保阪正康『田中角栄の昭和』（朝日新書、二〇一〇年）、下村太一『田中角栄と自民党政治――列島改造への道』（有志舎、二〇一一年）、馬弓良彦『戦場の田中角栄』（毎日ワンズ、二〇一一年）、早野透『田中角栄』（中公新書、二〇一二年）、森省歩『田中角栄に消えた闇ガネ――「角円人士」が明かした最後の迷宮』（講談社、二〇一三年）、佐高信『未完の敗者 田中角栄』（光文社、二〇一四年）、御厨貴『戦後をつくる――追憶から希望への透視図』（吉田書店、二〇一六年）などがある。

2　早坂『田中角栄回想録』三二頁、田中「私の履歴書」三二三―三三八頁。

　馬弓『戦場の田中角栄』二八頁は、「『当時としては田中家はこの辺では暮らしは上の部だった』と言う人もいる」とする。

3　田中『わたくしの少年時代』六―二五頁、同「私の履歴書」三三〇―三三六頁。

4　田中『わたくしの少年時代』二九―六五頁、同「私の履歴書」三三二―三三三、三三八―三四四頁、谷村幸彦『総理のおふくろ』（読売新聞社、一九七三年）一六七―一八二頁、金井満男『師が語る田中角栄の素顔』（土屋書店、一九八三年）八〇―一三五頁、早坂茂三『オヤジとわたし』（集英社文庫、一九九三年）六一―六二頁、馬弓『戦場の田中角栄』三三―四六頁。

5　田中フメ「角栄よ デカいことというでねえ」（『文藝春秋』一九七二年九月号）一〇八―一一〇頁、田中『わたくしの少年時代』六六―七七頁、同「私の履歴書」三四五―三四八頁、金井『師が語る田中角栄の素顔』一六―一七頁、田中角栄記念館編『私の中の田中角栄』（海竜社、二〇〇五年）一八九―二五三頁。

6　田中『わたくしの少年時代』七七―九九頁、同「私の履歴書」三四八―三五九頁。

7　引用文献については、次の注でまとめて記す。

8　大河内正敏『農村の工業と副業』（科学主義工業社、一九三七年）口絵、六〇、七四―七五、一一〇―一一二頁、田中『わたくしの少年時代』九三、一〇〇―一五七頁、同「私の履歴書」三五六、三六〇―四一二、四一五―四二六頁、朝日新聞新潟支局『田中角栄と越山会 深層の構図』（山手書房、一九八二年）二〇九―二一一頁、早野透『田中角栄と「戦後」の精神』（朝日文庫、一九九五年）二三五―二三六頁、佐藤『田中角栄』二四一頁、齋藤憲『大河内正敏――科学・技術に生涯をかけた男』（日本経済評論社、二〇〇九年）三六、六一、一一一―一一二、一二四、一四六、一五五―一六二、一六四、一七九、一八二頁、高橋修「解説」（徳冨蘆花『不如帰』岩波文庫、二〇一二年）三二一―三三三頁、宮田親平『「科学者の楽園」をつくった男――大河内正敏と理化学研究所』（河出文庫、二〇一四年）二四七―二六六頁。

9　風祭幸子「母も知らない兄・田中角栄の秘密」（『現代』一九七二年一〇月号）一一四頁、田中『わたくしの少年時代』一五八―一八八頁、同「私の履歴書」四一三―四一四、四二四―四四二頁、早野『田中角栄と「戦後」の精神』一一八―一二〇頁、新潟日報社編『ザ・越山会』二三―二四頁、田中角栄記念館編『私の中の田中角栄』二五一、二八七―二九七頁、馬弓『戦場の田中角栄』六〇―八〇、一一三―一一六頁。

10　引用文献については、次の注でまとめて記す。

11　田中『わたくしの少年時代』一八八―一九八頁、同「私の履歴書」四四三―四五二頁、立花『田中角栄研究』上巻、一七〇―一七一、一八〇―一九二頁、徳川夢声『徳川夢声の問答有用』第一巻（朝日文庫、一九

八四年）二九七―二九八頁、田中眞紀子『時の過ぎゆくままに』（PHP文庫、一九九四年）六三頁、五十嵐暁郎・新潟日報報道部『田中角栄、ロンググッドバイ』（潮出版社、一九九五年）三〇―三一頁、新潟日報社編『ザ・越山会』二四―二七頁。

12 田中花子「政治家の妻」（『婦人公論』一九五八年四月号）一八四頁では、「私が主人のところへ嫁いだのは昭和十六年」となっている。

13 引用文献については、次の注でまとめて記す。

田中『わたくしの少年時代』一九七―二〇二頁、同「わが戦後秘史」（『現代』一九九四年二月号）二九―三一頁、同「私の履歴書」四五三―四五八頁、谷村『総理のおふくろ』一九一―一九二頁、徳川『徳川夢声の問答有用』第一巻、二九九頁、『新潟日報』一九八七年一月七日夕刊、大麻唯男伝記研究会編『大麻唯男―談話編』（櫻田会、一九九六年）一五、二六九―二七〇、三〇五、三〇九―三一〇、四〇九頁、同編『大麻唯男―伝記編』（櫻田会、一九九六年）一六六頁、佐藤『決定版 私の田中角栄日記』四九頁、田中角栄記念館編『私の中の田中角栄』二八三―二八六頁。

14 小林吉弥『角栄一代―リーダーと組織―全発想』（ネスコ、一九八九年）三五―四九頁、立花『政治と情念』三四三―三四七頁、田中角栄記念館編『私の中の田中角栄』二四五―二四七頁、新潟日報報道部『宰相 田中角栄の真実』（新潟日報事業社、二〇〇六年）一四九―一六一頁。

15 佐藤『決定版 私の田中角栄日記』二二―三七頁、佐藤あつ子「田中角栄の恋文」（『文藝春秋』二〇一一年一一月号）一〇六頁、同『昭 田中角栄と生きた女』（講談社文庫、二〇一四年）四〇―四六、五六―六六頁、朝賀昭／福永文夫・服部龍二・雨宮昭一・若月秀和編『田中角栄―最後の秘書が語る情と智恵の政治家』（第一法規、二〇一五年）三三頁。

16 小林『角栄一代』一三六―一五一頁。

17 田中祐「『わが父・角栄との二七年』を語る」（『週刊現代』一九八五年一月一日号、一月五・一二日号）二二―二六、二八―三三頁、佐藤『決定版 私の田中角栄日記』六六―六九頁、田中京『絆―父・田中角栄の熱い手』（扶桑社、二〇〇四年）三二―五五頁、辻和子『熱情―田中角栄をとりこにした芸者』（講談社、二〇〇四年）一三―一四、一九―三六、七七―一〇三頁。

18 田中「わが戦後秘史」三一―三二頁、同「私の履歴書」四五八―四五九頁。

19 五十嵐ほか『田中角栄、ロンググッドバイ』三四―四三頁、新潟日報社編『ザ・越山会』二八―四四頁。

20 新潟日報報道部『宰相 田中角栄の真実』二一、一五二―一五三頁。

21 小林吉弥『実録・角栄がゆく―三十六年間の全演説再録』（徳間書店、一九八三年）一三頁、同『指導者の条件―田中角栄になぜ、人が集まったのか』（光文社文庫、一九八九年）一九〇―一九三頁、早坂『政治家 田中角栄』一九頁。

22 例として、中曽根康弘や福田赳夫との対談を掲載した『国会写真ニュース』一九六一年一月一日号、『東京新聞』一九七〇年七月一五日。

23 甲斐正子『証言 ひとりぼっちの女王』（双葉社、一九八七年）四六―四七頁。

24 『官報』号外、一九四七年九月二六日、田中角栄「大蔵大臣の文学論―竹久夢二からナニワブシまで」（『文芸朝日』一九六三年六月一日号）四七頁。

なお、田中の初登壇は一九四七年七月一〇日であったが、活発な討議を説くなど一般的な内容にとどまり、政策に踏み込んでいなかった。

25 「第一回国会衆議院国土計画委員会議録」第三三号、一九四七年一二月五日、早坂『政治家 田中角栄』二三―二五頁。

26 衆議院・参議院編『議会制度百年史 院内会派編 衆議院の部』（大蔵省印刷局、一九九〇年）五五五頁、田中「わが戦後秘史」三二頁、増山『角栄伝説』九九頁。

27 引用文献については、次の注でまとめて記す。

28 戸川猪佐武『田中角栄伝―その土着と大衆性の軌跡』（鶴書房、一九七二年）一六六―一八〇、一八四頁、徳川『徳川夢声の問答有用』第一巻、三〇一―三〇二頁、大嶽秀夫『アデナウアーと吉田茂』（中央公論社、一九八六年）二二八頁、早坂『田中角栄回想録』三六―三七頁、田中「わが戦後秘史」三三―三四頁、福永文夫『占領下中道政権の形成と崩壊』（岩波書店、一九九七年）二六九―二七三頁、政策研究大学院大学C.O.E.オーラル・政策研究プロジェクト「松野頼三オーラルヒストリー」上巻（政策研究大学院大学、二〇〇三年）五〇―五一頁、高坂正堯『宰相 吉田茂』（中央公論新社、二〇〇六年）四九頁。

29 小林健治『ある元裁判官の想い出』（私家版、一九六七年）四二―四三頁、同『ある元裁判官の想い出（二）』（私家版、一九六八年）四二―四三頁、佐木隆三『田中角栄の風景《戦後初期・炭管疑獄》』（徳間書店、一九八三年）、五十嵐ほか『田中角栄、ロンググッドバイ』三六―三七、六九、一五三頁、早野『田中角栄と「戦後」の精神』一五二頁、辻『熱情』一〇七―一一二頁、新潟日報社編『ザ・越山会』一〇―一二一頁、伊藤隆編『斎藤隆夫日記』下巻（中央公論新社、二〇〇九年）七〇四、七〇六頁。

30　田中「わが戦後秘史」三四―三九頁、早坂『田中角栄回想録』三七頁。

ただし、池田自身は、吉田に池田を推したのは日清紡元会長の宮島清次郎だったと述べている。伊藤昌哉『池田勇人とその時代』（朝日文庫、一九八五年）一九頁、藤井信幸『池田勇人――所得倍増でいくんだ』（ミネルヴァ書房、二〇一二年）一四―一五、五一―五四頁。

31　引用文献については、次の注でまとめて記す。

32　「第一五回国会衆議院建設委員会議録」第四号、一九五二年一二月二日、日本建築士連合会編『一級建築士名簿（昭和二九年版）』（日本建築士連合会、一九五四年）三二四頁、田中角栄「道路整備費の財源等に関する臨時措置法の審議を省みて」（『道路』一九五三年八月号）三一五頁、同「わが新住宅政策」（『土地住宅総合研究』一九六五年秋号）一九―二四頁、早坂『政治家 田中角栄』二七―一〇〇、四六一―四六六頁、五十嵐ほか『田中角栄、ロンググッドバイ』二一、三七頁、ＮＨＫ取材班『ＮＨＫスペシャル 戦後五〇年その時日本は 第四巻 沖縄返還／列島改造』（日本放送出版協会、一九九六年）二三六―二六九頁、立花『巨悪vs言論』上巻、二一〇―二一七頁、田原『戦後最大の宰相 田中角栄』上巻、二七一―二八二頁、官報情報検索サービス https://search.npb.go.jp/kanpou/（二〇一六年二月一〇日アクセス）。

なお、田中はこのころ只見川の開発をめぐる政争に加わっていた。

33　田中角栄『大臣日記』（新潟日報事業社、一九七二年）三一―三二、五五、六七、九一―九二、一一一頁、佐藤『決定版 私の田中角栄日記』四七頁、同『田中角栄』四九頁。

34　新潟日報社編『ザ・越山会』五四―一〇一頁、鳩山薫・鳩山一郎／伊藤隆・季武嘉也編『鳩山一郎・薫日記 下巻 鳩山薫篇』（中央公論新社、二〇〇五年）六〇、七七一―七七五、八〇〇―八〇一頁。

35　早坂『田中角栄回想録』八一―八二頁、同『政治家は「悪党」に限る』（集英社文庫、一九九八年）三二頁、『朝日新聞』一九九三年三月三〇日、一九九四年九月二六日夕刊、立花『政治と情念』一九一―一九二、三〇六―三〇八頁、新潟日報報道部『宰相 田中角栄の真実』一三〇―一三二頁。

ただし、朝賀『田中角栄』四九頁によると、「政治資金に関しては、佐藤昭子さんにすべて任せていました。早坂茂三さんがお金にかかわったようにも言われていますが、選挙のときに候補者のところへ届けるくらいで、それ以外はまったくありません」という。

36　『朝日新聞』一九五四年八月五日夕刊、一九五七年二月一日夕刊、塩口喜乙『聞書 池田勇人』（朝日新聞社、一九七五年）一六二―一六三頁、佐藤『田中角栄』一二一―一二三頁、渡邉恒雄『派閥――保守党の解剖』（弘文堂、二〇一四年）一六五―一七三頁。

37　山田栄三『正伝 佐藤栄作』上巻（新潮社、一九八八年）五七、三〇八―三〇九、三三二、三六四頁、田中「わが戦後秘史」三六、四〇頁、石橋湛一・伊藤隆編『石橋湛山日記――昭和二〇―三一年』下巻（みすず書房、二〇〇一年）七七〇頁、大平正芳／福永文夫監修『大平正芳全著作集』第一巻（講談社、二〇一〇年）六六頁。

38　早坂茂三『鈍牛にも角がある』（集英社文庫、一九九七年）一八八―一八九頁、御厨貴・伊藤隆・飯尾潤編『渡邉恒雄回顧録』（中公文庫、二〇〇七年）一六七頁。

39　滝谷由亀・堀川潭編『歴代郵政大臣回顧録』第三巻（逓信研究会、一九七四年）四―五頁。

40　引用文献については、次の注でまとめて記す。

41　『毎日新聞』一九五七年七月一四日夕刊、『朝日新聞』一九五七年八月二三日夕刊、一九七六年九月二、四日、滝谷ほか編『歴代郵政大臣回顧録』第一巻、三〇三―三〇六頁、五十嵐ほか『田中角栄、ロンググッドバイ』三九、一五六頁、佐藤『決定版 私の田中角栄日記』五三―五四頁、馬弓『戦場の田中角栄』一五二―一五五頁、早野『田中角栄』一四八―一五一頁。

42　「三兆二千五百億円のサイフをにぎる男」（『週刊文春』一九六四年二月一〇日号）八九頁、蜷川真夫『さらば田中角栄』（朝日新聞社、一九八七年）二〇一―二〇四頁、小林『角栄一代』一四二―一四三頁、五十嵐ほか『田中角栄、ロンググッドバイ』一五六―一五七頁、早野『田中角栄と「戦後」の精神』三〇一―三〇四頁、朝賀『田中角栄』二九、三二、五〇―五二頁。

43　自由民主党編『自由民主党党史 資料編』（自由民主党、一九八七年）一四五五、一四五七頁、佐藤『決定版 私の田中角栄日記』五八頁、大下『実録 田中角栄と鉄の軍団』上巻、一〇四―一〇八頁、相沢英之

『予算は夜つくられる』（かまくら春秋社、二〇〇七年）二三二―二三三頁。

44　山田『正伝 佐藤栄作』上巻、三六四頁、田中「わが戦後秘史」四一―四二頁、田中『絆』一八四―一八六頁、大平『大平正芳全著作集』第一巻、六七頁。

45　田中角栄・中曽根康弘「国会〝ケネディ族〟大いに語る」（『国会写真ニュース』一九六一年一月一日号）、自由民主党編『自由民主党党史 資料編』一四五九頁、早坂『田中角栄回想録』三六―三七頁、早野『田中角栄と「戦後」の精神』一八九―一九〇、二四四―二四七、三〇一頁、新潟日報社編『ザ・越山会』一五四―一五六、一八九―一九一頁、新潟日報報道部『宰相 田中角栄の真実』九六―九七頁。

　越後交通の電車廃止時期については、同社のホームページを参照した。http://www.echigo-kotsu.co.jp/contents/business/history/1980.html（二〇一六年七月一〇日アクセス）。

46　野田卯一ほか「自由民主党第一回韓国訪問議員団帰国報告」一九六一年五月。

47　武見太郎『武見太郎回想録』（日本経済新聞社、一九六八年）二三四―二四〇頁、同『戦前 戦中 戦後』（講談社、一九八二年）二二二―二二三、二三二―二三三頁、前尾繁三郎『政治家の方丈記』（理想社、一九八一年）三七七頁、武見太郎・有岡二郎『実録日本医師会』（朝日出版社、一九八三年）一一六―一二三頁、伊藤『池田勇人とその時代』一五七頁、五十嵐ほか『田中角栄、ロンググッドバイ』一五七―一五八頁、灘尾弘吉先生追悼集編集委員会編『私の履歴書 灘尾弘吉』（灘尾弘吉先生追悼集編集委員会、一九九六年）九五―九八頁、佐藤『決定版 私の田中角栄日記』五九―六〇頁、新潟日報報道部『宰相 田中角栄の真実』二四―二五頁。

48　『官報』号外、一九六二年一月二三日、小林『実録・角栄がゆく』二二〇―二二二頁、同『角栄一代』一一二―一一五頁、立花『政治と情念』一九七、二〇二―二〇三頁。

49　「第四〇回国会衆議院予算委員会議録」第一〇号、一九六二年二月七日、『東京新聞』一九六二年二月七日、『東京タイムズ』一九六二年二月七日、『毎日新聞』一九六二年二月七日、『読売新聞』一九六二年二月七日、田中『大臣日記』八五―八六頁、『朝日新聞』一九九三年一〇月二八日、早坂『オヤジとわたし』一六―一七頁、同『政治家 田中角栄』一五一―一五三頁、同『田中角栄回想録』二一―二三頁、佐藤『決定版 私の田中角栄日記』六三―六四頁、同『田中角栄』六三―六五頁。

50　田中角栄・大江健三郎「ナニワ節大臣の内面生活」（『毎日グラフ』一九六三年三月一七日号）四三―四五頁、田中角栄「官僚と党人の媒介」（『自由』第六巻第五号、一九六四年）五七頁、同「憲法問題は〝静かに〟見守る」（『自由』第一〇巻第五号、一九六八年）三四―三五頁。

　のちに田中の発言は、「ある時期に〔憲法が〕改正されることがあったとしても、戦争放棄をうたっている九条が改正されることはない」と変化する。『朝日新聞』一九七二年一月一八日。

51　土師二三生『人間 池田勇人』（講談社、一九六七年）三二七頁、田中『大臣日記』一〇―一二頁、同「わが戦後秘史」四二―四三頁、保利茂『戦後政治の覚書』（毎日新聞社、一九七五年）一三九頁、伊藤『池田勇人とその時代』一七七―一八〇頁、新潟日報社編『入門 田中角栄』（新潟日報事業社、二〇〇三年）二〇四頁、森田一／服部龍二・昇亜美子・中島琢磨編『心の一燈 回想の大平正芳――その人と外交』（第一法規、二〇一〇年）五一―五四頁。

52　田中「官僚と党人の媒介」五八頁、同『大臣日記』二〇―二五頁、石原慎太郎「君 国売り給うことなかれ――金権の虚妄を排す」（『文藝春秋』一九七四年九月号）一〇三頁、中野士朗『山下元利・全人像』（行政問題研究所出版局、一九八一年）一七七―一七八頁、早坂『政治家田中角栄』一六三頁、後藤基夫・内田健三・石川真澄『戦後保守政治の軌跡』下巻（岩波書店、一九九四年）一七七―一七八頁、朝賀『田中角栄』八―一〇頁。

53　「国際通貨基金協定及び国際復興開発銀行協定 年次総会」第六巻（B'.2.3.1.2-2, 外務省外交史料館所蔵）、田中『大臣日記』一八―二〇、二五―二八頁、外務省編『わが外交の近況』第七号（外務省、一九六三年）一〇八頁、伊藤『池田勇人とその時代』一八一頁。

54　外務省経済局「第二回日米貿易経済合同委員会議事概要 昭和三七年一二月三日―五日 於ワシントン」一九六二年一二月（「日米貿易経済合同委員会関係 第二回委員会 本会議 議事概要」E'.2.3.1.17-2-3-1, 外務省外交史料館所蔵）、同「第三回日米貿易経済合同委員会議事概要 昭和三九年一月二七日―二八日 於外務省講堂」一九六四年二月（「日米貿易経済合同委員会関係 第三回委員会 本会議 議事概要」E'.2.3.1.17-3-3-1, 外務省外交史料館所蔵）、外務省編『わが外交の近況』第八号（外務省、一九六四年）二三六―二三七頁、田中『大臣日記』一三、四二―五二、六〇―六二、一三六―一六六頁、田中角栄記念館編『私の中の田中角栄』七八―七九頁、高橋和宏「ドル防衛と日米関係 一九六三―一九六五」(『外交史料館報』第二四号、二〇一一年) 七九―一〇一頁。

55 引用文献については、次の注でまとめて記す。

56 『毎日新聞』一九六二年一二月三一日、一九六三年一月三一日夕刊、三月三〇日夕刊、『朝日新聞』一九六三年一月二九日夕刊、二月一日、『新潟日報』一九六五年一月一日、田中『大臣日記』一七四―一九四頁、五十嵐ほか『田中角栄、ロンググッドバイ』五三―六一頁、佐藤『決定版 私の田中角栄日記』一一、七一―七二頁、新潟日報社編『ザ・越山会』二四四―二五二頁、新潟日報報道部『宰相 田中角栄の真実』一三三頁。

57 伊藤『池田勇人とその時代』二七四―二七五頁、田中「わが戦後秘史」四四―四六頁、佐藤栄作／伊藤隆監修『佐藤栄作日記』第二巻(朝日新聞社、一九九八年) 一二八、一四三、一七八、一八二、一八九、一九一、一九四―一九七頁、楠田實編著『産経新聞政治部秘史』(講談社、二〇〇一年) 一八〇―一八二頁。

58 『朝日新聞』一九六五年五月二九日、田中『大臣日記』一七一―一八頁、草野厚『山一証券破綻と危機管理――一九六五年と一九九七年』(朝日新聞社、一九九八年) 一二二―一二五、一四〇―一四一、一四七―一五〇、一五九―一六六頁、田中角栄記念館編『私の中の田中角栄』八二頁。

59 『朝日新聞』一九六五年六月二九日、佐藤『佐藤栄作日記』第二巻、二八一頁、佐藤『決定版 私の田中角栄日記』七四―八〇頁、同『田中角栄』一五七頁。

60 『毎日新聞』一九六五年一一月一二日、一二月一一日夕刊、『読売新聞』一九六五年一一月一二日、牛場信彦『外交の瞬間――私の履歴書』(日本経済新聞社、一九八四年) 一〇九、一一三頁、金東祚／林建彦訳『韓日の和解――日韓交渉一四年の記録』(サイマル出版会、一九九三年) 三三七―三三九頁、早坂『田中角栄回想録』三〇〇頁、政策研究大学院大学C．O．E．オーラル・政策研究プロジェクト「柳谷謙介オーラル・ヒストリー」上巻(政策研究大学院大学、二〇〇五年) 二〇〇―二〇一頁、李東俊「船舶をめぐる日韓請求権交渉」(浅野豊美編著『戦後日本の賠償問題と東アジア地域再編――請求権と歴史認識問題の起源』慈学社出版、二〇一三年) 一〇一頁。

61 早坂茂三『権力の司祭たち』(集英社文庫、一九九五年) 一七五―一七六頁、同『政治家は「悪党」に限る』三三―三四頁、早野『田中角栄と「戦後」の精神』一四七―一五〇頁、奥島貞雄『自民党幹事長室の三〇年』(中公文庫、二〇〇五年) 二七頁。

62 『朝日新聞』一九六六年八月五日夕刊、九月二〇日、一〇月二一日、一九七五年一一月三〇日、一九九七年二月二七日夕刊、小佐野賢治「田中総理と二五年来の仲」(『財界』第二〇巻第一五号、一九七二年) 二六―二九頁、立花『田中角栄研究』上巻、四〇―四二、七三―九三、一二三六―二三八、二八五―二八六頁、佐藤『決定版 私の田中角栄日記』八二頁、田中角栄記念館編『私の中の田中角栄』二九九頁。

63 早坂茂三『駕籠に乗る人 担ぐ人――自民党裏面史に学ぶ』(集英社文庫、一九九四年) 一一七―一一八頁、佐藤『決定版 私の田中角栄日記』七四―七五頁、増山『角栄伝説』一四四頁、朝賀『田中角栄』五四―六四頁。

64 引用文献については、次の注でまとめて記す。

65 田中角栄「自民党の反省」(『中央公論』一九六七年六月号) 二八四―二九三頁、自由民主党都市政策調査会編『都市政策大綱――中間報告』(自由民主党広報委員会出版局、一九六八年)、永地正直『文教の旗を掲げて――坂田道太聞書』(西日本新聞社、一九九二年) 七七、一五二―一五三頁、早坂『政治家 田中角栄』四六七―四九二頁、同『駕籠に乗る人 担ぐ人』一一八―一二六頁、下河辺淳『戦後国土計画への証言』(日本経済評論社、一九九四年) 一〇四―一〇七頁、五十嵐ほか『田中角栄、ロンググッドバイ』一六一頁、佐藤『決定版 私の田中角栄日記』九三頁、新潟日報社編『ザ・越山会』二八〇―二八二頁、新潟日報報道部『宰相 田中角栄の真実』一三四―一三六頁、下村『田中角栄と自民党政治』五三―五五頁、朝賀『田中角栄』六〇頁。

66 田中角栄・高坂正堯「一九八〇年の自民党」(『自由』第一〇巻第一号、一九六八年) 二四、三一頁。

67 『朝日新聞』一九六八年一一月二三日、後藤ほか『戦後保守政治の軌跡』下巻、一七九頁、伊藤昌哉『自民党戦国史』上巻(ちくま文庫、二〇〇九年) 三〇―三二頁、馬弓『戦場の田中角栄』一七四―一七五頁。

68 『朝日新聞』一九六八年一二月五、六日、一九六九年三月一九日夕刊、八月二、三日、『毎日新聞』一九六九年八月一〇日、『読売新聞』一九六九年一〇月一〇、一五日、早坂『田中角栄回想録』一二四―一二六頁、栗原祐幸『証言・本音の政治――戦後政治の舞台裏』(内外出版、二〇〇七年) 一二一―一二四頁。

69 『朝日新聞』一九六九年三月一九日夕刊、田中角栄記念館編『私の中の田中角栄』一五七—一六〇頁。

70 『毎日新聞』一九六九年一二月三日、小林吉弥『人間 田中角栄——発想・決断・人間関係術を盗む』（光文社文庫、一九八九年）二一七—二一八頁、早坂『鈍牛にも角がある』二三〇—二三二頁、新潟日報報道部『宰相 田中角栄の真実』一一〇—一一一頁、朝賀『田中角栄』八〇—八三頁。

71 引用文献については、次の注でまとめて記す。

72 『赤旗』一九六九年一二月一七日、藤原弘達『この日本をどうする・2——創価学会を斬る』（日新報道、一九六九年）一頁、同『続・創価学会を斬る』（日新報道、一九七一年）二一六、二二一六、二二二二頁、同『新・創価学会を斬る』（日新報道、一九七二年）二九九頁、同『藤原弘達の生きざまと思索 7 斬る』（藤原弘達著作刊行会、一九七九年）一一一—一二九、三三三二頁、同『藤原弘達の生きざまと思索 8 闘う』（藤原弘達著作刊行会、一九七九年）三七—三九、八二—二四二頁、同『角栄、もういいかげんにせんかい』（講談社、一九八四年）一七—一〇八頁、同『創価学会 池田大作をブッた斬る』（日新報道、一九八八年）二〇、二三頁、藤原弘達・内藤国夫『創価学会に未来はあるか』（日新報道、一九七九年）九三—九四、九六頁、『朝日新聞』一九九八年八月二六日、九月九、一〇日、田中角栄記念館編『私の中の田中角栄』一四五頁、矢野絢也『闇の流れ 矢野絢也メモ』（講談社＋α文庫、二〇〇八年）五七頁、言論出版の自由を守る会編『藤原弘達「創価学会を斬る」四一年目の検証』（日新報道、二〇一二年）二八—四三、二三三二—二四二、二四六—二五八、三〇八—三〇九頁、薬師寺克行『公明党』（中公新書、二〇一六年）六〇—六七頁。

73 『日本経済新聞』一九九八年九月一六日、石橋政嗣『「五五年体制」内側からの証言——石橋政嗣回想録』（田畑書店、一九九九年）九四—九七頁、不破哲三『不破哲三 時代の証言』（中央公論新社、二〇一一年）一〇二—一〇四、一一〇—一一三、一二一、一三四、二二四、二二六—二二七頁。

74 『東京新聞』一九七〇年七月一五日、『朝日新聞』一九七〇年八月一四日、伊藤昌哉『宰相盗り』（ＰＨＰ研究所、一九八六年）一〇九頁。

75 『朝日新聞』一九七一年五月三〇日、相沢『予算は夜つくられる』二五六—二五八頁。

76 『毎日新聞』一九七一年六月二九日夕刊、『朝日新聞』一九七一年七月五日夕刊、野上浩太郎『政治記者』（中公新書、一九九九年）一六—二一頁、新潟日報報道部『宰相 田中角栄の真実』九七頁、『日本経済新聞』二〇〇八年三月二七日夕刊、不破『不破哲三 時代の証言』一二〇—一二一頁。

77 『朝日新聞』一九七一年七月一七日、田中角栄「日米関係の〝調整〟のために」（『週刊東洋経済』一九七一年八月七日号）五四—五六頁、佐藤『決定版 私の田中角栄日記』九八—一〇〇頁。

78 通商産業省通商産業政策史編纂委員会編『通商産業政策史 第一二巻——第Ⅳ期 多様化時代（1）』（通商産業調査会、一九九三年）三—六頁。

79 「日米貿易経済合同委員会 第八回委員会（一九七一・九）個別会談」（E'.2.3.1.17-9-3、外務省外交史料館所蔵）、「日米繊維問題」（二〇一一—三三三五、一七三八、外務省外交史料館所蔵）、『朝日新聞』一九七一年七月一五、二七日、九月三〇日夕刊、一〇月一六日、一二月一六日、外務省編『わが外交の近況』第一六号（外務省、一九七二年）一八七—一八八頁、小松勇五郎『激動の通産行政』（時評社、一九七八年）五八—五九、六二、八八—九〇頁、I・M・デスラー・福井治弘・佐藤英夫『日米繊維紛争』（日本経済新聞社、一九八〇年）二六四—二八七頁。

80 小長啓一『日本の設計——通産省は挑戦する』（ネスコ、一九八六年）三一—三二頁、石橋『「五五年体制」内側からの証言』九六—九七頁、田中角栄記念館編『私の中の田中角栄』八九—九〇、一一四—一一六頁。

81 『読売新聞』一九九四年一〇月二二日、竹下登／政策研究大学院大学政策情報プロジェクトＣＯＥオーラル・政策研究プロジェクト『政治とは何か——竹下登回顧録』（講談社、二〇〇一年）二二二—二二三頁、立花『政治と情念』一六一—一七九頁、新潟日報報道部『宰相 田中角栄の真実』一四二—一四三頁、岐阜新聞社編著『至誠一貫 武藤嘉文半生記』（岐阜新聞社、二〇〇八年）九七—九八頁。

82 『新潟日報』二〇〇七年一二月一一—一六日、新潟日報社特別取材班『原発と地震——柏崎刈羽「震度七」の警告』（講談社、二〇〇九年）六二—七九頁、森『田中角栄に消えた闇ガネ』七五—一七六頁。

83 保利『戦後政治の覚書』一三六—一三九頁、木村武雄『自伝 米沢そんぴんの詩』（形象社、一九七八年）七—八、一四〇—一五八、一八三—一八八、二二一—二二六頁、日本経済研究会編『ステーツマン 愛知揆一追想録』（日本経済研究会、一九七九年）一三〇—一三二頁、金丸信『立ち技寝技』（日本経済新聞社、一九八八年）九五—九九頁、中曽根康弘『政治と人生――中曽根康弘回顧録』（講談社、一九九二年）二九七頁、福田赳夫『回顧九十年』（岩波書店、一九九五年）一八五―一八七、一九三―二〇三頁、野上『政治記者』二一一―三〇頁、早坂茂三『怨念の系譜――河井継之助、山本五十六、そして田中角栄』（集英社文庫、二〇〇三年）二一四―二一五頁、田中角栄記念館編『私の中の田中角栄』二〇―二一頁、増山『角栄伝説』六〇頁、新潟日報報道部『宰相田中角栄の真実』七五―七八頁、朝賀『田中角栄』九〇―九九頁、若月秀和「福田外交の起源――佐藤政権末期の日本外交」（福永文夫編『第二の「戦後」の形成過程――一九七〇年代日本の政治的・外交的再編』有斐閣、二〇一五年）六九―七一頁。

84 田中角栄『日本列島改造論』（日刊工業新聞社、一九七二年）二、三三、九一―九二、一〇七―一六七頁、渡邉恒雄「無学歴首相のブレーンは誰だ」（『中央公論』一九七二年九月号）一〇八―一一一頁、小長『日本の設計』三三―三四頁、同「『日本列島改造論』のゴーストライターと呼ばれて」（『週刊新潮』二〇一五年一二月一七日号）四一頁、下河辺『戦後国土計画への証言』一二三―一二六、二四二―二五〇頁、田中角栄記念館編『私の中の田中角栄』一〇七―一〇八頁、大平正芳／福永文夫監修『大平正芳全著作集』第四巻（講談社、二〇一一年）八二―八三、四四〇―四四一頁、第六巻（二〇一二年）四七七―四七九頁、下村『田中角栄と自民党政治』一五五―一九二頁。

85 『読売新聞』二〇一二年九月二九日によると、地名を選んだのは小長だったという。

86 『朝日新聞』一九七二年七月五日夕刊。

『読売新聞』一九七六年八月一七日、二〇一二年九月二二日、佐藤『決定版 私の田中角栄日記』一四―一六、一〇四―一〇五頁、田中角栄記念館編『私の中の田中角栄』一四八―一四九頁。

87 伊藤『宰相盗り』一一八頁、同『自民党戦国史』上巻、九六―一〇〇頁。

88 田中角栄「国民への提言――私の十大基本政策」一九七二年六月（筆者所蔵）、早坂『オヤジとわたし』九八―九九頁、奥野誠亮『派に頼らず、義を忘れず――奥野誠亮回顧録』（ＰＨＰ研究所、二〇〇二年）一九四―二〇五頁。

89 『官報』号外、一九七二年一〇月二八日、早坂『政治家 田中角栄』四九七―五〇二頁、相沢英之『一日生涯』（ぶんか社、二〇〇〇年）一一八―一二〇頁、同『予算は夜つくられる』二三八―二三九、二六二―二六三頁、『別冊宝島 田中角栄という生き方』（宝島社、二〇一四年）五七―五八頁。

90 田中は通年国会を主張していた。前尾『政治家の方丈記』三〇頁。

91 『朝日新聞』一九七二年九月一八日。

調査室「日中関係に関する大平大臣の内話（メモ）」（於国際問題研究所）」一九七三年二月一日（「日中国交正常化（重要資料）」二〇一一―七二〇、外務省外交史料館所蔵）、拙稿「二〇一一年一二月二二日公開ファイル『日中国交正常化』ほか」（『外交史料館報』第二六号、二〇一二年）一〇〇―一〇一頁、拙著『外交ドキュメント 歴史認識』（岩波新書、二〇一五年）一六―一八頁。

92 「三木武夫・周恩来会談記録」一九七二年四月二一日（「三木武夫関係資料」五三六三―一四、明治大学史資料センター所蔵）、『新潟日報』一九九三年一二月一七日、福田『回顧九十年』二〇六頁、拙著『日中国交正常化』（中公新書、二〇一一年）四八頁、村松玄太「三木武夫の政治的発話とその推敲過程」（明治大学史資料センター監修／小西德應編『三木武夫研究』日本経済評論社、二〇一一年）三四五―三五三頁、『新潟日報』二〇一二年四月三〇日。

93 『新潟日報』一九九三年一二月一七日、新潟日報社編『入門 田中角栄』二一七―二二〇頁、小田敏三へのインタビュー、二〇一二年二月一七日。

94 上西朗夫『ＧＮＰ一％枠』（角川文庫、一九八六年）一四九―一六〇頁、毎日新聞政治部『安保』（角川文庫、一九八七年）二五四―二五六頁、後藤田正晴『支える 動かす――私の履歴書』（日本経済新聞社、一九九一年）八六―八八頁、佐道明広『戦後日本の防衛と政治』（吉川弘文館、二〇〇三年）二六八頁、政策研究大学院大学Ｃ．Ｏ．Ｅ．オーラル・政策研究プロジェクト「伊藤圭一オーラルヒストリー」下巻（政策研究大学院大学、二〇〇三年）四五―四九頁。

95 『朝日新聞』一九七二年一二月一二日、『読売新聞』一九七二年一二月一二日、井芹浩文『派閥再編成』（中公新書、一九八八年）八九頁。

96 『毎日新聞』一九七三年一月一六日、四月一二日、『朝日新聞』一九七三年五月一日、金丸『立ち技寝技』一〇〇―一〇三頁、永地『文教の旗を掲げて』一三三―一三四頁、野上『政治記者』四三―四五頁、田中角栄記念館編『私の中の田中角栄』九八―一〇〇頁。

97 河野謙三『議長一代――河野謙三回想記』（朝日新聞社、一九七八年）五五―五八頁、野上『政治記者』五四―五七頁、佐藤『決定版 私の田中角栄日記』一二五頁、後藤田正晴／御厨貴監修『情と理――カミソリ後藤田回顧録』上巻（講談社＋α文庫、二〇〇六年）三五七―三五九頁、新潟日報報道部『宰相 田中角栄の真実』六四―六五頁、拙稿「金大中事件に関する一史料」（『総合政策研究』第一七号、二〇〇九年）一―六頁。

98 『朝日新聞』一九七三年九月二五日夕刊、二六日。

99 外務省編『わが外交の近況』第一八号下巻（外務省、一九七四年）一四九―一五七頁、橋口豊「一九七〇年代のデタントとイギリス外交――ヒース保守党政権を中心に」（菅英輝編著『冷戦史の再検討――変容する秩序と冷戦の終焉』法政大学出版局、二〇一〇年）一六四―一七〇頁、山本健「『ヨーロッパの年』の日欧関係、一九七三―七四年」（『日本EU学会年報』第三二号、二〇一二年）一五八―一七七頁、同「『ヨーロッパの年』と日本外交、一九七三―七四年――外交の多元化の模索と日米欧関係」（『NUCB Journal of Economics and Information Science』第五七巻第二号、二〇一三年）一四七―一八一頁。

100 若月秀和『「全方位外交」の時代――冷戦変容期の日本とアジア・一九七一～八〇年』（日本経済評論社、二〇〇六年）六二―六七頁。

首相就任、再任時の親書については、コスイギン首相の田中首相宛て親書、一九七二年七月六日（「国書及び親書関係 佐藤、田中総理親書関係」第六巻、N'.1.8.0.1-1、外務省外交史料館所蔵）、田中のコスイギン宛て親書、七月七日（同前）、コスイギンの田中宛て親書、一二月二五日（同前）、田中のコスイギン宛て親書、一二月二六日（同前）。

101 外務省欧亜局西欧第一課「フランス概況」一九七三年八月一五日（「田中総理西欧諸国訪問」二〇一四―二九二六、外務省外交史料館所蔵）。

102 引用文献については、次の注でまとめて記す。

103 『朝日新聞』一九七三年九月二八日、一〇月六日夕刊、外務省欧亜局西欧第一課「総理訪欧会談録（フランス）」一九七三年一〇月（情報公開法による外務省開示文書、二〇一四―五九〇）、外務省編『わが外交の近況』第一八号下巻、三三頁、山岡淳一郎『田中角栄の資源戦争』（草思社文庫、二〇一三年）一九五頁。

104 外務省欧亜局西欧第二課「英国概況」一九七三年八月（「田中総理西欧諸国訪問」二〇一四―二九二六、外務省外交史料館所蔵）。

105 森治樹駐英大使から大平正芳外相、一九七三年一〇月二日（情報公開法による外務省開示文書、二〇一一―四一〇）、中島敏次郎／井上正也・中島琢磨・服部龍二編『外交証言録 日米安保・沖縄返還・天安門事件』（岩波書店、二〇一二年）一三七―一四一頁。

石川良孝『オイル外交日記――第一次石油危機の現地報告』（朝日新聞社、一九八三年）六四頁によると、田中の発言は産油国との対決を呼び掛けたものと誇張されてアラブ諸国に伝わったようである。

106 森から大平、一九七三年一〇月三日（情報公開法による外務省開示文書、二〇一一―四一〇）。

107 森から大平、一九七三年一〇月五日（情報公開法による外務省開示文書、二〇一一―四一〇）。

108 『朝日新聞』一九七三年一〇月八日、外務省編『わが外交の近況』第一八号下巻、三八頁。

その後、田中はヒースと石油問題について親書を交わした（「日英関係（含、親書）」二〇一〇―三五三三、外務省外交史料館所蔵）。

109 外務省欧亜局西欧第一課「ドイツ政府首脳のプロフィル」年月日不明（「田中総理西欧諸国訪問」二〇一四―二九二六、外務省外交史料館所蔵）。

110 引用文献については、次の注でまとめて記す。

111 曽野明駐独大使から大平、一九七三年一〇月五日（情報公開法による外務省開示文書、二〇一一―四〇九）、外務省欧亜局西欧第一課「総理訪欧会談録（ドイツ）」一九七三年一〇月（「シュミット西独首相訪日」二〇一一―六〇四、外務省外交史料館所蔵）、佐藤晋「グローバル化と日本外交――国際経済混乱と中国台頭の『ショック』の中で」（波多野澄雄編著『冷戦変容期の日本外交――「ひよわな大国」の危機と模索』ミネルヴァ書房、二〇一三年）三二、三五―三六頁。

112 外務省編『わが外交の近況』第一八号下巻、四一頁。

113 外務省情報文化局「大平外務大臣講演記録 首脳外交を終えて」一九七三年一〇月（「田中総理欧州訪問関係（一九七三・九）」A'.1.5.3.10、外務省外交史料館所蔵）、大平『大平正芳全著作集』第四巻、一三二頁。

114 森田一日記、一九七三年一〇月七日、新関欽哉『日ソ交渉の舞台裏――ある外交官の記録』（日本放送出版協会、一九八九年）二〇六頁、新井弘一『モスクワ・ベルリン・東京――一外交官の証言』（時事通信社、二〇〇〇年）八〇―八二頁。

115 引用文献については、次の注でまとめて記す。

116 森田一日記、一九七三年一〇月八日、外務省欧亜局東欧第一課「田中総理訪ソ会談記録」一九七三年一〇月（情報公開法による外務省開示文

書、二〇一一—一〇九)、新井『モスクワ・ベルリン・東京』八三—八八頁、岩見隆夫『政治家』(毎日新聞社、二〇一〇年)七二頁。

117 引用文献については、次の注でまとめて記す。

118 外務省欧亜局東欧第一課「田中総理訪ソ会談記録」一九七三年一〇月、外務省編『わが外交の近況』第一八号下巻、四三頁、新井俊三・森田一『文人宰相大平正芳』(春秋社、一九八二年)二一七—二二五頁、新井『モスクワ・ベルリン・東京』八八—一〇〇頁、栗山尚一/中島琢磨・服部龍二・江藤名保子編『外交証言録 沖縄返還・日中国交正常化・日米「密約」』(岩波書店、二〇一〇年)二一〇—二一一頁。

119 外務省編『わが外交の近況』第一八号下巻、四五頁、茂田宏・末澤昌二編著『日ソ基本文書・資料集』(世界の動き社、一九八八年)二〇三頁、NHK日ソプロジェクト『NHKスペシャル これがソ連の対日外交だ——秘録・北方領土交渉』(日本放送出版協会、一九九一年)一九一—一九六頁、新井『モスクワ・ベルリン・東京』五七、一〇〇頁。

120 森田一日記、一九七三年一〇月一〇日、森田『心の一燈 回想の大平正芳』一二五—一二七頁。

121 Memorandum of conversation between Kissinger, Tanaka and Ohira, November 15, 1973, Digital National Security Archive, http://nsarchive.chadwyck.com (二〇一二年一月二七日アクセス);高安健将『首相の権力——日英比較からみる政権党とのダイナミズム』(創文社、二〇〇九年)一五四—一七四頁、老川祥一『政治家の胸中——肉声でたどる政治史の現場』(藤原書店、二〇一二年)八八—一〇六頁、拙著『大平正芳 理念と外交』(岩波書店、二〇一四年)一二八—一三〇頁、拙著『中曽根康弘』(中公新書、二〇一五年)一四〇—一四二頁、有馬龍夫/竹中治堅編『対欧米外交の追憶——一九六二—一九九七』上巻(藤原書店、二〇一五年)一七八—二〇二頁、白鳥潤一郎『「経済大国」日本の外交——エネルギー資源外交の形成 一九六七~一九七四年』(千倉書房、二〇一五年)一七六—二二七頁。

122 『読売新聞』一九七三年一一月二六日、一九七四年四月一六日、『官報』号外、一九七三年一二月一日、福田赳夫・飯田久一郎「田中君よ、聞いてくれ」(『文藝春秋』一九七三年一二月号)一〇四—一一〇頁、『毎日新聞』一九七四年一月五日、小松『激動の通産行政』一五五頁、福田『回顧九十年』二〇九—二一一頁、塩口『聞書 池田勇人』二〇四—二〇五頁、相沢『一日生涯』一二六—一二九頁、同『予算は夜つくられる』二三九—二四二頁、ジョン・C. キャンベル/真渕勝訳『自民党政権の予算編成』(勁草書房、二〇一四年)二六〇—二七〇頁。

123 鈴木静夫「一九七〇年代前半の東南アジアにおける反日の論理」(矢野暢編『講座 東南アジア学 第一〇巻 東南アジアと日本』(弘文堂、一九九一年)二三三—二四七頁、波多野澄雄・佐藤晋『現代日本の東南アジア政策 一九五〇—二〇〇五』(早稲田大学出版部、二〇〇七年)一六四—一六六頁、佐藤晋「田中東南アジア歴訪の意義——グローバリゼーション過程における東南アジアと日本」(『国際政経論集』第一五号、二〇〇九年)一〇九—一二四頁、同「グローバル化と日本外交」三二頁、倉沢愛子『戦後日本=インドネシア関係史』(草思社、二〇一一年)二五三—二七〇頁、若月秀和『大国日本の政治指導 一九七二~一九八九』(吉川弘文館、二〇一二年)二九—三二頁、拙稿「田中首相・スハルト大統領会談録——一九七四年一月一五日」(『外交史料館報』第二八号、二〇一四年)五九—七〇頁。

124 『朝日新聞』一九七四年一月一日。

125 外務省アジア局南東アジア第二課「田中総理の東南アジア五カ国訪問について」一九七四年一月二三日(「田中総理東南アジア訪問関係(一九七四・一)」A'.1.5.1.16, 外務省外交史料館所蔵)、外務省編『わが外交の近況』第一八号上巻(外務省、一九七四年)二一—二二頁。

126 南東アジア第二課「総理訪イ中のジャカルタ情勢(その一、事態の推移と関連措置)」一九七四年一月二二日(「田中総理東南アジア訪問関係(一九七四・一)」)、同「田中総理の東南アジア五カ国訪問について」、『朝日新聞』二〇〇五年二月二五日。

127 小村康一駐インドネシア公使から大平、一九七三年一二月二八日(「田中総理インドネシア訪問」二〇一〇—二一九、外務省外交史料館所蔵)、大平から須之部量三駐インドネシア大使、一九七四年一月五日(同前)。

128 小村から大平、一九七三年一二月一七日(同前)。

129 卜部敏男駐フィリピン大使から大平、一九七三年一一月二八日(「田中総理フィリピン訪問」二〇一〇—二二五、外務省外交史料館所蔵)。

130 南東アジア第二課「日・比首脳会談の要点(一月八日、於マルコス大統領官邸)」一九七四年一月一〇日(同前)、卜部から大平、一月一〇日(同前)、卜部から大平、一月一一日(同前)。

131 外務省アジア局「田中総理大臣の東南アジア諸国訪問(昭和四九年一月七日~一七日)」一九七四年三月(「田中総理東南アジア訪問関係(一九七四・一)」)。

132 在タイ日本国大使館「田中総理・サンヤー首相会談録」一九七四年一月一〇日（情報公開法による外務省開示文書、二〇一四―三〇）、「田中総理のタイ学生代表との会見議事録」一月一〇日（同前）。

133 外務省情報文化局「田中総理の東南アジア訪問に関する海外論調付．総理の内外記者会見概要」一九七四年一月（「田中総理東南アジア訪問関係（一九七四・一）」）。

134 魚本藤吉郎駐シンガポール大使から大平、一九七四年一月一二日（「田中総理東南アジア諸国訪問」二〇一四―五〇五〇、外務省外交史料館所蔵）。

135 『朝日新聞』一九七四年一月一三日。

136 広田稹駐マレーシア大使から大平、一九七四年一月一四日（「田中総理東南アジア諸国訪問」）。

137 「田中総理・スハルト大統領会談録」一九七四年一月一五日（「田中総理インドネシア訪問」二〇一〇―二六、外務省外交史料館所蔵）。

138 南東アジア第二課「総理訪イ中の大使館日章旗事件」一九七四年一月（「田中総理インドネシア訪問」二〇一〇―二九、外務省外交史料館所蔵）、須之部から大平、一九七四年一月一六日（同前）、南東アジア第二課「総理訪イに伴うジャカルタ情勢（その五、日本人関係被害状況）」一九七四年一月二一日（「田中総理東南アジア訪問関係（一九七四・一）」）、リー・クーンチョイ／伊藤雄次訳『七カ国目の駐日大使』（サイマル出版会、一九八五年）二六九―二七三頁。

139 南東アジア第二課「総理訪イ中のジャカルタ情勢（その二、背景、見とおし等）」一九七四年一月二三日（「田中総理東南アジア訪問関係（一九七四・一）」）、長谷川和年／瀬川高央・服部龍二・若月秀和・加藤博章編『首相秘書官が語る中曽根外交の舞台裏――米・中・韓との相互信頼はいかに構築されたか』（朝日新聞出版、二〇一四年）五八―六一頁。

140 「田中総理・スハルト大統領会談録（晩さん会席上）」一九七四年一月一五日（「田中総理インドネシア訪問」二〇一〇―二六、外務省外交史料館所蔵）。

141 須之部から大平、一九七四年一月一七日（「田中総理インドネシア訪問」二〇一〇―二六、外務省外交史料館所蔵）。

142 南東アジア第二課「総理訪イ中に際するジャカルタ情勢（その四、事件収拾に伴なう政府高官人事）」一九七四年一月三〇日（「田中総理東南アジア訪問関係（一九七四・一）」）。

143 『毎日新聞』一九七四年六月五日、『朝日新聞』一九七四年一二月八日。

144 引用文献については、次の注でまとめて記す。

145 『読売新聞』一九七四年七月三日、八月七日、福田赳夫「なぜ蔵相を辞めたか」（『文藝春秋』一九七四年九月号）一〇八―一一四頁、同『回顧九十年』二一四―二一七頁、中野士朗『田中政権・八八六日』（行政問題研究所出版局、一九八二年）三三〇―三六一頁、野上『政治記者』五九―六二頁。

146 石原慎太郎「新しい文明を先取りする政治を」（中川一郎代表『青嵐会――血判と憂国の論理』浪曼、一九七三年）五―一三頁、同「君国売り給うことなかれ」九二―一〇六頁、同『国家なる幻影――わが政治への反回想』上巻（文春文庫、二〇〇一年）三四二―三六八頁。

147 立花隆「田中角栄研究――その金脈と人脈」（『文藝春秋』一九七四年一一月号）九二―一三一頁、同『田中角栄研究』上巻、一六―一八九頁、児玉隆也「淋しき越山会の女王」（『文藝春秋』一九七四年一一月号）一三二―一五二頁、同『淋しき越山会の女王』（岩波現代文庫、二〇〇一年）一三―五六頁、『朝日新聞』一九七四年一一月一六日、伊達宗克「解説」（児玉隆也『ガン病棟の九十九日』新潮文庫、一九八〇年）二〇五―二〇八頁、田中健五「解説」（児玉隆也『この三十年の日本人』新潮文庫、一九八三年）三四六―三四八頁、甲斐『証言 ひとりぼっちの女王』一一九―一二三頁、野上『政治記者』六二―六七頁、佐藤『決定版 私の田中角栄日記』一七―一八、一四九―一五一頁、坂上遼『無念は力』（情報センター出版局、二〇〇三年）一二―六六、一七六―一八六、三七〇―三七三頁、木村貢『総理の品格――官邸秘書官が見た歴代宰相の素顔』（徳間書店、二〇〇六年）一一九―一二〇頁、佐藤『昭 田中角栄と生きた女』六六―七一、一五二―一五七頁、朝賀『田中角栄』一六三―一六五頁。

148 保利『戦後政治の覚書』一五三―一五八頁、前尾『政治家の方丈記』三九三―三九四頁、椎名悦三郎追悼録刊行会『記録 椎名悦三郎』下巻（椎名悦三郎追悼録刊行会、一九八二年）二四二―二九五頁、毎日新聞政治部『政変』（現代教養文庫、一九九三年）一八―四二、二八六―二九〇頁、伊藤『自民党戦国史』上巻、一四二―一五六頁、拙著『中曽根康弘』一四七―一五〇頁。

149 引用文献については、次の注でまとめて記す。

150 『読売新聞』一九七五年六月二六日、一二月二三日、『毎日新聞』一九七六年八月一二日、『朝日新聞』一九七六年九月一六日夕刊、野上『政治記者』六七―六九頁、新潟日報事業社『愛郷無限 小沢辰男とその時代』（新潟日報事業社、二〇〇一年）一〇七―一〇八頁。

151 伊藤『自民党戦国史』上巻、一九九頁。

152 小佐野「田中総理と二五年来の仲」二六―二九頁、『朝日新聞』一九七六年二月五、六、七、一七日、三月二、一三日、四月三日夕刊、『読売新聞』一九七六年二月二四日、「米上院外交委員会多国籍企業小委員会公聴会議事録全文」（『朝日ジャーナル』一九七六年二月二七日号）三二―七七頁、野上『政治記者』三九、六九―七三頁、堀田力『壁を破って進め――私記ロッキード事件』上巻（講談社文庫、二〇〇二年）一三六―一三九頁。

153 『朝日新聞』一九七六年二月六日夕刊、『読売新聞』一九九五年二月二二日夕刊、徳本栄一郎『角栄失脚――歪められた真実』（光文社、二〇〇四年）一〇七―一八一頁。

154 河野『議長一代』一〇七頁、『朝日新聞』二〇一〇年三月七日、大平正芳／福永文夫監修『大平正芳全著作集』第七巻（講談社、二〇一二年）一二〇―一二一頁。

155 引用文献については、次の注でまとめて記す。

156 細田吉蔵日記、一九七六年八月二日（「細田吉蔵関係文書」一三、国立国会図書館憲政資料室所蔵）、『朝日新聞』一九七六年八月二一―二四日、A・C・コーチャン／村上吉男訳『ロッキード売り込み作戦――東京の七〇日間』（朝日新聞社、一九七六年）一二〇―一二一、一四一―一六三頁、東京新聞特別報道部編『裁かれる首相の犯罪――ロッキード法廷全記録』第九集（東京新聞出版局、一九八一年）五四頁、辻『熱情』二二六―二二七頁、木村喜助『田中角栄の真実――弁護人から見たロッキード事件』（弘文堂、二〇〇〇年）一五―二二頁、同『田中角栄消された真実』（弘文堂、二〇〇二年）一四八―一五四頁、堀田『壁を破って進め』上巻、一三六―一四三、下巻、一〇〇―二〇七頁。

157 引用文献については、次の注でまとめて記す。

158 『朝日新聞』一九八八年一二月一七日、二〇一〇年二月一七日夕刊、佐藤『決定版 私の田中角栄日記』一六一―一七六頁、立花『巨悪vs言論』上巻、三〇一―三〇六頁、同『政治と情念』二八八―三一九頁、平野貞夫『ロッキード事件「葬られた真実」』（講談社、二〇〇六年）二四六頁、朝賀『田中角栄』一六八―一七一頁。

159 引用文献については、次の注でまとめて記す。

160 『朝日新聞』一九七六年七月二七、二八日、『サンケイ』一九七六年七月二八日、『日本経済新聞』一九七六年七月二八日、朝日新聞東京本社社会部『ロッキード事件 疑獄と人間』（朝日新聞社、一九七六年）二〇三―二〇五頁、毎日新聞社『日本を震撼させた二〇〇日』（毎日新聞社、一九七六年）七―九、一四、九〇頁、東京新聞特別報道部編『裁かれる首相の犯罪』第九集、一一―六一、三二九―三三三頁、『朝日新聞』一九八三年二月八日、木村『田中角栄の真実』七〇―八三頁、同『田中角栄 消された真実』五二、二四八―二五三頁、『別冊宝島 田中角栄という生き方』八二頁。

161 引用文献については、次の注でまとめて記す。

162 『朝日新聞』一九七六年八月一八日、一二月九日、東京新聞特別報道部編『裁かれる首相の犯罪』第一集、二三―八五頁、木村『田中角栄の真実』二四―二九頁、同『田中角栄 消された真実』三四―三七、五四―五七頁、片岡憲男『田中角栄邸 書生日記』（日経BP企画、二〇〇二年）一四一頁、新潟日報報道部『宰相 田中角栄の真実』一三〇―一三一頁、朝賀『田中角栄』一七六―一八三頁。

163 引用文献については、次の注でまとめて記す。

164 『朝日新聞』一九四八年一二月一七日、東京新聞特別報道部編『裁かれる首相の犯罪』第一集、九一―一二六頁、木村『田中角栄の真実』八五―八八頁、同『田中角栄 消された真実』六一―八九頁、立花『巨悪vs言論』上巻、七六―八五頁。

165 『毎日新聞』一九七七年三月一六日夕刊、『読売新聞』一九七七年三月一六日夕刊、七月一二日、一二日夕刊。

166 『読売新聞』一九七七年九月二九日、一九七八年五月一九日、小池亮一「田中角栄――大逆転を企てる闇将軍」（『現代』一九七八年五月号）一四四―一四五頁、栗原『証言・本音の政治』四七―五二頁、伊藤『自民党戦国史』上巻、一九八頁。

167 引用文献については、次の注でまとめて記す。

168 『朝日新聞』一九七八年一二月一六日、一九八〇年一二月一九日夕刊、古井喜実『首相の職務権限――ロッキード裁判は有罪か』（牧野出版、一九八三年）、小坂徳三郎『日本人永久繁栄論』（講談社、一九八五年）二一―三九頁、岩見隆夫『田中角栄――政治の天才』（人物文庫、一九九八年）三九頁、佐藤『決定版 私の田中角栄日記』一八七―一九〇頁、後藤田『情と理』上巻、四二二―四三三頁、新潟日報報道部『宰相 田中角栄の真実』九一―九二頁、朝賀『田中角栄』一八九―一九一頁。

169 『毎日新聞』一九七九年一〇月一四日、一一月一〇日、東京新聞特別報道部編『裁かれる首相の犯罪』第五集、一一六―一三二頁、岩見隆夫『角さんの鼻歌が聞こえる Ｐａｒｔ２』（潮出版社、一九八〇年）一八五頁、小林『実録・角栄がゆく』一八八頁、新潟日報社編『ザ・越山会』三一一―三一二頁、伊藤『自民党戦国史』下巻、一三六―一四二頁、朝賀『田中角栄』一九四頁。

170 中曽根康弘・伊藤隆・佐藤誠三郎『天地有情』（文藝春秋、一九九六年）三三三―三三五頁、拙著『大平正芳』一九九―二〇七頁。

171 引用文献については、次の注でまとめて記す。

172 『朝日新聞』一九七八年一月二一日夕刊、一九八〇年七月一七日、九月一一日、一〇月一五日夕刊、一〇月二二日、一〇月二四日、一二月一九日夕刊、一九八五年五月三〇日、『日本経済新聞』一九八二年一月一五日、有馬元治『海洋国日本の防衛論』（私家版、一九八三年）二二七頁、小坂『日本人永久繁栄論』二一―三九頁、伊藤『宰相盗り』一六七―一六八頁、同『自民党戦国史』上巻、三四頁、朝日新聞政治部『田中支配とその崩壊』（朝日文庫、一九八七年）五五頁、岩手放送編『元総理鈴木善幸 激動の日本政治を語る――戦後四〇年の検証』（岩手日報社、一九九一年）七二―七三、八七、一二〇―一二一、一五三―一五四、一六一、一六七、一七一―一八二、二三三頁、東根千万億『等しからざるを憂える。元首相鈴木善幸回顧録』（岩手日報社、二〇〇四年）六七―七三頁、岐阜新聞社編著『至誠一貫 武藤嘉文半生記』一四二―一四三頁、朝賀『田中角栄』一九六―一九八頁、拙著『中曽根康弘』一五四―一五六、一七九頁。

173 引用文献については、注175でまとめて記す。

174 引用文献については、注175でまとめて記す。

175 東京新聞特別報道部編『裁かれる首相の犯罪』第八集、九―九六頁、第九集、一七九―二四二頁、朝日新聞政治部『田中支配とその崩壊』二〇一頁。

176 『読売新聞』一九八一年一月五日、六月二一日、田原総一朗「田中角栄元総理独占インタビュー」（『文藝春秋』一九八一年二月号）一一八―一四五頁、*Newsweek*, May 4, 1981, p. 52;「田中角栄緊急インタビュー」（『週刊朝日』一九八一年六月一九日号）一六―二七頁、「課長、局長増やし公務員総定員は半減を――田中角栄氏（元首相）が語る〝行革一〇年戦争〟の青写真」（『日経ビジネス』一九八一年七月二七日号）二二―二七頁、「田中角栄元総理、本心を語る（1）（2）」（『週刊読売』一九八一年一〇月一八、二五日号）一六―二二、一六―二一頁、*New York Times*, December 18, 1981;「田中角栄元首相『一九八二年を睨む』」（『週刊ポスト』一九八二年一月一五日号）三〇―三六頁、「田中角栄の『わが早稲田大学』」（『朝日ジャーナル』一九八二年二月一二日号）三八―三九頁、「湛山・会長、勇人・社長、ワシ・常務」（『朝日ジャーナル』二月一九日号）三八―三九頁、「〝有名人キラー〟早大人物研のアタックぶり」（『朝日ジャーナル』二月二六日号）四二―四三頁、「闇将軍がブチまくった三時間、『中曽根が頑張れば〝中二階組〟は吹っ飛ぶよ』」（『週刊現代』一九八二年七月一〇日号）三二―三五頁、「田中角栄がぶつ『明日の日本』」（『サンデー毎日』一九八二年九月一九日号）一六―一九頁、『日本経済新聞』一九八三年八月一〇日、日本経済新聞社編『自民党政調会』（日本経済新聞社、一九八三年）六三―六七、一九四―二〇八頁、田中角栄・浅村廉・尾之内由紀夫「道路整備三〇年の軌跡（二）その草創期を振り返って」（『道路』一九八四年二月号）四七―五七頁。

177 引用文献については、注179でまとめて記す。

178 引用文献については、注179でまとめて記す。

179 『朝日新聞』一九八一年一〇月三〇日夕刊、榎本三恵子「ハチは一度刺して死ぬ」（『週刊文春』一九八一年一一月一二日号）二六―三四頁、同「笠原運転手自殺のナゾ」（『週刊文春』一一月一九日号）二八―三六頁、同「越山会の女王 佐藤昭さんの宝石箱」（『週刊文春』一一月二六日号）三〇―三八頁、同「五億円献金――私の推理」（『週刊文春』一二月三日号）四三―五〇頁、同「夫・榎本敏夫との新婚生活」（『週刊文春』一二月一〇日号）三九―四七頁、同『遺しておきたいこと――女、愛、生、死』（青春出版社、一九八一年）一一―四四、一五三―二一八頁、東京新聞特別報道部編『裁かれる首相の犯罪』第九集、一九五―一九七、二〇九、二一三、二五八、三〇五頁、第一〇集、一―三一二頁、第一一集、一―一三二、二三七―二五七頁、甲斐『証言 ひとりぼっちの女王』七九頁。

180 引用文献については、次の注でまとめて記す。

181 秦野章「本当にミソギをする気なら」（『文藝春秋』一九七六年一〇月号）二〇八―二一二頁、同『何が権力か。――マスコミはリンチもする』（講談社、一九八四年）一八―四八頁、同『角を矯めて牛を殺すことなかれ』（光文社、一九九四年）一二―一三、六六―一二九頁、『朝日

新聞』一九八二年六月八日夕刊、一九九二年一二月一八日、田中談話メモ、一九八二年九月二九日（筆者所蔵）、三木武夫出版記念会編『議会政治とともに 三木武夫 演説・発言集』上巻（三木武夫出版記念会、一九八四年）四五九頁、立花『田中角栄新金脈研究』一五—五四、一九六頁、同『政治と情念』三九三頁、青木徹郎「番記者の見た鈴木政権」（岩手放送編『元総理鈴木善幸 激動の日本政治を語る』）三二七—三三八頁、早野『田中角栄と「戦後」の精神』二五八—二六〇頁、中曽根ほか『天地有情』三四六—四一四頁、佐藤昭子・大下英治「田中角栄を支えた佐藤昭子〝越山会の女王〟の政治眼力」（『政界』第二三巻第四号、二〇〇一年）三二頁、中曽根康弘『自省録——歴史法廷の被告として』（新潮社、二〇〇四年）一四六—一六一頁、新潟日報社編『ザ・越山会』三一三—三一四頁、奥島貞雄『自民党抗争史——権力に憑かれた亡者たち』（中公文庫、二〇〇九年）二二九—二三七頁。

182　東京新聞特別報道部編『裁かれる首相の犯罪』第一三集、二七〇—二九一頁、第一四集、一—三九六頁。

183　引用文献については、次の注でまとめて記す。

184　『朝日新聞』一九八三年二月八日、八日夕刊、一五、一七、一八、二二日、一二月一九日、田原総一朗「榎本敏夫 七年目の新証言」（『文藝春秋』一九八三年三月号）二〇〇—二一四頁、同『戦後最大の宰相 田中角栄』上巻、九五—一〇九、一六四—一九四頁、早坂『権力の司祭たち』一三五頁、同『怨念の系譜』二五七頁、『毎日新聞』二〇〇六年七月二七日、朝日新聞「検証・昭和報道」取材班『新聞と「昭和」』（朝日新聞出版、二〇一〇年）四三六—四三八頁。

185　石井一「政治家として考える」一九八三年一〇月、同「ロッキード事件の深層」二〇一四年一一月一一日、『産経新聞』二〇一四年一一月九日、石井記者会見、二〇一四年一一月一一日、石井へのインタビュー、二〇一四年一一月二七日。

186　引用文献については、注190でまとめて記す。

187　引用文献については、注190でまとめて記す。

188　引用文献については、注190でまとめて記す。

189　引用文献については、注190でまとめて記す。

190　東京新聞特別報道部編『裁かれる首相の犯罪』第一五集、一—三九九頁、第一六集、九—一六〇頁、『読売新聞』一九八三年六月二八、三〇日、朝日新聞政治部『田中支配とその崩壊』二〇〇—二三四頁、『毎日新聞』一九九一年一一月一八日、早坂『田中角栄回想録』二九三—二九七頁、同『鈍牛にも角がある』一三三—一三四頁、五十嵐ほか『田中角栄、ロンググッドバイ』二〇六頁、世界平和研究所編『中曽根内閣史 資料篇』（世界平和研究所、一九九五年）六二五頁、馬場周一郎『蘭は幽山にあり——元自民党副総裁 二階堂進聞書』（西日本新聞社、一九九八年）一七九—一八三頁、新潟日報社編『入門 田中角栄』二四八—二五〇、二七六頁。

191　引用文献については、次の注でまとめて記す。

192　『新潟日報』一九八四年七月三〇日、五十嵐ほか『田中角栄、ロンググッドバイ』一〇五—一〇六頁、新潟日報社編『入門 田中角栄』二七三—三〇二頁、拙著『中曽根康弘』二三一—二三三頁。

193　引用文献については、注195でまとめて記す。

194　引用文献については、注195でまとめて記す。

195　七日会研修会および木曜クラブ研修会における田中演説、一九八四年九月一〇日（筆者所蔵）、『朝日新聞』一九九八年八月二九日、馬場『蘭は幽山にあり』一八六—二一〇頁、読売新聞解説部編『時代の証言者——「政と官」後藤田正晴』（読売新聞社、二〇〇五年）六五頁、田中良紹『裏支配——いま明かされる田中角栄の真実』（講談社＋α文庫、二〇〇五年）一二八、一七八—一八五頁、新潟日報報道部『宰相 田中角栄の真実』六二頁、矢野『闇の流れ 矢野絢也メモ』一三二—一四三頁、拙著『中曽根康弘』二三六—二三八頁。

196　引用文献については、次の注でまとめて記す。

197　『毎日新聞』一九八五年一月二三日夕刊、二四、二五日、『日本経済新聞』一九八五年二月七日夕刊、八—一一日、中曽根ほか『天地有情』五四九頁、矢野絢也『闇の流れ 矢野絢也メモ』一五六—一六一頁、田中『裏支配』二二一—二六五頁、『産経新聞』二〇一四年二月二七日。

198　引用文献については、注200でまとめて記す。

199　引用文献については、注200でまとめて記す。

200　『朝日新聞』一九八三年一二月二日、一九八六年七月一六日、一九八七年七月四日夕刊、『日高連新聞』一九八七年一月一一日、朝日新聞政治部『田中支配とその崩壊』二九四—三二四頁、竹下登『証言 保守政権』（読売新聞社、一九九一年）一六二—一六六頁、毎日新聞政治部『政治家とカネ』（角川文庫、一九九一年）五五—五六頁、田中『時の過ぎゆくままに』一一七頁、中曽根ほか『天地有情』五五〇頁、早坂『鈍牛にも角がある』一三四—一三八頁、同『政治家は「悪党」に限る』四四頁、桧垣徳太郎・寺山義雄『農業・農村に未来はあるか——桧垣ぶし回想と展望』(地球社、一九九八年)一六八―一七一頁、佐藤『決定版 私の田中角栄日記』一二七頁、仁杉巖『挑戦――鉄道とコンクリートと共に六〇年』(交通新聞社、二〇〇三年)一七四頁、田中角栄記念館編『私の中の田中角栄』二六二頁、拙著『中曽根康弘』二五六―二五九頁。

201 引用文献については、次の注でまとめて記す。

202 『読売新聞』一九八五年七月一〇日、小林吉弥『誰も書かなかった目白邸』(徳間書店、一九八六年)五八―六〇頁、田中眞紀子・上坂冬子「父が竹下登を怒鳴りつけた日」(『文藝春秋』一九八七年七月号)一五〇―一六〇頁、田中『時の過ぎゆくままに』一三五―一三九頁、向谷進「田中眞紀子・風祭幸子の暗闘」(『文藝春秋』一九八八年九月号)二六九―二七一頁、佐藤『決定版 私の田中角栄日記』七一―七二、二三〇―二三五頁、辻『熱情』二三四―二四二頁、立花『政治と情念』四〇二―四〇六頁、朝賀『田中角栄』五八、二二一―二三二頁。

田中利男は東南アジア歴訪にも随行していた。「要人インドネシア訪問(田中総理)」二〇一〇―三〇、外務省外交史料館所蔵。

203 引用文献については、次の注でまとめて記す。

204 『読売新聞』一九八九年一〇月一四日夕刊、一九九三年一二月一七日、二四日夕刊、二五日夕刊、一九九五年二月二三日、田中眞紀子「父田中角栄 二十年目の北京」(『中央公論』一九九二年一二月号)二一二―二二四頁、堀田力「私記 ロッキード事件」(日本記者クラブ懇談会、一九九九年六月二八日)六頁、木村『田中角栄の真実』二〇頁、森省歩「田中眞紀子『角栄遺伝子』の炸裂!」(『週刊アサヒ芸能』二〇〇〇年八月一〇日号)三四頁、佐藤『決定版 私の田中角栄日記』二三九―二四〇頁、朝賀『田中角栄』二三二―二三四頁、『産経新聞』二〇一六年七月二四日。

写真出典一覧

毎日新聞社 五、八四、一〇四、一二六、一二八、一四五、一八九、一九一、二一一頁
田中角栄『わたくしの少年時代』(講談社) 一八、二五、三八頁
朝日新聞社 四九、五四、一五二、二二九、二七三、三一九頁
共同通信社 六六、七〇、一七〇、一七七、一七九、一九七、二〇九、二四八頁
時事通信社 二三六、二七九、三二九頁

あとがき

田中角栄は没後二三年の現在でも、抜群の人気と知名度を誇る政治家である。二〇一五(平成二七)年二月二五日の『読売新聞』アンケートによると、田中は戦後七〇年の歴代首相で最も高く評価されている。二位以下は、小泉純一郎、吉田茂、佐藤栄作、安倍晋三、中曽根康弘、池田勇人、岸信介、小渕恵三、村山富市と続く。

閨閥も学歴もない田中が一五歳で上京し、目白の豪邸に住み、若くして首相に上り詰める。瞬時に相手を引き込むカリスマ性、金を無尽蔵に遣う経済力と合わせて、田中の存在はいわばジャパン・ドリームだった。そこに右肩上がりだった昭和へのノスタルジーが加わる。

田中はまた、社会党よりも多くなるまで最大派閥を膨張させ、政局を支配し続けた政治家である。その絶大なる権力は「田中支配」と称された。田中政治は、利益誘導と金権政治の典型でもある。

さらに田中派は、竹下登、細川護熙、羽田孜、橋本龍太郎、鳩山由紀夫、小渕、小沢一郎など、首相ないし首相候補を多く輩出した。戦後政治を知るには、田中を避けて通れない。

明るさと繊細さ、そしてもろさを備える田中の政治は、功罪半ばすると評されることが多い。最大の業績である日中国交正常化については、拙著『日中国交正常化――田中角栄、大平正芳、官僚たちの挑戦』（中公新書、二〇一一年）でも論じたが、今回、田中の生涯を追ってみて、振幅がこれほど大きな政治家はいないとの感を強めた。

金権政治家、キング・メーカーでありながら、情で動いてしまう弱さを合わせ持ち、妻以外の女性たちと複数の家庭を築いた田中は、やがて裁判闘争と酒に明け暮れる。田中にはいくつもの顔があり、その像は一つに収まらない。

本書では強いて統一感を出すのではなく、その時々の田中像を跡づけた。石原慎太郎『天才』（幻冬舎、二〇一六年）が最もよく読まれている昨今からすると、特に後半は辛口に映るかもしれないが、公平を期すため負の側面も扱うようにした。

田中を賞賛する論調のなかには、いま田中が生きていれば、日本を善導したであろうという待望論がある。だが、本当にそうなのだろうか。

通産相としての田中は、日米繊維交渉をまとめ上げたのちに、巨額の業界救済策で損失補塡している。いわば、ばらまき予算である。首相期には、超大型予算を組むことでインフレを進めてしまい、支持率を急落させた。二度の国政選挙にも負けている。中曽根内閣の国鉄民営化についていうなら、田中が健在であれば、民営化に向けた国鉄総裁の更迭は難しかっただろう。

現在、焦眉の急と思われるのが、経済政策と財政再建である。本書で論じたように、田中内閣退陣の直接的契機は金脈問題だが、根本的な原因は経済面の失策というべきであろう。国債の額は過去最高だった。

田中には列島改造論のように、地方再生につながる構想があったのも事実である。だとしても田中は高度成長期に適合的な政治家であり、今日のような財政難の低成長時代には不向きか、よくいって未知数ではなかろうか。

それにしても、田中のほか、松下幸之助、本田宗一郎など、大学教育を受けなかったリーダーに人気が根強いのは、偶然ではないように思える。それは指導力とともに、人間的な温かみを備えているためであろうか。

長らく田中の研究は、立花隆氏や早野透氏など、ジャーナリストの多い領域だった。早坂茂三氏、佐藤昭子氏など秘書の本もよく読まれている。新聞社からも膨大な刊行物が出されており、とりわけ新潟日報社はインタビュー記録も公刊している。

それ以外にも、田中について書かれた著作は枚挙にいとまがなく、歴代首相のなかでも圧倒的に最多であろう。本書はそれらに負うところが大きいものの、新規公開文書や新聞、雑誌などに極力当たり、関係者にも聞き取りを行った。

会談記録などについては、一部を誌上で紹介してある。

「田中首相・ニクソン大統領会談記録——一九七二年八月三一日、九月一日」（『人文研紀要』第六八号、二〇一〇年）

「二〇一一年一二月二二日公開ファイル『日中国交正常化』ほか」（『外交史料館報』第二六号、二〇一二年）

「田中首相・スハルト大統領会談録——一九七四年一月一五日」（『外交史料館報』第二八号、二〇一四年）

「田中首相・ヒース首相会談録——一九七二年九月一八、一九日」（『外交史料館報』第二九号、二〇一六年）

末筆ながら、講談社の丸山勝也様には、本書を丹念に仕上げていただいた。関係各位に深謝申し上げたい。

二〇一六年九月

服部龍二

講談社現代新書　2382

田中角栄《たなかかくえい》——昭和《しょうわ》の光《ひかり》と闇《やみ》

二〇一六年九月二〇日第一刷発行　二〇二三年一〇月三日第二刷発行

著　者　服部龍二《はっとりりゅうじ》　©Ryuji Hattori 2016

発行者　髙橋明男

発行所　株式会社講談社

東京都文京区音羽二丁目一二―二一　郵便番号一一二―八〇〇一

電　話　〇三―五三九五―三五二一　編集（現代新書）

〇三―五三九五―四四一五　販売

〇三―五三九五―三六一五　業務

装幀者　中島英樹

印刷所　株式会社ＫＰＳプロダクツ

製本所　株式会社ＫＰＳプロダクツ

定価はカバーに表示してあります　Printed in Japan

N.D.C.312.8　355p　18cm

ISBN978-4-06-288382-5

「講談社現代新書」の刊行にあたって

教養は万人が身をもって養い創造すべきものであって、一部の専門家の占有物として、ただ一方的に人々の手もとに配布され伝達されうるものではありません。

しかし、不幸にしてわが国の現状では、教養の重要な養いとなるべき書物は、ほとんど講壇からの天下りや単なる解説に終始し、知識技術を真剣に希求する青少年・学生・一般民衆の根本的な疑問や興味は、けっして十分に答えられ、解きほぐされ、手引きされることがありません。万人の内奥から発した真正の教養への芽ばえが、こうして放置され、むなしく滅びさる運命にゆだねられているのです。

このことは、中・高校だけで教育をおわる人々の成長をはばんでいるだけでなく、大学に進んだり、インテリと目されたりする人々の精神力の健康さえもむしばみ、わが国の文化の実質をまことに脆弱なものにしています。単なる博識以上の根強い思索力・判断力、および確かな技術にささえられた教養を必要とする日本の将来にとって、これは真剣に憂慮されなければならない事態であるといわなければなりません。

わたしたちの「講談社現代新書」は、この事態の克服を意図して計画されたものです。これによってわたしたちは、講壇からの天下りでもなく、単なる解説書でもない、もっぱら万人の魂に生ずる初発的かつ根本的な問題をとらえ、掘り起こし、手引きし、しかも最新の知識への展望を万人に確立させる書物を、新しく世の中に送り出したいと念願しています。

わたしたちは、創業以来民衆を対象とする啓蒙の仕事に専心してきた講談社にとって、これこそもっともふさわしい課題であり、伝統ある出版社としての義務でもあると考えているのです。

一九六四年四月　野間省一

日本史

1258 身分差別社会の真実——斎藤洋一 大石慎三郎
1265 七三一部隊——常石敬一
1292 日光東照宮の謎——高藤晴俊
1322 藤原氏千年——朧谷寿
1379 白村江——遠山美都男
1394 参勤交代——山本博文
1414 謎とき日本近現代史 野島博之
1599 戦争の日本近現代史 加藤陽子
1648 天皇と日本の起源 遠山美都男
1680 鉄道ひとつばなし——原武史
1702 日本史の考え方——石川晶康
1707 参謀本部と陸軍大学校 黒野耐
1797 「特攻」と日本人——保阪正康
1885 鉄道ひとつばなし2——原武史
1900 日中戦争——小林英夫
1918 日本人はなぜキツネにだまされなくなったのか 内山節
1924 東京裁判——日暮吉延
1931 幕臣たちの明治維新 安藤優一郎
1971 歴史と外交——東郷和彦
1982 皇軍兵士の日常生活 一ノ瀬俊也
2031 明治維新 1858-1881 坂野潤治 大野健一
2040 中世を道から読む——齋藤慎一
2089 占いと中世人——菅原正子
2095 鉄道ひとつばなし3——原武史
2098 戦前昭和の社会 1926-1945——井上寿一
2106 戦国誕生——渡邊大門
2109 「神道」の虚像と実像 井上寛司
2152 鉄道と国家——小牟田哲彦
2154 邪馬台国をとらえなおす——大塚初重
2190 戦前日本の安全保障——川田稔
2192 江戸の小判ゲーム——山室恭子
2196 藤原道長の日常生活 倉本一宏
2202 西郷隆盛と明治維新 坂野潤治
2248 城を攻める 城を守る——伊東潤
2272 昭和陸軍全史1——川田稔
2278 織田信長〈天下人〉の実像 金子拓
2284 ヌードと愛国——池川玲子
2299 日本海軍と政治——手嶋泰伸

日本語・日本文化

105 タテ社会の人間関係 中根千枝
293 日本人の意識構造――会田雄次
444 出雲神話――松前健
1193 漢字の字源――阿辻哲次
1200 外国語としての日本語――佐々木瑞枝
1239 武士道とエロス――氏家幹人
1262 「世間」とは何か――阿部謹也
1432 江戸の性風俗――氏家幹人
1448 日本人のしつけは衰退したか――広田照幸
1738 大人のための文章教室 清水義範
1943 なぜ日本人は学ばなくなったのか――齋藤孝
2006 「空気」と「世間」――鴻上尚史
2007 落語論――堀井憲一郎
2013 日本語という外国語 荒川洋平
2033 新編 日本語誤用・慣用小辞典 国広哲弥
2034 性的なことば――井上章一 斎藤光 澁谷知美 三橋順子 編
2067 日本料理の贅沢――神田裕行
2088 温泉をよむ――日本温泉文化研究会
2092 新書 沖縄読本――下川裕治 仲村清司 著・編
2127 ラーメンと愛国――速水健朗
2137 マンガの遺伝子――斎藤宣彦
2173 日本人のための日本語文法入門――原沢伊都夫
2200 漢字雑談――高島俊男
2233 ユーミンの罪――酒井順子
2304 アイヌ学入門――瀬川拓郎

哲学・思想Ⅰ

66 哲学のすすめ――岩崎武雄
159 弁証法はどういう科学か 三浦つとむ
501 ニーチェとの対話――西尾幹二
871 言葉と無意識――丸山圭三郎
898 はじめての構造主義 橋爪大三郎
916 哲学入門一歩前――廣松渉
921 現代思想を読む事典 今村仁司 編
977 哲学の歴史――新田義弘
989 ミシェル・フーコー 内田隆三
1001 今こそマルクスを読み返す 廣松渉
1286 哲学の謎――野矢茂樹
1293 「時間」を哲学する――中島義道
1315 じぶん・この不思議な存在――鷲田清一
1357 新しいヘーゲル――長谷川宏
1383 カントの人間学――中島義道
1401 これがニーチェだ――永井均
1420 無限論の教室――野矢茂樹
1466 ゲーデルの哲学――高橋昌一郎
1575 動物化するポストモダン 東浩紀
1582 ロボットの心――柴田正良
1600 ハイデガー=存在神秘の哲学――古東哲明
1635 これが現象学だ――谷徹
1638 時間は実在するか 入不二基義
1675 ウィトゲンシュタインはこう考えた 鬼界彰夫
1783 スピノザの世界――上野修
1839 読む哲学事典――田島正樹
1948 理性の限界――高橋昌一郎
1957 リアルのゆくえ――大塚英志 東浩紀
1996 今こそアーレントを読み直す――仲正昌樹
2004 はじめての言語ゲーム――橋爪大三郎
2048 知性の限界――高橋昌一郎
2050 超解読! はじめてのヘーゲル『精神現象学』 竹田青嗣 西研
2084 はじめての政治哲学 小川仁志
2099 超解読! はじめてのカント『純粋理性批判』 竹田青嗣
2153 感性の限界――高橋昌一郎
2169 超解読! はじめてのフッサール『現象学の理念』――竹田青嗣
2185 死別の悲しみに向き合う――坂口幸弘
2279 マックス・ウェーバーを読む――仲正昌樹

A

宗教

27 禅のすすめ——佐藤幸治
135 日蓮——久保田正文
217 道元入門——秋月龍珉
606 「般若心経」を読む——紀野一義
667 生命《いのち》あるすべてのものに　マザー・テレサ
698 神と仏——山折哲雄
997 空と無我——定方晟
1210 イスラームとは何か——小杉泰
1469 ヒンドゥー教　クシティ・モーハン・セーン　中川正生 訳
1609 一神教の誕生——加藤隆
1755 仏教発見！——西山厚
1988 入門 哲学としての仏教　竹村牧男
2100 ふしぎなキリスト教——橋爪大三郎 大澤真幸
2146 世界の陰謀論を読み解く——辻隆太朗
2159 古代オリエントの宗教　青木健
2220 仏教の真実——田上太秀
2241 科学vs.キリスト教——岡崎勝世
2293 善の根拠——南直哉
2333 輪廻転生——竹倉史人
2337 『臨済録』を読む——有馬頼底
2368 「日本人の神」入門——島田裕巳

政治・社会

1145 冤罪はこうして作られる　小田中聰樹
1201 情報操作のトリック　川上和久
1488 日本の公安警察――青木理
1540 戦争を記憶する――藤原帰一
1742 教育と国家――高橋哲哉
1965 創価学会の研究――玉野和志
1977 天皇陛下の全仕事――山本雅人
1978 思考停止社会――郷原信郎
1985 日米同盟の正体――孫崎享
2068 財政危機と社会保障――鈴木亘
2073 リスクに背を向ける日本人　山岸俊男 メアリー・C・ブリントン
2079 認知症と長寿社会――信濃毎日新聞取材班
2115 国力とは何か――中野剛志
2117 未曾有と想定外――畑村洋太郎
2123 中国社会の見えない掟　加藤隆則
2130 ケインズとハイエク　松原隆一郎
2135 弱者の居場所がない社会　阿部彩
2138 超高齢社会の基礎知識　鈴木隆雄
2152 鉄道と国家――小牟田哲彦
2183 死刑と正義――森炎
2186 民法はおもしろい――池田真朗
2197 「反日」中国の真実――加藤隆則
2203 ビッグデータの覇者たち――海部美知
2246 愛と暴力の戦後とその後――赤坂真理
2247 国際メディア情報戦――高木徹
2294 安倍官邸の正体――田﨑史郎
2295 福島第一原発事故 7つの謎　NHKスペシャル『メルトダウン』取材班
2297 ニッポンの裁判――瀬木比呂志
2352 警察捜査の正体――原田宏二
2358 貧困世代――藤田孝典
2363 下り坂をそろそろと下る　平田オリザ
2387 憲法という希望――木村草太
2397 老いる家 崩れる街　野澤千絵
2413 アメリカ帝国の終焉　進藤榮一
2431 未来の年表――河合雅司
2436 縮小ニッポンの衝撃　NHKスペシャル取材班
2439 知ってはいけない――矢部宏治
2455 保守の真髄――西部邁

経済・ビジネス

350 経済学はむずかしくない〈第2版〉——都留重人
1596 失敗を生かす仕事術 畑村洋太郎
1624 企業を高めるブランド戦略——田中洋
1641 ゼロからわかる経済の基本——野口旭
1656 コーチングの技術——菅原裕子
1926 不機嫌な職場——高橋克徳 河合太介 永田稔 渡部幹
1992 経済成長という病——平川克美
1997 日本の雇用——大久保幸夫
2010 日本銀行は信用できるか 岩田規久男
2016 職場は感情で変わる 高橋克徳
2036 決算書はここだけ読め!——前川修満
2064 決算書はここだけ読め! キャッシュ・フロー計算書編 前川修満

2125 ビジネスマンのための「行動観察」入門 松波晴人
2148 経済成長神話の終わり アンドリュー・J・サター 中村起子 訳
2171 経済学の犯罪——佐伯啓思
2178 経済学の思考法——小島寛之
2218 会社を変える分析の力 河本薫
2229 ビジネスをつくる仕事 小林敬幸
2235 20代のための「キャリア」と「仕事」入門——塩野誠
2236 部長の資格——米田巖
2240 会社を変える会議の力 杉野幹人
2242 孤独な日銀——白川浩道
2261 変わった世界 変わらない日本——野口悠紀雄
2267 「失敗」の経済政策史 川北隆雄
2300 世界に冠たる中小企業 黒崎誠

2303 「タレント」の時代——酒井崇男
2307 AIの衝撃——小林雅一
2324 〈税金逃れ〉の衝撃 深見浩一郎
2334 介護ビジネスの罠——長岡美代
2350 仕事の技法——田坂広志
2362 トヨタの強さの秘密 酒井崇男
2371 捨てられる銀行——橋本卓典
2412 楽しく学べる「知財」入門——稲穂健市
2416 日本経済入門——野口悠紀雄
2422 捨てられる銀行2 非産運用——橋本卓典
2423 勇敢な日本経済論——高橋洋一 ぐっちーさん
2425 真説・企業論——中野剛志
2426 東芝解体 電機メーカーが消える日 大西康之

自然科学・医学

1141 安楽死と尊厳死——保阪正康
1328 「複雑系」とは何か——吉永良正
1343 カンブリア紀の怪物たち　サイモン・コンウェイ・モリス　松井孝典 監訳
1500 科学の現在を問う　村上陽一郎
1511 優生学と人間社会——米本昌平 松原洋子 橳島次郎 市野川容孝
1689 時間の分子生物学——粂和彦
1700 核兵器のしくみ——山田克哉
1706 新しいリハビリテーション　大川弥生
1786 数学的思考法——芳沢光雄
1805 人類進化の700万年　三井誠
1813 はじめての〈超ひも理論〉　川合光
1840 算数・数学が得意になる本　芳沢光雄
1861 〈勝負脳〉の鍛え方——林成之
1881 「生きている」を見つめる医療——中村桂子 山岸敦
1891 生物と無生物のあいだ　福岡伸一
1925 数学でつまずくのはなぜか　小島寛之
1929 脳のなかの身体——宮本省三
2000 世界は分けてもわからない　福岡伸一
2023 ロボットとは何か——石黒浩
2039 ソーシャルブレインズ入門　藤井直敬
2097 〈麻薬〉のすべて——船山信次
2122 量子力学の哲学——森田邦久
2166 化石の分子生物学——更科功
2191 DNA医学の最先端　大野典也
2204 森の力——宮脇昭
2219 宇宙はなぜこのような宇宙なのか——青木薫
2226 宇宙生物学で読み解く「人体」の不思議——吉田たかよし
2244 呼鈴の科学——吉田武
2262 生命誕生——中沢弘基
2265 SFを実現する——田中浩也
2268 生命のからくり——中屋敷均
2269 認知症を知る——飯島裕一
2292 認知症の「真実」——東田勉
2359 ウイルスは生きている　中屋敷均
2370 明日、機械がヒトになる　海猫沢めろん
2384 ゲノム編集とは何か　小林雅一
2395 不要なクスリ 無用な手術　富家孝
2434 生命に部分はない——A・キンブレル 福岡伸一 訳

世界史Ⅱ

959 東インド会社——浅田實
971 文化大革命——矢吹晋
1085 アラブとイスラエル 高橋和夫
1099 「民族」で読むアメリカ 野村達朗
1231 キング牧師とマルコムX 上坂昇
1306 モンゴル帝国の興亡〈上〉——杉山正明
1307 モンゴル帝国の興亡〈下〉——杉山正明
1366 新書アフリカ史——宮本正興 松田素二 編
1588 現代アラブの社会思想 池内恵
1746 中国の大盗賊・完全版——高島俊男
1761 中国文明の歴史——岡田英弘
1769 まんが パレスチナ問題 山井教雄
1811 歴史を学ぶということ 入江昭
1932 都市計画の世界史——日端康雄
1966 〈満洲〉の歴史——小林英夫
2018 古代中国の虚像と実像 落合淳思
2025 まんが 現代史——山井教雄
2053 〈中東〉の考え方——酒井啓子
2120 居酒屋の世界史——下田淳
2182 おどろきの中国 橋爪大三郎 大澤真幸 宮台真司
2189 世界史の中のパレスチナ問題 臼杵陽
2257 歴史家が見る現代世界 入江昭
2301 高層建築物の世界史 大澤昭彦
2331 続 まんが パレスチナ問題 山井教雄
2338 世界史を変えた薬 佐藤健太郎
2345 鄧小平——エズラ・F・ヴォーゲル 聞き手＝橋爪大三郎
2386 〈情報〉帝国の興亡——玉木俊明
2409 〈軍〉の中国史——澁谷由里
2410 入門 東南アジア近現代史 岩崎育夫
2445 珈琲の世界史——旦部幸博
2457 世界神話学入門——後藤明
2459 9・11後の現代史 酒井啓子

世界史I

834 ユダヤ人――上田和夫
930 フリーメイソン――吉村正和
934 大英帝国――長島伸一
968 ローマはなぜ滅んだか 弓削達
1017 ハプスブルク家――江村洋
1019 動物裁判――池上俊一
1076 デパートを発明した夫婦 鹿島茂
1080 ユダヤ人とドイツ――大澤武男
1088 ヨーロッパ「近代」の終焉――山本雅男
1097 オスマン帝国――鈴木董
1151 ハプスブルク家の女たち 江村洋
1249 ヒトラーとユダヤ人 大澤武男
1252 ロスチャイルド家 横山三四郎
1282 戦うハプスブルク家 菊池良生
1283 イギリス王室物語――小林章夫
1321 聖書vs.世界史――岡崎勝世
1442 メディチ家――森田義之
1470 中世シチリア王国――高山博
1486 エリザベスI世――青木道彦
1572 ユダヤ人とローマ帝国 大澤武男
1587 傭兵の二千年史――菊池良生
1664 新書ヨーロッパ史 中世篇 堀越孝一 編
1673 神聖ローマ帝国――菊池良生
1687 世界史とヨーロッパ 岡崎勝世
1705 魔女とカルトのドイツ史――浜本隆志
1712 宗教改革の真実――永田諒一
2005 カペー朝――佐藤賢一
2070 イギリス近代史講義――川北稔
2096 モーツァルトを「造った」男――小宮正安
2281 ヴァロワ朝――佐藤賢一
2316 ナチスの財宝――篠田航一
2318 ヒトラーとナチ・ドイツ 石田勇治
2442 ハプスブルク帝国――岩崎周一